英国新马克思主义哲学研究丛书
乔瑞金　丛书主编

Study on
British New Marxism

霍布斯鲍姆民族国家思想研究

曹伟伟　著

The Study of
Hobsbawm's Thought of
National State

北京师范大学出版集团
北京师范大学出版社

总　序

承运时势,潜备十载,此系丛书,应习近平总书记召唤,深研21世纪世界马克思主义之契机,得各方鼎力相助,终究面世,甚幸!所言英国新马克思主义,意指20世纪50年代以后,在英国新左派运动中勃发的一种马克思主义类型,涵括诸多思想家、理论家和革命家,著述数百,笔耕不辍。他们关注社会形态变革,追求社会主义在英国的成功,对世事之历史、文化、社会、政治、经济诸领域给出理性理解,开展革命运动,所言所为,均以马克思的思想为基础,以人类解放为目标,以思想批判为手段,以重建符合人的社会生活秩序为己任,独树一帜,颇有影响,不失借鉴之意义。20世纪末以前,我国对英国马克思主义的理论研究,几近空白,零星所见,也散落在文学评论、历史学或社会学中,不入哲学和马克思主义视域,究其原因,多半在于觉得英国学者,似乎也没有写出像模像样的"哲学著作",而是以历史陈述代替了宏大叙事,以话语分析淹没了逻辑论断,以小人物抹杀了"英雄",缺乏哲学内涵。20世纪末期,情势反转。苏东巨变,全球化的冲突与斗争,金融危机引发的世界经济危机和社会危机,提出诸多亟待解决的重大问题,马克思主义必须对此做出正确的判断和回答,而英国新马克思主义联系历史和现实,在"回归马克思"的意识指引下,于20世纪50年代中叶以来开展的对发达资本主义和苏联教条主义的两方面批判,理论建构,多有启迪意义,与我们先前的理解大相径庭,促使人们聚焦目光于该领域,迄今,已取得可观的研究进展和成果,集中反映于此系丛书中。深信它的面世,有助于激发更深入的理论研究,有益于马克思主义的时代发展,有功于推进中国特色社会主义现代化强国建设。

乔瑞金
2019年仲夏于山西大学

目　录

导　言　/ 1

第一章　绪　论　/ 5
　　一、学术经历　/ 5
　　二、研究现状　/ 20
　　三、核心理念　/ 34
　　四、研究意义　/ 38

第二章　思想渊源　/ 44
　　一、坚守经典马克思主义哲学的基本立场　/ 45
　　二、批判吸收西方马克思主义的优秀成果　/ 54
　　三、融合英国的学术传统　/ 66
　　四、反思西方传统国家理论的得失　/ 72
　　小　结　/ 77

第三章　民族国家的内涵与功能　/ 79
　　一、历史演变与内涵分析　/ 80
　　二、功　能　/ 133
　　小　结　/ 145

第四章 民族国家的特征与困境　/ 147
一、民族国家的特征　/ 150
二、民族国家的困境　/ 160
小　结　/ 183

第五章 民族国家的历史使命　/ 185
一、民族国家和经济全球化　/ 186
二、帝国主义的终结　/ 190
三、社会主义的旨归　/ 201
四、人类解放的价值诉求　/ 223
小　结　/ 246

第六章 民族国家思想的方法论启示　/ 248
一、唯物主义历史观的理论基石　/ 249
二、政治哲学的维度　/ 254
三、自下而上的阶级分析方法　/ 259
四、整体性的思维方式　/ 266
小　结　/ 278

结　语　/ 280

参考文献　/ 283

后　记　/ 301

导　言

　　本书以唯物史观的基本立场和基本原理作为基础，通过对霍布斯鲍姆民族国家思想的梳理、分析与解读，力图从总体上准确把握民族国家思想，深入挖掘民族国家思想对解决当代经济、政治、社会问题的理论意义和现实意义，吸收民族国家思想的精华，指出其不足，为马克思主义哲学的发展提供资料和理论上的支持，为中国特色社会主义民族理论和国家理论提供启示。本书通过国内外学术界对英国新马克思主义的总体研究，以及霍布斯鲍姆的个案研究，详细解读和整理他的著作，力求客观全面地分析和评价他的民族国家思想，形成一个探索性的学术成果。本书的宗旨在于厘清霍布斯鲍姆民族国家思想的理论渊源，把握其总体的学术脉络和学术特征，挖掘其社会批判思想的实质,揭示其深层次的马克思主义哲学立场和方法论启示,探求其蕴含的价值观和价值诉求,吸纳其中可以为新时代中国特色社会主义和人类命运共同体思想所用的精华部分。

霍布斯鲍姆在研究民族国家的过程中,探讨了民族国家向社会主义的形式变迁及其内在的动力问题,辩证地展现了民族国家从双元革命(霍布斯鲍姆将1789年的法国大革命与同时期的英国工业革命称为双元革命)到21世纪世界的历时性发展,形成了社会批判和追求人类解放的鲜明特征。霍布斯鲍姆以唯物史观作为研究民族国家的指南,批判吸收了多种社会科学的优秀成果,从政治哲学的维度阐释民族国家的内涵、功能、特征、困境和历史使命,形成了以民族国家为核心理念的民族国家思想。

第一章绪论通过对霍布斯鲍姆的人生经历和代表性著作的解读和整理,阐明研究民族国家思想的重要性;对英国的新马克思主义和霍布斯鲍姆思想的研究现状进行梳理,突出研究民族国家思想的必要性和迫切性;同时勾勒民族国家思想的核心理念的大致轮廓,说明其研究的意义所在。

第二章分析了霍布斯鲍姆民族国家思想的渊源:经典马克思主义、西方马克思主义、英国的学术传统和西方传统国家理论。经典马克思主义的哲学立场是其坚实的理论基石,西方马克思主义为其提供了批判的指向和上层建筑的视角,英国的学术传统为其提供了经验主义的方法,西方传统国家理论为其提供了批判和借鉴的内容。霍布斯鲍姆正是在对这四个方面的理论进行综合运用、兼收并蓄、创新发展的基础上,形成了自己独具特色的民族国家思想。

第三章主要阐述霍布斯鲍姆以唯物史观为指导原则研究民族国家的历史演变过程，揭示了民族国家的内涵。霍布斯鲍姆认为，民族国家从政治性和现代性来说，是资本主义的同质单位，因此民族国家和资本主义国家两个概念可以互换。霍布斯鲍姆在坚守马克思主义哲学的立场上，揭示了民族国家的基本功能，即实施阶级统治，自主决定国家事务和维持公共秩序。

第四章主要分析霍布斯鲍姆关于民族国家的特征与困境的观点。霍布斯鲍姆从马克思政治哲学的维度，明确指出大部分资本主义民族国家实行的是自由主义和民主主义相结合的政体，普遍采用代议民主制的形式，进行以法治国的社会统治。这种政体的基本立场是资产阶级的自由主义，自由主义的价值基础是个人主义，同时包含着以法治国和民主政治的进步意义。霍布斯鲍姆从民族国家的政体自身存在的根本矛盾出发，提出民族国家面临着阶级矛盾与社会革命、冲突与战争、公共失序、现代主义意识形态危机的困境。

第五章主要论述霍布斯鲍姆运用多种科学的研究方法来说明民族国家的历史使命。霍布斯鲍姆从马克思政治哲学的维度、世界历史的思想来阐明民族国家和经济全球化相互依存、相互背离的关系，以及帝国主义和新帝国主义在这种关系中的影响和作用，做出了帝国主义终结的科学论断。他运用自下而上的阶级分析方法、整体性的思维方式，阐明民族国家的历史使命是为全球社会主义提供成熟完备的条件，其集体主义价值观和人类解放的价值诉求在社会主义的观点上得到了明确的体现。

第六章主要概括了霍布斯鲍姆的民族国家思想在方法论上给我们的启示以及其思想存在的不足。马克思主义的唯物史观是霍布斯鲍姆民族国家思想的根本哲学立场和理论基石，决定了其政治立场和方法论特征。马克思政治哲学是霍布斯鲍姆研究民族国家最独特和最重要的方法论，贯穿于他的民族国家思想始终。霍布斯鲍姆运用自下而上的阶级分析方法和整体性的思维方式来考察民族国家的创建主体和发展轨迹。本章同时指出和分析了霍布斯鲍姆的民族国家思想存在的不足之处，他对马克思国家理论的理解不够全面，对民族国家的积极方面阐述不足，对苏联、中国的认识不够全面，对社会主义制度的具体运行论述很少，对于第三世界的民族国家采取漠视态度等。

结语主要是对霍布斯鲍姆的民族国家思想进行总体概括和系统说明，论证了其对马克思主义哲学的发展和创新，为中国特色社会主义民族理论和国家理论提供了启示意义，并指出其历史观、方法论和价值论的三个逻辑维度。

第一章 绪 论

一、学术经历

霍布斯鲍姆以其高尚的人格和杰出的成就享誉世界，是备受推崇的近代史大师，英国著名的左派史学家。他的研究以19世纪为主，并延伸到17、18、20、21世纪，研究的地区则从英国、欧洲大陆及至拉丁美洲。他著作甚丰，除历史学领域外，也经常撰写当代社会评论、社会问题研究及艺术批评、文化批评等文章。他在劳工运动、农民运动和世界史范畴中的研究成果，堪居当代史家的顶尖位置，在学术界有很大影响。他的写作风格宏大通畅，将叙述史学的魅力扩及大众。

霍布斯鲍姆的个人生活与所处时代相互交织，他从内在和外在两个方面对历史事件进行政治观察，凭借直觉挑选研究主题，然后用理性将其梳理为前后一贯、具有整体性的思想，其对民族国家的理性认识和未来发展趋向的论断尤其能凸显他的学术精神。因此，意欲一窥历史大师的哲学思想，了解我们所处的时代，预测世界和中国发展的前景，就必须走近他的人生经历，考察其民族国家思想形成的过程。

霍布斯鲍姆 1917 年出生于亚历山德里亚，父亲是移居英国的俄国犹太后裔，母亲则来自中欧地区，1919 年举家迁往维也纳。他观察世界的个人角度形成于维也纳童年时期，"那时正好是希特勒在柏林崛起的年月，它奠定了我的政治态度和我对历史的兴趣；在 30 年代的英国，特别是在剑桥的岁月，更加巩固了我的这种政治态度和史学兴趣"[①]。霍布斯鲍姆的童年时代可以看成是政治化的过程，他主要受到了政治事件和政治激情的感染：第一个奥地利联邦共和国由教会反动政府统治，它的敌对势力是在维也纳获得广泛支持的"革命的马克思主义派"社会主义者，这使他自然而然地产生了左倾的政治意识，于 1928—1929 年加入英国的马克思主义童子军团。1929 年的全球危机造成了经济恐慌与政治混乱，伴随着 1923 年以来的恶性通货膨胀，金融风暴引发急剧恶化的失业问题，这样的社会环境直接影响到霍布斯鲍姆的家庭状况，1929—1931 年，他的父母相继在贫病交加中去世，他的生活非常艰难。

1931 年，霍布斯鲍姆迁居德国柏林，在格鲁纳瓦德地区度过了生

---

① [英]埃里克·霍布斯鲍姆：《史学家——历史神话的终结者》，马俊亚、郭英剑译，265 页，上海，上海人民出版社，2002。

命中最具决定性的两年,他的革命倾向开始从理论走向实践。柏林的格鲁纳瓦德地区由有着悠久左派政治传统的犹太富豪罗伯特·库钦斯基所开发,其祖先于1848年皈依革命,并买来初版的《共产党宣言》,到了霍布斯鲍姆所处的年代,由库钦斯基代表的这家人终生都是共产党员。1931年,全球经济崩溃,中欧地区陷于经济灾难之中,魏玛共和国的失业率很高,这些失业者在共产党员中的比重很大。激进的革命势力,旨在夺取国家政权,但是毁灭共产主义者是纳粹党的首要目标,因此对于当时的共产主义者来说,最重要的政治议题是如何阻止希特勒掌权。德国共产党没有将立刻夺权列入实际战略,并以非理性作风面对希特勒随时可能上台组阁的情势,以柏林运输业大罢工来对抗社会民主派的工会,因此得到了纳粹工会组织的大力支持。1932年,魏玛共和国政府垮台,贵族反动派统治下的新政府强行解散了普鲁士民主政府,国际共产主义运动衰落到自成立以来的最低点,当时苏联第一个"五年计划"成功实现,中国革命正继续向前推进,因此共产主义者更加重视亚洲。处于这样的国内外形势中,作为英国犹太人的霍布斯鲍姆不可能选择德国民族主义,真正的选择只有共产主义,他说:"我固然可以理解,为何德意志民族主义对其他人产生了吸引力,但共产党只可能是我唯一的选择。"① 他最深刻的印象是在亨利亲王中学阅读了《共产党宣言》和《资本论》,他投入政治的最早记录是庆祝十月革命15周年的特刊《十五个钢铁步伐》和印有革命曲调《红旗之下的战歌》的小册子,他加入了奥尔

---

① [英]艾瑞克·霍布斯鲍姆:《趣味横生的时光——我的20世纪人生》,周全译,68页,北京,中信出版社,2010。

佳·贝纳里欧创始的社会主义学生联盟，效力于世界革命，他说："待在柏林的那十几个月，让我成为终生的共产党员。"[1]霍布斯鲍姆参加了1933年1月德国共产党组织的最后一次合法示威，肉体经验与强烈情绪相结合，产生了文化和政治上的归属感，他于1935年在英国检讨了自己的共产主义基础，在日记中写道："这种'集体亢奋'正是其中五个构成要素之一——此外再加上对被剥削者的同情；一个完美而无所不包的知识体系之美学诉求；辩证唯物主义；有几分类似布雷克幻象中的'新耶路撒冷'，兼之以知识上强烈的'反鄙俗主义'。"[2]他认为这些经验是为了辨别什么是自己当时的记忆、什么是身为历史学者所了解的东西，以及什么是针对德国左派进行思考后所保持的看法。

1929—1931年英国工党政府执政失败，1933年后逐渐出现的学生运动旨在对抗法西斯、资本主义者以及英国政府。霍布斯鲍姆正好在风口浪尖上来到英国的福克斯通小镇，成为爵士音乐爱好者，爵士音乐不仅是独特的音乐类型，更是一把理解社会现实的钥匙。霍布斯鲍姆将爵士音乐作为观察社会的窗口，通过它来了解美国、捷克斯洛伐克、意大利、日本、奥地利以及英国不为人知的现实。霍布斯鲍姆在圣玛丽勒本文法学校的三年学习期间，阅读了莫斯科的马克思恩格斯研究所赞助出版的古典著作与选集，开始试着从马克思主义的角度来诠释历史，认为马克思的整体性思想具有很强的说服力，辩证唯物主义提供了"'一切事物的架构'；它将无机与有机的自然界，与人类集体或个人的事务连接

---

[1] [英]艾瑞克·霍布斯鲍姆：《趣味横生的时光——我的20世纪人生》，周全译，66页，北京，中信出版社，2010。

[2] 同上书，91页。

起来，并在一个持续变迁的世界中，指点出各种互动关系的本质"①。

20世纪30年代，佩里·安德森所指称的西方马克思主义（卢卡奇、法兰克福学派与柯尔施）孕育出了英国马克思主义历史学派。英国马克思主义历史学派早期的成员几乎都是钻研文学的年轻知识分子，后来他们转向了历史理论，诸如克里斯托弗·希尔、维克多·基尔南、莱斯理·莫顿、E. P. 汤普森、雷蒙·威廉斯以及霍布斯鲍姆。霍布斯鲍姆认为这是由于英国中学第六年级的人文教育缺乏哲学课程，所以文学填补了这个空白。基于此，霍布斯鲍姆的思维方式变得英国化，并随着对文学的理解形成了自己的马克思主义风格，这种风格不是传统马克思主义历史观（依次更替的生产模式），而是文学在社会中的地位与本质，换句话说就是上层结构与下层基础之间的关系问题。共同文化的建设"是真正意义上的社会主义的根本特征"，"蕴涵着社会共同体具有共同的价值取向和目的追求"。② 1934年，霍布斯鲍姆写道："马克思能够基于对资本主义体制的精确分析，为社会主义体制做出预测，若我们对资本主义文学进行精确分析，并考虑一切的情况、所有的脉络与关系之后，一定也可以针对未来的无产阶级文化得出相似结论。"③这种整体性的思维方式确立了霍布斯鲍姆作为政治观察者的思想方向。

霍布斯鲍姆在1935年获得剑桥奖学金，在剑桥大学参加社会主义

---

① ［英］艾瑞克·霍布斯鲍姆：《趣味横生的时光——我的20世纪人生》，周全译，117页，北京，中信出版社，2010。
② 乔瑞金：《我们为什么需要研究英国的新马克思主义？》，载《马克思主义与现实》，2011(6)。
③ ［英］艾瑞克·霍布斯鲍姆：《趣味横生的时光——我的20世纪人生》，周全译，118页，北京，中信出版社，2010。

俱乐部和共产党的活动，与威廉斯和汤普森等马克思主义历史学派的学生交往甚密，并担任了英国共产党学生支部书记。那么共产主义如何吸引了霍布斯鲍姆这样优秀的学生？共产党员对他来说又意味着什么？霍布斯鲍姆认为，法西斯主义要求人们放弃主体性，忠于领袖的意志，而共产党则将权威建立在理性和科学社会主义基础之上，正是这种世界观促使霍布斯鲍姆在1936年正式加入共产党。

1939年第二次世界大战爆发，与此同时《联共（布）党史简明教程》问世，此书相当符合霍布斯鲍姆等英国红色知识分子对马克思主义的理解。霍布斯鲍姆从剑桥大学毕业之后，开始担任《格兰塔》期刊编辑。1940年法国沦陷，霍布斯鲍姆于同年加入英国陆军。1945年第二次世界大战结束，1946年霍布斯鲍姆的队伍被派去巴勒斯坦，因为不想陷于犹太人、阿拉伯人与英国人的三边关系中，他选择退伍。1947年的霍布斯鲍姆过着双重生活：一边在剑桥读研究生，一边在伦敦伯贝克学院担任讲师。这时他坚持这些言论："我们并未失去自己对社会主义优越性的信念与信心，认为它终将胜过资本主义，而且我们依然坚信共产党的纪律具有改变世界的潜力。"[①]

霍布斯鲍姆从1949年开始为专业历史期刊撰稿，参加国际会议并活跃于英国经济史学会。1946年到1956年，英国共产党历史学家小组持续举办马克思主义研讨会，曾讨论过"这一代马克思主义学派历史学家带来的惊人冲击"，正是这个团体使英国的历史学家产生很大的影响，

[①] ［英］艾瑞克·霍布斯鲍姆：《趣味横生的时光——我的20世纪人生》，周全译，219页，北京，中信出版社，2010。

尤其是从20世纪60年代开始。这个团体在1952年创建了历史期刊《过去与现在》。1954年霍布斯鲍姆作为英国共产党历史学家小组成员前往苏联访问，这使他做好了准备迎接全球共产主义运动的关键时刻。1956年，霍布斯鲍姆担任英国共产党历史学家小组主席，他说：

> 应该对一种伟大的理想以及为了这种理想而献身的人们保持忠诚。……我所能做的一点微不足道的事情，就是通过拒绝物质利益与职业便利，表明自己与党的事业休戚相关的一点心意，而我只要离开共产党，就能获得这种物质利益与职业便利。……如果人们仅有的一个理想就是通过获得物质利益而追求个人幸福，那么人类就是一种渺小的物种。①

在霍布斯鲍姆看来，共产主义的理论基础是马克思列宁主义，其致力于改造世界，因为与苏联的现实革命相结合，才得以成为具有全球意义的运动，因此支持与捍卫苏联仍为共产主义国际事务的基本主轴。霍布斯鲍姆以共产党员的身份撑过了1956年，此时他除了要以激进共产党员的身份面对时局外，还必须遵守历史学家讲证据的职业道德。以历史学家的身份来看，有两个因素能够解释霍布斯鲍姆坚持自己英国共产党党员身份的原因：第一个因素是从政治角度看，霍布斯鲍姆实际入党的1936年是反法西斯联盟的时代，这决定了他终生的政治立场；第二

---

① ［英］艾瑞克·霍布斯鲍姆、［意］安东尼奥·波立陶：《霍布斯鲍姆：新千年访谈录》，殷雄、田培义译，248—249页，北京，新华出版社，2001。

个因素是从感情方面来说，作为 1932 年在柏林皈依共产主义的少年，他始终对世界革命和十月革命充满憧憬，难以断绝与共产党的关系。

霍布斯鲍姆说道："1960 年之前与之后的那几年岁月，亦即我四十出头或四十好几的时候，便构成了我的人生分水岭。或许那也是西方社会历史与文化历史上的分水岭，就英国而言更绝对如此。"①1959 年霍布斯鲍姆升任高级讲师，1967 年前往美国任教，他的声誉，不再局限于法国、英国和意大利，开始蔓延到美国、以色列、印度和中欧地区或国家。20 世纪 60 年代前后，古巴与越南革命的胜利表明相对弱小的国家可以和超级强权相抗衡，第三世界将革命的希望带到第一世界，在此期间，霍布斯鲍姆参加了支持越南的行动，并三次访问古巴。1968 年 5 月，霍布斯鲍姆来到法国巴黎，恰逢大规模的学生反抗运动，继而演变成全国性的工人罢工。1968 年，霍布斯鲍姆参加了以"马克思与当代科学思想"为主题的大型会议，纪念马克思诞生 150 年。对于霍布斯鲍姆来说，关键性的问题是："马克思主义政党在不至于发生革命的国家应该何以自处？它们的功能究竟何在？那么在其他国家呢？若是在起义事件可望成功、游击队征服行动仍有实现可能的国度，那么我们——至少是我——仍然会赞同这种做法。"②《今日马克思主义》刊载了霍布斯鲍姆在马克思诞生 150 年系列纪念讲座的演讲稿《工党已停止向前挺进？》，其中认为，崛起于 20 世纪上半叶的英国工人运动已经停止，工人日益分裂为各种派系和团体，各自追求自己的狭隘利益，这助长了工人团体

---

① [英]艾瑞克·霍布斯鲍姆：《趣味横生的时光——我的 20 世纪人生》，周全译，264 页，北京，中信出版社，2010。
② 同上书，313 页。

之间的摩擦，进而削弱了工人运动的整体凝聚力。

1970年霍布斯鲍姆出席世界历史学大会。1971年他在伦敦大学获得教授头衔，在美国加入研究院士的行列，在瑞典获得荣誉学位，1978年取得经济及社会史教授头衔。1982年霍布斯鲍姆退休，同时任教于伦敦、巴黎及美国。

2012年10月1日凌晨，霍布斯鲍姆在英国伦敦因肺炎去世，享年95岁。

霍布斯鲍姆一生著述颇丰，下面以逻辑顺序列举和介绍其主要学术成果，以便我们全面掌握其民族国家思想的资料来源。

霍布斯鲍姆最重要并真正使他荣登世界近代史大师宝座的著作是19世纪三部曲《革命的年代：1789—1848》(The Age of Revolution: Europe 1789-1848，1962)、《资本的年代：1848—1875》(The Age of Capital: 1848-1875，1974)、《帝国的年代：1875—1914》(The Age of Empire: 1875-1914，1987)和20世纪史《极端的年代：1914—1991》(The Age of Extremes: the Short Twentieth Century，1914-1991，1994)。这四部著作结构恢宏，叙事晓畅，蕴含了霍布斯鲍姆学术思想的主要脉络和理论基质，以现实的经验展现了民族国家产生和发展的历史进程，是厘清其民族国家思想的重要资料来源。在《革命的年代》中，霍布斯鲍姆把眼光退回到民族国家的诞生时期，也就是双元革命（1789年的法国革命和同时期发生的英国工业革命）那样久远的过去，着重考察英国和法国两个现代民族国家在建立初期的经济、政治、文化和社会特点，以整体主义和经验主义的方式体现了他包罗万象、生动具体而又逻辑严密的思想体系。英国为民族国家的普遍建立提供了经济模式，法国则为民族国家的普遍建立提供了政治和法律模式，这两个国家共同促进了整个欧洲地区向领土分明、体现资产阶级利益的自由主义民族国家的转变。这些历史资料有利于判别霍布斯鲍姆民族国家思想的哲学立场，概括其民族国家思想的政治哲学特征。在《资本的年代》中，霍布斯鲍姆的目的并不是撰写面面俱到、内容完整的民族国家历史，而是主要以欧洲中心的角度，辅以全球视野，将民族国家的历史事实归纳起来，进行整体的综合，展现民族国家在全球范围的扩张，及其在经济、政治领域的主导地位，突出描述了经济和技术在民族国家发展过程中的基础作用，为历史唯物主义提供了具体现实的证据支持。在《帝国的年代》中，霍布斯鲍姆不仅秉承经典马克思主义者对殖民帝国所持的"经济基础—上层建筑"解释框架，而且最重要的是把帝国的年代看作民族国家由全面胜利转向逐渐衰落的转折点，从政治、文化层面全方位透视帝国主义的现象，预示了对民族国家消亡的未来思考。在《极端的年代》中，霍布斯鲍姆认为，民族国家在经济全球化的社会背景下，已经失去了国家经济的功能，并且面临着民族分离、公共失序等严重危机，社会主义成为 21 世纪的重要议程。我们从霍布斯鲍姆对民族国家的分析和批判中，能够基本廓清他对未来社会主义的理想重塑，他认为社会主义是民族国家的发展方向。霍布斯鲍姆以自传的形式，在《趣味横生的时光——我的 20 世纪人生》(*Interesting Times：A Twentieth-century Life*，2002)一书中再现了 20 世纪的政治、历史发展以及他自身的学术历程，是《极端的年代》必不可少的参照读物。

《传统的发明》(*The Invention of Tradition*，1983)是《民族与民族主义》(译名，原名为 *Nations and Nationalism Since 1780：Pro-*

gramme, Myth, Reality,《1780 年以来的民族与民族主义：纲要、神话与现实》，1990)一书的先声，这两本著作是研究民族国家思想的重要且基本的理论素材。霍布斯鲍姆以"传统的发明"一语道破了民族国家的资本主义性质，揭示了民族认同的欺骗性和虚伪性，告诉我们民族国家就是资产阶级以旧的民族意象和传统的方式，自上而下灌输意识形态的国家机器。对于这种典型的资本主义国家，霍布斯鲍姆在《民族与民族主义》这本著作中进行了专门和系统的研究，并把研究的重点放在了民族国家的政治意义，而不是经济基础上，这是其民族国家思想最有特色的部分，也是这本书的亮点和创新之处。按照霍布斯鲍姆的观点，民族国家的政治义务凌驾于所有责任之上，是主权和意识同质的领土单位，那些不符合要求的人逻辑上应该有他们自己的祖国。霍布斯鲍姆以时间为顺序把民族国家的发展历程划分为转型期、高峰期和衰落期，以此来说明民族国家是人类社会发展的暂时现象，随着现实和历史的需要而产生，也会随着客观条件的变化而丧失现实性，从而不可避免地走向消亡。此外，在这本书中，霍布斯鲍姆以自上而下和自下而上两种方法解读民族国家，表明了人民群众是创建民族国家的主体。

《史学家——历史神话的终结者》(译名，原名为 On History,《论历史》，1997)收录了霍布斯鲍姆在 20 世纪 60 年代末到 90 年代末写作和发表的论文，显示出其民族国家思想鲜明的唯物主义哲学立场、整体性的宏观理论建构、"从下往上看"的阶级分析方法、进步的历史观等，说明他是"不悔改的马克思主义者"。这本论文集是霍布斯鲍姆对自己研究历史的思路和方法的总结，他认为民族国家是客观存在的历史事实，因此这本论文集也是我们梳理霍布斯鲍姆民族国家思想的辩证唯物主义理论基础和方法论的直接资料来源。霍布斯鲍姆把马克思的历史唯物主义作为研究历史的基本原则，认为历史唯物主义具有强大的生命力，是最有说服力的一种指导历史研究的理论和方法。霍布斯鲍姆提出了"过去—现在—未来"的辩证法，认为三者之间存在着内在的联系和因果关系，这些理论基础深入地体现在霍布斯鲍姆对民族国家思想的建构中。此外，霍布斯鲍姆在这本论文集中还主张历史是向前进步的，后现代主义的本质是资本主义的意识形态，并探讨了研究下层阶级历史的具体方法、经济全球化视野的必要性等，同时也表现出了霍布斯鲍姆研究民族国家的方法论特征。

《革命家》(*Revolutionaries*，1973)和《一个理性左派的政治》(*Politics for a Rational Left*，1989)是霍布斯鲍姆的政治评论文集，他对这两本文集中的民族国家、革命、战争、阶级斗争等政治问题发表了独到的见解。霍布斯鲍姆对经典马克思主义学者的民族国家研究成果进行了梳理和总结，认为马克思和恩格斯的原始材料对民族国家的论述很少，列宁关于民族国家的观点没有成为现实，也不能解决当时民族国家面临的民族分离问题。霍布斯鲍姆还以各种视角探讨了社会革命和战争问题，并对这两个问题所引发的暴力政治和公共失序进行了专门的研究，他把民族国家作为暴力政治现象产生的土壤，扩展了民族国家问题的涉及面，也为暴力政治的研究提供了新的解释框架。

韦伯和 G. D. H. 科尔之前的劳工史研究是以直接编年史作为主要的研究方法，自 1948 年开始的劳工史是劳工机构或组织机构的历史，而奠定霍布斯鲍姆在劳工史领域不可替代地位的著作是 1948 年的《劳工的转折：1880—1890》(*Labour's Turning Point：1880-1890*)、1964 年的《劳动工人：历史劳动研究》(Labouring Man： Studies in the History of Labour)和1984年的《劳工的世界：历史劳动的深入研究》(Worlds of Labour： Further Studies in the History of Labour)，霍布斯鲍姆在这三本书中以自下而上的阶级分析方法和整体主义的思维方式在历史学家中脱颖而出，不同于其他学者对劳工运动领导的关注，他更为关注的是普通的劳工，这说明他认为人民群众是建立民族国家的主体，体现了"人民群众是历史的创造者"这一经典马克思主义理论。霍布斯鲍姆运用整体主义的思维方式来考察工人阶级的历史，以小见大，取得了从各个方面透视社会现实的效果。

1959年的《原始的叛乱》(Primitive Rebels)、《爵士风情》(The Jazz Scene)，1969年的《匪徒》(Bandits)、《斯温船长》(Captain Swing)，1998年的《非凡的小人物——反抗、造反及爵士乐》(Uncommon People： Resistance，Rebellion and Jazz)都是霍布斯鲍姆运用自下而上的阶级分析方法的经典范例。霍布斯鲍姆真正把人民群众当作社会生活的主体，也是民族国家创建的主体，他对人民群众的历史描述不是笼统的概括，而是力图在具体生动的职业活动、日常生活等细节中说明人民群众如何以自己的方式来影响民族国家的社会结构，发挥重要的自觉能动性作用。

2000年的《霍布斯鲍姆——新千年访谈录》(译名，原名为 The New Century： In Conversation with Antonio Polito)讨论了21世纪人类社会面临的重大政治议题，并试着对民族国家的未来进行整体性的预测和思考。他分析了多民族国家的危机和民族主义的高涨，谴责了以歪曲历史来制造民族国家神话的行为，反对对经济全球化问题持过分乐观的态度，认为全球经济体系与民族国家的政治体系发生了冲突，并将左翼政党的责任与集体主义的价值观紧密联系在一起，最后对社会主义进行了展望。

2007年的《霍布斯鲍姆看21世纪》（译名，原名为 *Globalization, Democracy and Terrorism*）是霍布斯鲍姆对民族国家、经济全球化、自由民主、帝国终结、公共秩序等政治议题的新观点和新看法，民族国家是包含自由民主、帝国主义、公共秩序等各种政治问题的民族国家思想的核心理念，把握民族国家的意义和特征是通往其他政治范畴的必经之路。

在2008年的《关于帝国：美国，战争和全球霸权》（*On Empire: America, War and Global Supremacy*）这本书中，霍布斯鲍姆详细分析了以美国霸权为代表的新帝国主义，我们从中可以看出霍布斯鲍姆倾向于以社会主义来代替民族国家的普遍模式而不是新帝国主义，他对新帝国主义的基本态度是批判和否定的。

1982年的《马克思主义的历史》（*The History of Marxism*）和2011年的《如何改变世界——马克思和马克思主义的传奇》（*How to Change the World: Tales of Marx and Marxism*）以论文集的形式反映了霍布斯鲍姆的民族国家思想与马克思主义，尤其是马克思政治哲学的相互联系。霍布斯鲍姆在系统梳理了马克思的政治哲学思想，并概括了它的主要内容之后，发现民族国家是马克思政治哲学思想争议较大的一个领域，他还详细阐释了革命、战争、阶级斗争等政治现象与民族国家的内在关联。这两本论文集为本书探求霍布斯鲍姆建构民族国家思想的最初原因提供了明确的答案，并为勾勒民族国家的政治哲学思想特点提供了理论素材。

霍布斯鲍姆在 1965 年的《前资本主义的经济形成》(*Pre-Capitalist Economic Formations*)和 1968 年的《工业与帝国》(*Industry and Empire*)中，从经济基础的角度解读了资本主义社会即民族国家的发展历程。霍布斯鲍姆在《工业与帝国》这本书中，把英国当作民族国家的经典范例，研究其如何在工业革命的推动下成为欧洲民族国家的标准模式。这本书把英国这个具体的民族国家作为总结民族国家普遍特征的原始模型，是把握霍布斯鲍姆建构民族国家思想的基本脉络和以小见大的整体性方法的重要理论资源。霍布斯鲍姆对英国霸权的描述有助于与日前的美国霸权进行横向和纵向的对比。将帝国主义和新帝国主义进行对比研究，把帝国主义置于民族国家发展历程的关节点，最终对新帝国主义解决公共失序等超国家问题持否定态度。

此外，1968 年的《马赛曲的回响：法国大革命后两个世纪的回顾》(*Echoes of the Marseillaise : Two Centuries Look Back on the French Revolution*)也是研究霍布斯鲍姆民族国家思想时不可忽略的一本著作。

霍布斯鲍姆 1991 年在《今日马克思主义》发表的《摆脱困境——社会主义仍然富有生命力》一文，以"过去—现在—未来"的辩证方法对社会主义的过去、现状和未来的可能性进行了全方位的思考，我们可以通过这篇文章归纳和总结出霍布斯鲍姆对社会主义理想进行设计的现实性计划。

霍布斯鲍姆在 2007 年发表了《英国的共产主义》，2008 年发表了《魏玛的记忆》，以英国和德国的共产主义运动作为范例来说明社会主义是如何发展成为唯一和根本的政治力量的。

二、研究现状

国内外学术界从不同的研究视角和主题对英国新马克思主义、民族国家以及霍布斯鲍姆的学术思想进行了精辟的分析和大量的评论,为研究霍布斯鲍姆的民族国家思想提供了可贵的借鉴,但是有四方面研究资料的不足为研究工作带来了困难与不便,同时也为理论创新提供了切入点:一是关于霍布斯鲍姆的大部分研究资料,都是把他置于英国马克思主义的众多代表人物中进行的,其所占篇幅十分有限;二是对霍布斯鲍姆的学术研究,范围主要囿于史学界,虽然近年来学界对其政治著作和评论非常关注,并相继发表和出版了有关重要政治议题的文章和论文集,但是都没有从哲学层面对其进行系统化的分析;三是霍布斯鲍姆对民族国家的研究主要集中在政治学领域,而且通常只是作为政治问题或者民族与民族主义问题的一个部分;四是很少有学者对霍布斯鲍姆的民族国家思想进行系统和专门的研究,仅仅是在论述民族主义时将其作为代表人物进行简要介绍,或者是在研究霍布斯鲍姆本人的学术思想时一笔带过。

因此专门针对霍布斯鲍姆民族国家思想的研究就显得非常迫切。

(一)国外研究现状

国外学者对英国新马克思主义的研究是开创性的,而霍布斯鲍姆是英国新马克思主义的重要代表人物,英国新马克思主义的学术特征同时也是霍布斯鲍姆建构民族国家思想的主要特征,这就为我们研究他的民族国家思想奠定了坚实的理论基础,提供了翔实的资料。英国学者玛德琳·戴维斯在《英国新左派的马克思主义》中客观地评论了英国新马克思主义。戴维·麦克莱伦的《马克思以后的马克思主义》被誉为对20世纪马克思主义发展史的经典叙述：从德国社会民主党人的马克思主义到俄国马克思主义，从两次世界大战期间的欧洲新马克思主义到中国与第三世界的马克思主义，再到当代欧美马克思主义。丹尼斯·德沃金的《文化马克思主义在战后英国》是对从20世纪40年代中期到70年代晚期英国文化马克思主义的历史说明。肯尼的《第一代英国新左派》主要研究了1956年到1962年第一代英国新左派的发展历程，论述了斯图亚特·霍尔、爱德华·汤普森与雷蒙·威廉斯等重要人物的观点，分析了第一代英国新左派所涉及的政治经济学等重要理论问题，从"冷战"的时代背景出发，研究了第一代英国新左派与欧洲大陆的马克思主义之间的独特关系。麦肯认为，英国新左派发展了一种批判的社会主义，其支持激进的选择，鼓励内部争论，组织对资本主义的全面批判。潘尼奇认为英国新左派所开创的精神空间，给当代学术界造成了不可磨灭的影响，在文化和政治意识方面，对知识分子尤其是英国的积极分子产生了相当大的影响。这个理念也产生了一种新的实践，即新的社会主义政治。

2014年4月29日至5月1日，伦敦大学伯贝克学院、历史研究所和《过去与现在》杂志社在伦敦主办了国际会议"后霍布斯鲍姆时代的历史"，300余名学者参加了这次会议，会议的主题报告共有七场：哥伦比亚大学马克·梅佐沃教授、伦敦大学玛丽女王学院加雷思·斯特德曼·琼斯教授、伦敦大学凯瑟琳·霍尔教授、牛津大学克里斯·威克姆教授、牛津大学拉纳·米特教授、华威大学马克辛·伯格教授、密歇根大学杰夫·埃利教授，共同探讨了霍布斯鲍姆的历史学遗产，预测21

世纪的世界历史走向。南京大学与英国约克大学历史系联合培养的博士生初庆东为这次国际会议写作了综述：马克·梅佐沃认为霍布斯鲍姆对社会史和经济史的强调以及他的国际影响力，表现在 20 世纪七八十年代历史系的扩张、社会史的发展和世界历史与国别史研究的出现方面；加雷思·斯特德曼·琼斯指出霍布斯鲍姆坚持马克思主义是基于政治原因，霍布斯鲍姆更多地将马克思主义作为一种方法论，而不是哲学理论，他运用马克思主义来理解历史动力及其对人类、不平等、经济和社会结构等的影响；凯瑟琳·霍尔呼吁将性别与种族作为研究奴隶制的主要分析工具，指出霍布斯鲍姆未能意识到性别作为历史分析框架的重要性，强调对奴隶制展开性别研究不仅提供了一个分析奴隶社会构成复杂性的新视角，也对认识现代资本主义的性质具有重要意义；克里斯·威克姆以 10 世纪至 13 世纪的英格兰的经济史为个案，探讨中世纪的历史研究如何从霍布斯鲍姆的世界历史书写中获得有益借鉴；马克辛·伯格从霍布斯鲍姆的个人生平与学术经历讲起，引入全球史主题，对工业革命时期全球经济史研究的方法进行论述，集中介绍了霍布斯鲍姆的《工业与帝国》和戴维·兰德斯的《国富国穷》在经济史书写中呈现的方法，主张经济史研究的全球视野；拉纳·米特介绍了霍布斯鲍姆的著作在中国的译介情况与影响，通过梳理与分析中国学术界对霍布斯鲍姆著述的接受史，探讨了如何在经济全球化语境中书写历史；杰夫·埃利论述了霍布斯鲍姆对英国共产党的忠诚及其与党内同志的关系，认为霍布斯鲍姆的政治实践并不局限于英国新左派和代际冲突，杰夫·埃利认为用阶级认同的概念来分析这群具有多重身份与理想的人是困难的，他尽管批评霍布斯鲍姆拒绝民众政治和文化转向，但是他佩服霍布斯鲍姆对英国共产党的忠诚和对马克思主义传统的坚定信念。分组会议的主题根据霍布斯鲍姆的学术旨趣与学术盲点而确定，包括马克思主义与后马克思主义的社会史，阶级、性别与种族，家庭与阶级、17世纪危机，经济史与物质文化，英国、帝国与欧洲，拉丁美洲史，全球环境史。初庆东认为，这次国际会议值得中国学界关注的有三个方面：第一，马克思主义史学的价值不容低估。与会人员重点探讨了马克思主义史学的研究方法、研究主题与未来发展等问题。马克思主义史学对民众历史地位的重视有利于研究社会结构与社会权力。马克思主义史学家对社会体验和客观存在的残酷现实有强烈的意识，这使得他们的学术研究具有强烈的现实关怀。历史学家显然不能脱离现在。因此，对现实的关注应该成为学术研究的一个重要参照。第二，国外学界对中国历史与中国当今发展的关注度增加。从大会发言的情况可以看出，西方学者把中国视作西方历史发展的最佳对照，中国是其进行比较研究的最佳选择。第三，史学研究方法不断更新，研究领域不断拓展。"全球史"成为此次会议的一个焦点，霍布斯鲍姆的"年代"系列著作对全球史的兴起与发展具有重要作用，在此基础上，参会学者探讨了全球史的研究方法与主题。"环境史"也是此次会议的一个主题。另外在相对成熟的历史学分支学科中也出现了新的研究方法。例如，经济史研究开始关注"物质文化"。总之，"后霍布斯鲍姆时代的历史"国际会议为今后历史学的发展走向提供了富有意义的指导，也表明马克思主义历史学在21世纪仍然充满活力。

国外史学界大都把霍布斯鲍姆置于英国马克思主义历史学派的整体中进行研究，既缺乏对霍布斯鲍姆本人学术思想的专门研究，更缺乏对其民族国家思想的系统研究，但是霍布斯鲍姆研究历史的理论原则和辩证方法同时是建构民族国家思想的理论和方法,因此梳理国外史学家对霍布斯鲍姆史学思想的研究成果是必要的。研究霍布斯鲍姆学术思想成就最高的美国史学家哈维·凯伊所著的《英国的马克思主义史学家》,是较为系统的研究英国马克思主义历史学家的著作,书中探讨了希尔、多布、霍布斯鲍姆、汤普森和希尔顿各自的历史成就,总结出他们建构历史理论的基本路径和方法,即阶级斗争分析方法和自下而上的历史观,拓展了历史唯物主义的研究范围。加拿大女王大学的布赖恩·帕尔默认为,英国马克思主义历史学家以整体的方式影响了西方史学界的学术格局,英国马克思主义历史学家具有多样性,但共同点都是以马克思主义的唯物主义历史观作为指导。帕尔默说:"他们将马克思主义视为理论框架,确立了它的合法地位。他们证明,马克思主义历史研究能够产生丰富多彩的经验性作品。他们的成果向国际历史学界展示出历史唯物主义作为分析工具的威力。"[①]史学家 G. 伊格尔斯对汤普森和霍布斯鲍姆两位典型代表人物的经济史和社会结构史进行了比较研究,认为他们都试图把马克思从庸俗历史学家手里解救出来,抵制资本主义史学家,追求对新社会史的研究。研究霍布斯鲍姆社会反抗运动思想的代表人物有两位:一是法国社会科学高等研究院、法国国家科学研究中心主任研究员米埃尔·勒维,主要以霍布斯鲍姆在 1959 年到 1969 年论述古老反叛形式的著作为理论基础,较为系统地总结了农民反抗思想及其现实意义;二是剑桥大学伊曼纽尔学院社会文化史教授彼得·伯克,他从社会

---

① 赵世玲:《西方马克思主义史学的发展现状——访加拿大学者布赖恩·帕尔默教授》,见《史学理论丛书》编辑部编:《当代西方史学思想的困惑》,326—327 页,北京,中国社会科学出版社,1991。

反抗运动史的角度,研究了霍布斯鲍姆以原始反抗为主要形式的社会运动史。梁民愫查阅关于霍布斯鲍姆著作的书评及论点评述,发现在UMI公司统计的《学位论文文摘光盘》人文科学类数据库(1987—2001年)中,只有19篇博士论文的作者引用了霍布斯鲍姆文章中关于民族主义和社会反抗运动等方面的观点。"后霍布斯鲍姆时代的历史"国际会议综合反映了国外史学界研究霍布斯鲍姆的理论和方法的最新成果。

进入20世纪90年代之后,民族国家问题成为世界性的重大政治问题,各个领域各个地区的新人新作不断涌现,民族国家思想的研究正处于高潮期。其中英国新马克思主义的重要代表人物对民族国家提出了自己的观点。汤普森坚持民族立场,同时不否定国际主义视野的必要性和重要性,但是他坚决反对通过国际主义走向民族虚无主义。安德森-奈恩论题(汤普森对安德森和奈恩关于英国民族性观点的命名)则认为,英国的马克思主义者只有扬弃英国民族文化的狭隘性,走国际主义道路,从欧洲大陆移植先进的马克思主义理论,才能创造出革命的文化和理论。安东尼·吉登斯对传统国家、绝对主义国家和民族国家进行了比较研究,并在经济全球化背景下对民族国家的未来进行了思考。霍布斯鲍姆的《民族与民族主义》是对民族国家系统专门的研究,把民族国家和经济全球化的问题归结为资本主义和世界历史的关系问题,以马克思的历史唯物主义作为理论基础,全面分析了民族国家的产生、发展和未来。但是他们只是在民族与民族主义的领域中涉及民族国家问题,并没有从哲学,尤其从马克思主义哲学的维度进行系统分析,研究力量相对薄弱,研究成果相对分散,因此很有必要挖掘他们的深层次思想,与霍布斯鲍姆的民族国家思想进行对比研究。

(二)国内研究现状

国内学术界对英国新马克思主义和霍布斯鲍姆的研究是在国外学术工作的基础上展开的,因此国内学术研究既吸收和借鉴了国外学者已有的成果,又与中国国情相结合,做出了进一步的理论创新。原在中国社会科学院马列主义研究所工作,后在英国获得博士学位的林春是最早对英国新马克思主义从整体进行研究的中国学者。她1993年的博士论文《英国新左派》得到了英国新马克思主义重要代表人物佩里·安德森的认可,后者把它看作当时有关英国新左派历史研究当中最好的作品。张亮的《英国新左派思想家》研究了1956年以后欧美国家陆续爆发的新左派运动,认为英国的新左派思想家活跃在人文社会科学的许多领域,从根本上改变了英国马克思主义理论贫困的面貌,将英国打造为堪与德法比肩的新的马克思主义理论输出国。李凤丹在《英国文化马克思主义研究——基于大众文化与政治的关系》这本书中认为,英国文化马克思主义在本质上是西方马克思主义的一个流派,继承和批判了西方马克思主义尤其是法兰克福学派的文化批判和社会批判方法,但纠正了法兰克福学派对大众文化的偏见,肯定了大众文化的反抗潜能,突出了大众文化主体的能动性。

最早关注霍布斯鲍姆学术思想的是20世纪80年代末至90年代的历史学学者,因此国内学术界的开创性研究集中在历史学领域,并出现了专门的研究成果,主要体现为姜芃、梁民愫、刘为、舒晓昀、颜英、殷之光、樊建增、焦佩峰、许华卿等学者的学术论文。第一,他们单篇刊印70余篇关于霍布斯鲍姆史学研究的学术论文,一般把霍布斯鲍姆放在英国马克思主义学派历史学家或英国新社会学派历史学家的总体中进行考察。第二,他们编著相关章节探讨霍布斯鲍姆史学著作及其思想,填补了有关霍布斯鲍姆史学思想研究方面的空白,认为霍布斯鲍姆以马克思主义为指导,强调整体社会史理论。姜芃在何兆武、陈启能主编的《当代西方史学理论》中撰写第十四章"当代英国马克思主义史学——汤普森与霍布斯鲍姆的史学研究",在陈启能等著的《马克思主义史学新探》中撰写第七章"关于英国马克思主义史学的新思考"。第三,梁民愫以霍布斯鲍姆的史学思想作为研究主题,把他置于英国马克思主义史学派的发展和西方史学流派的分野与流变这一双重背景和总体格局中,解读和分析其社会历史观、历史认识论、历史方法论和新社会史等问题,评价他在英国史学界和国际史学中的地位和贡献。第四,历史学界研究了霍布斯鲍姆的民族主义、全球史观、现代性悖论、唯物主义的历史观等方面的理论。周樑楷认为,马克思主义既是霍布斯鲍姆政治评论的指导思想,又是其从事历史研究的最高原则,霍布斯鲍姆既关心当代社会问题,又注重价值导向,因而表现出强烈的社会现实意识。

国内哲学界对英国新马克思主义的研究做出突出贡献的是乔瑞金教授,其已经完成或正在承担多项国家级课题,2013年出版专著《英国的新马克思主义》,他用"英国的新马克思主义"来指称英国20世纪50年代至80年代产生的马克思主义本土化的学术思潮,这是当前最为中肯的概念界定,他认为英国的新马克思主义是对英国自身经验主义的历史主义传统进行批判和改造之后的产物。按照历史的发展过程,首先从传统中脱颖而出的是被称为新历史主义或文化唯物主义的学术思想,其代表人物包括历史学家汤普森、霍布斯鲍姆和威廉斯等。这些新历史主义者坚持唯物史观的基本立场,但也表现出明显的英国特色,如把马克思主义的核心思想归结为人道主义、历史的总体性、文化唯物主义等，倡导自下而上的阶级分析方法，把历史研究的重点放在工业史和社会史相统一的总体史上，展现经验主义的传统，让史实来说话等。《英国的新马克思主义》还概括了霍布斯鲍姆的哲学思想。

此外乔瑞金还发表了专门研究霍布斯鲍姆的文章：《霍布斯鲍姆的民族国家思想》《霍布斯鲍姆的哲学遗产》《霍布斯鲍姆的技术批判思想探析》《霍布斯鲍姆眼中的社会主义：一种基于唯物史观的释读》。乔瑞金在《霍布斯鲍姆的民族国家思想》一文中阐明，霍布斯鲍姆的民族国家理论坚持了马克思国家观的基本立场，并在此基础上把民族国家作为剖析资本主义工业社会的关键政治单位，勾勒出了民族国家的主要特征，并对未来进行了科学预测。这些思想对建设民族国家、科学地发挥国家的作用、抵制极端民族主义、破除新帝国主义的渗透，均有不可估量的意义。但是霍布斯鲍姆的理论有明显的欧洲中心主义特征，甚至其话题仅限于发达国家，忽略了其他国家，这是我们在研究他的民族国家思想时需要注意的。

乔瑞金在《霍布斯鲍姆的哲学遗产》中认为，霍布斯鲍姆的逝世是英国和国际史学界的重大损失，其史学研究实践了马克思主义的理论和方法，其哲学遗产以唯物史观和辩证法为基石，把科学技术和人民群众作为社会发展的动力，运用整体主义的宏大叙事阐述了资本主义从胜利走向衰落的趋势，强调了社会主义是唯一和根本的政治力量。

乔瑞金在《霍布斯鲍姆的技术批判思想探析》中提出，霍布斯鲍姆坚持唯物史观，以技术为核心阐释资本主义社会的发展，高扬人道主义精神，致力于关切人类自由和解放的社会主义理想。霍布斯鲍姆区分了工业革命的早期发展和长远后果,在特定国家和社会背景下发生的工业革命改变了并且仍在改变着整个世界,以技术批判思想解释了今日世界的形成历程及原因,并对世界的未来进行了整体性预测。他划分了人类历史上的两次重大技术变革,并对其特征进行了总结:第一次是新石器时代革命,以农业、冶金术、阶级和文字的发展为标志,具有区域差异性和独特性;第二次是西方近代技术革命,引起了近代世界性的"科学、技术和经济的变革",技术是生产力,是工业革命的本质和动力,通过社会组织形式的变革凸显出来。工业技术使欧洲极速扩张,也为非欧洲世界的反抗准备了充足的条件。其短期后果是西方政权的建立,特别是英国实现了全球统治,新生的资本主义大获全胜,1848年之后资本主义国家逐步走向衰颓;长远结果是诞生于工业革命中的社会主义和共产主义注定成为资本主义的社会替代方案。霍布斯鲍姆以技术作为研究工业革命的切入点,继而把技术作为核心来梳理经济、政治、科学、艺术等错综复杂的社会现象,认为技术对于20世纪的人类社会发展史具有决定性的意义,技术的异化问题、先进与落后地区之间的差异问题、经济增长与生态平衡的问题的根源,是以谋利为目的、以自由市场为手段的竞争性世界经济。霍布斯鲍姆以自身独特的观察视角和宏观晓畅的事实叙述,展现了工业史和社会史的一致性发展,从总体上拓展了对现代性社会的认识,也为认识后现代性社会和后资本主义社会提供了可资借鉴的理念、方法和思想。

乔瑞金在《霍布斯鲍姆眼中的社会主义:一种基于唯物史观的释读》中阐述了霍布斯鲍姆以整体性视角来研究社会主义,在系统结构和因果联系中,从经济因素出发来解释其社会政治活动。霍布斯鲍姆将整体性社会主义与特定性社会主义做了区分，正确看待社会主义制度本身与苏联、东欧国家、中国的关系。他认为私有制倾向于无限制的经济增长，破坏了人类社会的基本联结，社会主义作为政治力量的出现是人类社会发展的必然，社会主义制度具有无可比拟的优越性，其目标是结束资本主义制度。过去是现在和未来的模型，社会主义的理想不应该简单地被幸福、自由和平等等术语来限定，因此霍布斯鲍姆认为必须关注现实的社会主义计划，而社会主义的障碍不是人类的自私性和落后的社会技术，也不是反对社会主义的政治和文化力量，而是缺乏合适的社会组织技术，也就是缺乏具体的运行方案。因此虽然世界共产主义运动遭遇挫折和困境，但是以中国为代表的社会主义国家开拓了具有自身特色的道路，前景光明，为社会组织发展的具体方案提供了现实参考，社会主义的终极目标具有现实性。社会主义理论随着实践和现实社会的发展会不断发生变化，它是一个依然敞开着的领域。

曹伟伟发表了《试论霍布斯鲍姆历史主义的整体性思维方式》，论述了霍布斯鲍姆用马克思的整体性思想来指导学术实践，形成史学研究的新观念和新方法，不但对英国本土社会问题的认识具有重要的理论意义，而且发展了马克思主义的基本理论和基本方法，对开创英国新马克思主义研究的新局面做出了不可磨灭的贡献。

霍布斯鲍姆坚持社会主义人道主义的历史观，对法西斯政权的极端憎恶和对劳动人民的深切关怀促使他在经历了一系列政治事件后树立了坚定的共产主义信仰，成为坚定的马克思主义者。他从文学分析入手，继而转向历史研究，终其一生致力于发展马克思主义的文化整体观。霍布斯鲍姆的学术风格来源于马克思主义的理论素养和对时代问题的现实思考，也来源于其作为严肃历史学家的社会责任感和深厚的文学功底。霍布斯鲍姆坚持历史唯物主义的原则，注重历史事实的证据研究，而不是抽象的理论建构，擅长使用绵密细致的历史主义个案分析方法，在包罗万象和日常生活结构的整体社会历史图景中，具体问题具体分析。他没有简单套用马克思主义原理，牺牲现实的多样性和丰富性进行笼统的概述，而是彻底颠覆了经济决定论，还原了历史发展的整体性面貌，比如对英国工业革命的研究就是要验证经典马克思主义关于经济基础与上层建筑、生产力与生产关系分析模式的自觉理论形态。他运用马克思主义联系和发展的观点去思考社会历史展开的历时性，从宏观上把握历史事件的逻辑发展过程，以新的时间观念来丰富和发展马克思的唯物辩证法，拒绝以抽象的时间概念进行逻辑推论，崇尚经验和实证分析，把社会变迁和群体意识作为过去、现在和未来的具体内容，以过去为模式来裁决现在和预测未来。这种以古证今的历史分析方法保持了现实的具体性和完整性，比理论证明法更加具有说服力。

霍布斯鲍姆在后期著作中着力于超越单一民族和某个中心地区的狭隘界限，建立具备真正的全球视域的世界历史体系，并获得了美国史学家凯伊"以全球历史观为指导重构世界历史"的高度评价，表现出国际化的视野和高层次的政治追求。在阐述、研究和总结欧洲资本主义历史经验的过程中，霍布斯鲍姆将其典范性上升为全球资本主义发展的参照物，体现了马克思主义对资本主义进行批判的本质，从而具有马克思主义世界历史思想的意义。霍布斯鲍姆在秉持马克思主义以上思维范式的基础上，结合当时的阶级结构和意识形态的新变化，借鉴其他理论方法，如经验主义的方法、整体社会史研究的方法、历史进步分析的方法，发展了马克思主义唯物史观、辩证法和世界历史理论，从而使其历史主义的整体性思维模式更趋完善。

然而，霍布斯鲍姆的历史整体观，也透露出其思想本身固有的局限，例如，他一生持有欧洲中心论的观点，把欧洲作为世界历史的发源地，漠视其他文明，这与他所坚持的整体主义立场相矛盾，造成了理论内在的不协调；他也对历史的理论分析持有不应有的抵触情绪，对从上看历史的史学观点持否定态度，把经验主义发挥到极致，因而影响了他思维的理论性。所有这些方面都是我们在正确运用唯物史观认识历史和社会时，要着力避免的。山西大学王桂青的《霍布斯鲍姆的社会批判思想及其启迪》，主要是从"经济基础—上层建筑"层面来阐释工业与社会发展的问题。

南京大学张亮的《艾瑞克·霍布斯鲍姆与工人阶级：范式、理论及其当代评价》一文，提出霍布斯鲍姆基于"自下而上的历史观"和"阶级斗争分析方法"，实现了工人阶级运动史研究的范式创新，继而对工人阶级的阶级意识和历史形成、资本主义工业化过程中底层民众"原始"的阶级斗争、英国工人阶级运动的现状等形成比较完整的认识。不过，霍布斯鲍姆的理论成就不如汤普森，主要原因在于前者对"自下而上的历史观"坚持不彻底，研究缺乏强烈的现实关怀且相对分散，以及受苏联马克思主义的思想束缚较多等。

吉林师范大学的金寿铁发表的《埃瑞克·霍布斯鲍姆："底层历史"的开拓者》认为，霍布斯鲍姆作为一位聚焦于平民百姓的历史学家，率先开拓了"底层的历史"（history from the bottom up）这一研究领域。直到1950年，历史研究的主题一直是"伟人""帝王将相""才子佳人"，霍布斯鲍姆则另辟蹊径，致力于阐明迄今默默无闻的平凡人的生平和事迹，从而决定性地改变了历史学的研究方向：民众，只有民众才是创造世界历史的动力。由于他别开生面、独树一帜的"平民史学"研究，英国的工人运动、拉美解放运动等得以栩栩如生地展现在历史记录中。但是，与左翼学者不同，霍布斯鲍姆从未片面地美化弱者。他强烈控诉把人民大众逼入绝境的社会制度，高度赞扬他们揭竿而起的勇气，与此同时，他也并没有对他们的无知、轻率和残忍视而不见，置若罔闻。

北京大学的王文在《论霍布斯鲍姆对中国的看法》一文中探讨了霍布斯鲍姆与中国的关系及其对中国的看法，认为霍布斯鲍姆对包括中国崛起在内的诸多当代问题的阐述并不像有的政治学家那样来源于对现实和未来的推测，而是来源于以历史事实与发展规律为基础的思想重构，霍布斯鲍姆沿着近现代中国的独立性、当代中国革命与建设的影响以及未来中国的可能性三个维度，展开了对中国形象的描绘。

截至目前，国内出版的霍布斯鲍姆的专著和发表的论文对其民族国家思想的研究起到了很好的促进作用，研究步入加速期。

我国最早关注民族国家问题的是以梁启超为代表的维新派，他们把民族主义与解决中国现实政治问题紧密联系起来，孙中山将民族主义列为三民主义的重要内容，但在很长时期内我国学术界对民族国家的思想研究停留在很低的水平上。直到 20 世纪 90 年代后，我国学术界才集中对民族国家的问题给予关注，但是当时我国对民族国家思想的研究还处在相当粗疏和初级的状态，并且缺乏与国外的交流，因此把对民族国家问题的研究引向深入，加强对国际研究成果的了解是我国学术界非常紧迫的任务。相对于霍布斯鲍姆民族国家思想的重要性来说，国内相关的研究成果还是比较少的，因此我们需要着力研究霍布斯鲍姆的民族国家思想，以彰显其学术理论的独特魅力。

三、核心理念

民族国家是霍布斯鲍姆思想的核心理念，决定了其民主、革命、战争、帝国主义、经济全球化和社会主义等范畴的主要内容和相互关联。霍布斯鲍姆对民族国家理念的解释以马克思主义经典为理论基石，并承袭了西方马克思主义和英国新左派从上层建筑层面对资本主义进行批判的特点，分析了西方传统国家理论的优秀成果，吸收了米洛斯拉夫·罗奇、本尼迪克特·安德森、厄内斯特·盖尔纳、安东尼·史密斯等20世纪60年代以来重要民族主义学者的思想，但是并没有完全照搬他们的理论和观点，而是在兼收并蓄、综合利用的基础上形成了自己独特的民族国家思想。他认为民族国家没有严格的定义，如果对民族国家设定主观认同或者客观标准都不能令人满意，甚至会误导大家的认识，因此他并没有对民族国家进行定义，而是在客观的历史现实中讨论其产生和变迁的辩证发展轨迹。

霍布斯鲍姆总结的民族国家内涵，主要归纳为两个方面。

第一，坚持马克思主义国家理论的基本立场。

霍布斯鲍姆在"经济基础—上层建筑"的认识框架中构建民族国家，认为民族国家是源于特定地域及时空环境的历史产物，须纳入国家体制、行政官僚、科技发展、经济状况、历史情境与社会背景中讨论。他把民族国家视为理解工业社会结构和动力的关键①，推崇"技术即工业的本质"②，把技术及工业看作民族国家生产力水平的标志和衡量尺度。技术是一种生产力，"是社会发展的基本动力，尤其是资本主义产生和发展的基本动力"③，而技术创新则构成工业生产和社会进步的基础，构成民族国家现代性发展的基础。民族国家作为资本主义社会结构的核心，与其具有相同的性质、发展历程，最终也必将走向消亡。霍布斯鲍姆认为从一定的意义上来说，民族国家就等同于资本主义国家，民族国家必须具有经济、技术、政府及军队，本质上就是现代化、自由和进步的资本主义政治单位。很显然，霍布斯鲍姆的这种观点带有狭隘的欧洲中心主义倾向，因为民族国家不仅包括资本主义国家，还包括社会主义国家。

马克思在考察市民社会与国家的关系时，科学地解释了国家的阶级实质："国家是统治阶级的各个人借以实现其共同利益的形式，是该时代的整个市民社会获得集中表现的形式。"④市民社会克服不了特殊利益与普遍利益之间的矛盾，所以普遍利益采取了个人利益同整体利益相脱离的独立形式："现代的国家政权不过是管理整个资产阶级的共同事务的委员会罢了。"⑤诚如霍布斯鲍姆所说，民族国家是由居于统治地位的

---

① ［英］埃里克·霍布斯鲍姆：《史学家——历史神话的终结者》，马俊亚、郭英剑译，103页，上海，上海人民出版社，2002。
② 乔瑞金：《马克思技术哲学纲要》，61页，北京，人民出版社，2002。
③ 乔瑞金：《马克思技术批判思想的精神实质简析——兼论西方马克思主义对马克思技术批判思想的一般认识》，载《哲学研究》，2001(10)。
④ 《马克思恩格斯选集》第1卷，132页，北京，人民出版社，1995。
⑤ 同上书，274页。

资产阶级创建的，他们运用强势的工业技术，通过正规语言和价值规范的学习来渗透其意识形态，如借助印刷术的发明、识字率的普及及公立教育的设置来推广口语或书写文字，传播民族的意象与传统，从而达到和平控制和高强度的行政监控。①

民族国家具有相对独立性，甚至会反对自己的统治阶级。恩格斯在《家庭、私有制和国家的起源》中认为，国家从社会中产生但又自居于社会之上，是同社会相异化的力量。这一方面指出了国家阶级统治的实质，另一方面又强调国家是表面上凌驾于社会之上的力量，国家的双重身份决定了其在实际政治生活中必然采取各种有力措施维护经济上占统治地位的阶级的利益，同时为维持社会秩序，使冲突双方不至于出局，又必须在某些方面采取独立于甚至有损于统治阶级利益的行为。也就是说，"国家相对于它的被代表人而言，拥有某种程度的自主权"②。霍布斯鲍姆以这一思想为指导研究了民族国家的统治问题，他认为民族国家的治理远比"国家＝强制力量＝阶级统治"的简单公式更为复杂，至少具有作为否定机制在阶级社会中阻止社会裂变，以及作为肯定机制调整资产阶级私人利益和公共利益之间冲突的作用，它还具有通过隐藏因素或表面一致来进行统治的作用。③

第二，突出了民族国家的特点。

---

① [英]艾瑞克·霍布斯鲍姆：《资本的年代：1848—1875》，张晓华等译，123—125 页，南京，江苏人民出版社，1999。

② 郁建兴：《马克思国家理论与现时代》，166 页，上海，东方出版中心，2007。

③ Eric Hobsbawm, *The History of Maxism*, Brighton, The Harvester Press, 1982, pp. 227-259.

霍布斯鲍姆坚守经典马克思主义的国家理论，但是他对民族国家的释读侧重于从政治哲学的语境和维度进行诠释，认为民族国家的政治义务凌驾在所有责任之上，以主权为基础，其领土意味着公民身份，而公民身份决定了民族国家的性质。

霍布斯鲍姆的民族国家思想体现了英国新马克思主义自下而上的阶级分析方法，开始了从一般人而非政府和民族主义者的角度理解民族国家的艰巨工程。多数学者只从现代化（自上而下）的角度阐释民族国家，疏于观照一般人（自下而上）的看法，霍布斯鲍姆则另辟蹊径，不以报章言论推断民意走向，而是从通俗文学的资料中研究普通人的想法、意见和态度，认为欧洲民族国家的官方或民族主义的意识形态，并没有代表全体公民和支持者的看法。

霍布斯鲍姆的民族国家思想是以欧洲为中心的，他在《民族与民族主义》的序言中说："本书的主题仍然是倾向欧洲中心观点，甚至可以说是特别针对'发达'地区所作的讨论。"[1]他直接以"西方民族国家"或者"欧洲民族国家"的名称来进行理论研究，认为欧洲之外没有民族主义，东方民族主义是受西方影响后的产物。

霍布斯鲍姆认为民族国家具有人为建构的因素，是"被发明的传统"。"被发明的传统"是指在新的环境中为了新的目的对过去的用途进行调整，意味着"一整套通常由已被公开或私下接受的规则所控制的实

---

[1] ［英］埃里克·霍布斯鲍姆：《民族与民族主义》，李金梅译，1页，上海，上海人民出版社，2006。

践活动，具有一种仪式或象征特性"①，试图与适当的、具有重大历史意义的过去建立连续性，通过重复来自上而下地灌输一定的价值和行为规范。有些表面看起来或声称古老的传统其实是被发明出来的，其起源的时间实际上为晚近。

此外，民族依附在强大的国家政体之下，拥有整体的文化认同，即自由派资本主义持有的理性与人性假定，持有人为建构的民族语言。民族国家的演化伴随着军事的垄断过程，霍布斯鲍姆认为，唯有在强势民族挟其强权进行兼并的威胁下，才会让被侵略的人群生出休戚与共的民族情感，一致对外，19世纪盛行的武力征服便是这一观点的最佳佐证。

四、研究意义

英国马克思主义是世界马克思主义阵营中的重要组成部分和研究力量，它历史久远，思想深刻，特征鲜明，经历了向苏联学习的理性主义的马克思主义、中期的历史主义和20世纪下半叶的新马克思主义三个阶段。英国新马克思主义产生的时代条件不但与19世纪末20世纪初世界政治风云和经济变革形势息息相关，还与国际社会主义运动活跃时期马克思主义理论的广泛传播及马克思主义实践蓬勃发展的历史趋势密切相连。自20世纪四五十年代起，马克思主义革命运动与思想运动日渐

---

① [英]霍布斯鲍姆、[英]兰格：《传统的发明》，顾杭、庞冠群译，2页，南京，译林出版社，2004。

成为时代潮流，西方社会的知识分子逐渐成为一股重要的力量，时代的政治氛围和学术环境逐渐造就了英国新马克思主义。英国新马克思主义在英国新左派运动的形成、发展和终结过程中获得了具有英国本土民族特色的理论创新形态，以英国和世界的现实经验为对象，坚持具体问题具体分析，反对体系化的理论建构，是国际马克思主义理论图景中特别引人注目的学术事件。英国新马克思主义改变了英国马克思主义理论贫困的现实，形成了与德法马克思主义比肩的学说，在文化、政治、历史和哲学等领域展开了独特而综合的研究，回归经典本源，创新思维范式，聚焦现代主义危机，倡导新文化生存方式，重塑理想世界。

20世纪90年代末以后，这一重要的马克思主义理论研究力量引起了国内学术界的重视，为中国马克思主义理论的创新提供了重要的资源。国内学术界对下列重要代表人物进行了整体和专题研究，涌现出大量译著或专著：历史学家艾瑞克·霍布斯鲍姆，社会史学家、诗人爱德华·汤普森，历史学家、理论刊物主编佩里·安德森，哲学家G. A. 柯亨，作家、文学批评家雷蒙·威廉斯，文学批评家特里·伊格尔顿，人文地理学家大卫·哈维，现代性理论家安东尼·吉登斯，生态学马克思主义思想家戴维·佩珀，政治学家拉尔夫·密利本德，社会学家汤姆·奈恩等。

霍布斯鲍姆是英国新马克思主义学者中最具影响力的代表人物之一，以19世纪的三部曲和20世纪史奠定了他在国际上的崇高地位，是世界近代史当之无愧的大师级人物，更是研究英国新马克思主义不可跨越的人物。由于目前国内学术界对英国新马克思主义的整体研究还处于起步阶段，对霍布斯鲍姆的专题研究和个案研究基本上限于史学领域，因此国内理论界迫切需要对霍布斯鲍姆的学术思想，尤其是民族国家思想进行梳理和概括，从大量散乱的资料中抽出其中蕴含的马克思主义哲学理论，与英国新马克思主义的研究相互促进，共同成长。

本书研究的意义在于以下四点：

首先，本书回答了"为什么要研究霍布斯鲍姆的民族国家思想"这个核心问题。霍布斯鲍姆是英国著名的左派史学家，是世界闻名的近代史大师，其研究成果主要集中在劳工运动、农民运动和世界史领域。面对这样一位在史学界有着重大成就和影响的历史学家，我们为什么要关注和研究他的民族国家思想呢？这是由当前不同的民族国家遭遇困境的客观形势和霍布斯鲍姆自身的学术特征两个方面决定的。在 21 世纪，随着科学技术迅猛发展和经济全球化程度加深，文明冲突更加严重，不同的民族国家面临力量衰退、民族分离、贫富差距加大等经济、政治和社会问题，正处在重大的历史转折点上，民族国家虽然失去了旧的国家经济的功能，但仍然是通往经济全球化的政治障碍。民族国家的问题不仅事关人类文明的发展进程，更重要的是，它关涉到人类自己的生存和发展，因此研究民族国家的重要性是一个不言而喻的问题。在国外马克思主义的诸多学说中，英国新马克思主义对民族国家问题做了最深刻而广泛的研究，其中尤以霍布斯鲍姆的讨论最引人注目。他在继承马克思主义国家理论的基础上，把经济全球化和民族国家问题作为一个整体来分析，提出了许多值得我们深入思考的问题，同时也提供了许多值得我们借鉴的思想。试图在霍布斯鲍姆的著作和论文中寻找连贯和完全的民族国家思想体系是徒劳的，但是他对诸如民族国家的内涵、功能、特征、困境、历史使命等基本范畴和内容做出了大量的论述，回答了"民族国家是什么?""民族国家是如何组织起来的?""民族国家应该是什么?"等核心政治问题。事实上,霍布斯鲍姆以及研究其学术理论的学者都没有建立系统的民族国家思想,相关研究相对沉寂,这就意味着我们要从各种各样的片断材料中创建和重建霍布斯鲍姆的民族国家思想。通过阅读霍布斯鲍姆的学术著作和论文,我们梳理出其对民族国家的诸多论述,再以整体性的方式进行提炼与创新,使之形成系统化的体系。

其次,本书从经典马克思主义、西方马克思主义、英国的学术传统和西方传统国家理论四大理论出发,阐明了霍布斯鲍姆民族国家思想的核心理念。民族的内涵经过了血缘来源和民族原型两种内涵的发展之后,在双元革命(霍布斯鲍姆将英国的工业革命和法国的政治革命称为双元革命)时期与国家的内涵结合在一起,共同组成了民族国家的内涵,民族国家的内涵由此开始了从革命、自由主义,到自由主义与民主主义相结合的历史演变,在经济全球化的趋势下,民族与国家的内涵开始走上了分离的道路。民族国家不仅具有实施阶级统治、自主决定国家事务、维护公共秩序的功能,还拥有自由民主、以法治国、个人主义等特征。

再次,本书概括了霍布斯鲍姆民族国家思想的方法论意义。历史唯物主义和辩证法是霍布斯鲍姆研究民族国家问题的理论基石,正是在这一点上,霍布斯鲍姆既坚守了经典马克思主义哲学的基本立场,又以民族国家思想完善了马克思政治哲学思想,进一步补充和创新了马克思主义的国家理论。与马克思主义经典作家重视国家的经济基础不同,霍布斯鲍姆更为重视从政治哲学维度构建民族国家思想,以此来重新建构马克思主义的国家理论。另外,英国新马克思主义自下而上的阶级分析方法、整体主义的思维方式也是霍布斯鲍姆构建民族国家思想的重要方法。

最后，本书阐释了霍布斯鲍姆民族国家思想的旨归是社会主义，其目的是实现人类的自由发展和全面解放。我们在梳理和勾勒霍布斯鲍姆民族国家思想的过程中，一直存在着一个疑惑，那就是霍布斯鲍姆为什么要构建民族国家思想，他批判和分析民族国家的目的是什么。随着霍布斯鲍姆构建民族国家思想的渊源、核心理念、方法论意义的逐步廓清，我们终于明白，霍布斯鲍姆对民族国家的批判，蕴含了他对实现社会主义的现实性计划，这是因为社会主义就是民族国家的发展方向。基于此，我们把霍布斯鲍姆对社会主义的重塑从其民族国家的思想中提炼出来，并进行了系统的理论说明。这有助于我们深入了解霍布斯鲍姆所分析的当代西方资本主义国家，尤其是英国的社会主义理论的最新发展状况，并预测这些理论对中国社会主义理论发展的影响。

总而言之，霍布斯鲍姆以工业和技术的经验作为民族国家建立的基础，以生产力和生产关系、经济基础和上层建筑的理论框架来认识民族国家的历史和内涵演变，体现了霍布斯鲍姆民族国家思想的历史观维度，决定了其马克思主义哲学的基本立场。霍布斯鲍姆把自由民主看作民族国家的政治特征，以此来论述民族国家的功能、特征和困境，这是从政治哲学的维度研究民族国家，体现了霍布斯鲍姆民族国家思想的方法论维度，决定了其方法上的特征。霍布斯鲍姆把社会主义视为民族国家的历史使命和发展方向，这决定了其人类解放的价值诉求，体现了霍布斯鲍姆民族国家思想的价值观维度。

霍布斯鲍姆的民族国家思想具有独立的创新观点，其探讨了民族国家向社会主义的形式变迁及其内在的动力问题，辩证地展现了民族国家从 18 世纪的双元革命到 21 世纪经济全球化的历时性发展，形成了社会批判和追求人类解放的鲜明特征。霍布斯鲍姆的民族国家思想把批判资本主义当作基本任务，揭示自由民主在民族国家中的不平等和非正义。他认为批判只是手段，不是目的，它的最终目标是实现社会主义和人类解放。霍布斯鲍姆的民族国家思想对于推进马克思主义国家理论的发展，具有诸多认识论和方法论的启示和重大的理论意义和现实意义，是西方马克思主义，尤其是英国新马克思主义在国家理论方面的重要组成部分。

第二章　思想渊源

霍布斯鲍姆的民族国家思想并不是凭空产生的，而是在纷繁复杂的社会背景和众多的社会思潮中孕育出来的。他出生于1917年，去世于2012年，经历了近一个世纪的漫长人生道路。在他的一生中，社会发生了急剧变化，两次世界大战、法西斯统治、"冷战"、东欧剧变、苏联解体、美国崛起和称霸等政治事件，促使他选择了马克思主义的信仰和社会主义的理想，在西方马克思主义、英国马克思主义历史学派、英国新马克思主义、西方国家理论等社会思潮的影响下，他产生了自己独特的民族国家思想。

一、坚守经典马克思主义哲学的基本立场

作为一名坚定的马克思主义者,霍布斯鲍姆始终坚持马克思主义的信仰和社会主义的理想,他把马克思主义的唯物主义历史观和辩证法作为建构民族国家思想的基本哲学立场,通过客观事实展现民族国家的辩证发展。

(一)唯物主义的历史观

不同于当代西方学者对《1844年经济学哲学手稿》的重视,而与新实证主义马克思主义代表人物德拉-沃尔佩的观点相似,霍布斯鲍姆认为马克思在试图解决黑格尔理论中的国家问题时开始了自己的思想:《黑格尔法哲学批判》以科学的唯物主义国家观取代了黑格尔式唯心主义的国家观。黑格尔在《法哲学原理》中提出了国家和市民社会二元化的理论,他认为,国家相对于市民社会更具有本原上的意义,市民社会只是绝对精神的特殊领域。黑格尔把国家看作高于家庭和市民社会的普遍概念,这体现了他的伦理理念。马克思在《黑格尔法哲学批判》中从客观事物出发,从现实的国家出发,而不是从理念出发来把握国家的逻辑:"不是用逻辑来论证国家,而是用国家来论证逻辑……整个法哲学只不过是对逻辑学的补充。"[①]基于此,霍布斯鲍姆把马克思的唯物主义历史观作为自己研究民族国家的基本哲学立场,坚守"经济基础—上层建筑"的认识框架,认为马克思的唯物主义历史观是迄今为止认识历史的最好

[①] 《马克思恩格斯全集》第1卷,263—264页,北京,人民出版社,1956。

指南。

马克思最初对唯物主义历史观的清晰表述出现在1847年的《哲学的贫困》中：

> 社会关系和生产力密切相联。随着新生产力的获得，人们改变自己的生产方式，随着生产方式即谋生的方式的改变，人们也就会改变自己的一切社会关系。手推磨产生的是封建主的社会，蒸汽磨产生的是工业资本家的社会。
>
> 人们按照自己的物质生产率建立相应的社会关系，正是这些人又按照自己的社会关系创造了相应的原理、观念和范畴。
>
> 所以，这些观念、范畴也同它们所表现的关系一样，不是永恒的。它们是历史的、暂时的产物。①

马克思对唯物主义历史观的系统和经典表述出现在1859年的《〈政治经济学批判〉序言》中，这也是马克思国家理论确立的哲学基础，值得我们在此大段引述：

> 人们在自己生活的社会生产中发生一定的、必然的、不以他们的意志为转移的关系，即同他们的物质生产力的一定发展阶段相适应的生产关系。这些生产关系的总和构成社会的经济结构，即有法律的和政治的上层建筑竖立其上并有一定的社会意识形式与之相适

---

① 《马克思恩格斯文集》第1卷，602—603页，北京，人民出版社，2009。

应的现实基础。物质生活的生产方式制约着整个社会生活、政治生活和精神生活的过程。不是人们的意识决定人们的存在,相反,是人们的社会存在决定人们的意识。社会的物质生产力发展到一定阶段,便同它们一直在其中运动的现存生产关系或财产关系(这只是生产关系的法律用语)发生矛盾。这些关系便由生产力的发展形式变成生产力的桎梏。那时社会革命的时代就到来了。随着经济基础的变更,全部庞大的上层建筑也或慢或快地发生变革。[1]

这种唯物主义的历史观概括起来就是:社会生产力决定生产关系,或者经济关系;社会生产关系进一步决定法律、政治和其他所有社会关系,包括它们所包含的思想、原则和观念。马克思对历史的这种一元论解释是整个马克思理论体系包括国家理论的哲学基础,也是霍布斯鲍姆构建民族国家思想的理论基点。

霍布斯鲍姆在谈到社会结构时说:

> 马克思主义认为社会现象具有等级层次(如"经济基础"和"上层建筑");其次,它认为任何社会都存在着一种内部"矛盾",它们与整个体系的总趋向发生反作用,以便使自身不断受到关注。马克思主义上述特点的重要性体现在了历史学的研究领域,因为正是这些特点使历史学去解释为什么会发生社会变革,它们又是怎样改变自身的,换句话说,是去揭示社会进化的事实,而不是像其他结构-

---

[1] 转引自《列宁选集》第 2 卷,424 页,北京,人民出版社,1995。

功能主义的社会模式那样去认识社会。马克思主义强大的生命力在于，它既始终坚持社会结构的实际存在，又坚持社会结构的历史性，亦即重视社会变迁的内在动力。[①]

他在挖掘民族国家现象背后的本质动因时自觉应用了历史唯物主义的基本原则，认为民族国家的历史是客观存在的事实，"我们遨游在过去之中就像鱼儿遨游在水中，我们无法从中逃遁"[②]。历史学家应该剔除政治和意识形态观念的影响去揭开历史的真相，避免以民族、种族及其他神话来建构民族国家的历史，客观真实地描述、解释和预测民族国家的发展。

西方流行的后现代主义认为，客观历史事实是不存在的，历史是思想的产物，事实是先验的概念。在霍布斯鲍姆看来，"历史学家们研究的起点——尽管与他们可能终止的终点相距甚远——从根本上来说，对他们来说也是关键所在，就是要区分确凿的事实与凭空虚构、区分基于证据及服从于证据的历史论述与那些空穴来风、信口开河式的历史论述"[③]。如果不在"是什么"和"不是什么"之间做出判别，就不会有历史。历史学家应该对历史事实负责，应该具有分辨事实和虚构的基本能力，否则就会像核弹一样对人类造成巨大的伤害。事实上，历史学家常常扮演着政治演员的角色，为统治者所鼓吹的信念摇旗呐喊。霍布斯鲍姆认

[①] [英]埃里克·霍布斯鲍姆：《史学家——历史神话的终结者》，马俊亚、郭英剑译，170页，上海，上海人民出版社，2002。

[②] 同上书，27页。

[③] 同上书，前言2页。

为，历史学家的职责在于还原历史的真面目，脱去其政治的外衣。他在回答安东尼奥·波立陶关于以民族主义神话来创建民族国家的问题时指出，"民族主义神话不是从人民的实际经历中自发产生的"[1]，而是人民从其他方面获得的，如文学作品、历史著作和电影，现在则是从电视节目那里获得。它们并不是历史记忆或者生活传统中的普遍部分，而是一种宗教的产物。管理民族国家的少数人和有识之士出于特定的政治目标重新设计过去，有点像"最新时装式样"，将他们对民族国家的历史与文献著作的看法加到其他人民头上，从而使它以他们希望的面目出现。比如，当希腊独立时，雅典无论如何都不是首都，而是古代的一座重要城市。有些人要求回到与真实历史没有太大关系的显赫过去，于是谎称该城始终是希腊的首都，事实上，雅典从未成为希腊的首都。更为极端的例子出现在德意志统一及美国南北战争中，民族观念进一步发展，成为压迫民意的工具。

(二)过去—现在—未来的辩证法

唯物主义历史观包括唯物主义和辩证法两个要素。唯物主义的前身是自然哲学，可以追溯到英国哲学家培根、霍布斯和洛克，法国哲学家狄德罗、爱尔维修和霍尔巴赫进一步发展了唯物主义。辩证法可以追溯到古希腊哲学家赫拉克利特，德国古典哲学家黑格尔对它进行了系统论述。辩证法把自然和社会看作动态发展过程中的存在物，如果在静止、

---

[1] [英]艾瑞克·霍布斯鲍姆、[意]安东尼奥·波立陶：《霍布斯鲍姆：新千年访谈录》，殷雄、田培义译，37页，北京，新华出版社，2001。

孤立的条件下思考事物，就会陷入形而上学的窠臼。我们首先来考察黑格尔的辩证法，他认为每一种现象都产生自己的矛盾对立面，这就是正题和反题，二者之间的斗争产生一个合题，这就意味着运动和发展都是通过相互对立要素之间的斗争产生的。马克思认为，黑格尔把人类历史看作演变的过程是正确的，但在黑格尔的理论体系中，这种演变的过程是绝对理念或精神的神秘演变，和唯心主义结合在一起的辩证法是形而上学的。马克思的原创性表现在把辩证法与唯物主义结合在一起，以生产方式代替绝对理念作为历史发展的首要推动力。

这种具有辩证法因素的社会演变规律体现在马克思的时间范畴上，就是把时间看作具有过去、现在和未来的三维结构，是不可分割、连续和统一的整体，过去的社会物质生活条件决定了现在人们生活的基础和范围，现在的物质生产条件是预测未来社会图景的前提。不是时间的观念决定时间的事实，而是时间的事实决定时间的观念，因此过去、现在和未来不是抽象的概念，而是现实的实践，是感性具体："人们自己创造自己的历史，但是他们并不是随心所欲地创造，并不是在他们自己选定的条件下创造，而是在直接碰到的、既定的、从过去继承下来的条件下创造。"[①]霍布斯鲍姆正是把这一思路作为自己研究历史、政治问题，尤其是民族国家问题的基本哲学立场，寻求其发生、发展及消亡的现实社会根据和内在连续性。他在《过去的感觉》《历史能给当代社会什么样的启示》《前瞻：历史与未来》等论文中提出了"过去—现在—未来"的历史整体辩证研究方法，并将其应用于其民族国家的思想构建中。吉登斯

---

① 《马克思恩格斯文集》第2卷，470—471页，北京，人民出版社，2009。

以现在作为坐标点来理解民族国家的过去和未来，认为民族国家的未来依赖于"对全球政治的分析和我们所处的时代"[1]，而霍布斯鲍姆则以尽可能遥远的过去作为观察社会事件的基点，认为民族国家在今日所处的形势和未来发展应该追溯到双元革命那样久远的过去。

在霍布斯鲍姆看来，过去、现在和未来是连续的经验结晶体，在过去和未来之间的某个地方存在着一个想象的、不停移动的点，可以把它叫作"现在"，时间不断流动，"现在"会不断成为过去，即使是最近的过去。霍布斯鲍姆所指称的过去、现在和未来并不是单纯的时间概念，而是社会变迁和群体意识的连续体。历史基本上是以过去作为现在的模式，涉及的大部分内容是社会和群体，过去是人类意识的一种永恒范畴，是人类社会的各种制度、价值和其他模式必不可少的组成部分。所有社会都有过去，任何人类群体都需要过去来为其自身定位，否则就是拒绝过去。

存在本身是规定性的、直接的自身等同，量到质的过渡是渐进性到飞跃的变化。霍布斯鲍姆认为，"僵化的已定型的社会的过去"为现在确立了模式，逐渐成为裁决现在争端和是非的法庭。但是，过去的主体地位并不是社会停滞的象征，而是不断与进步的观念产生冲突。现在应该再现过去的信念，这通常意味着要求历史变革的速度尽量放慢。社会体系内部的快速变迁没有改变内在制度与关系，局部的变化会很快发生。这些局部变化有可能反过来被吸引到稳定的信念体系当中。系统地排斥

---

[1] ［英］安东尼·吉登斯：《全球时代的民族国家：吉登斯讲演录》，郭忠华编，4页，南京，江苏人民出版社，2010。

过去就是社会变迁促使社会远离某一点,代表进步的创新是不可避免的。作为过去、现在和未来的联合体,历史有包罗万象的意味,历史学家的难题就是分析社会中的"过去的感觉"的本质,并去探寻其变化和变革的轨迹。"新事物"和"革命"两词演化成"更好"和"更令人向往"的同义词,这往往需要一个过程:在科学技术等物质方面,新生事物和不断革新更容易被人接受,而政治革新等社会和人文方面的新生事物可能会遇到较大的抵制。以过去最有效的逻辑工具来应付持续不断的变革,改用一种新颖的形式,就变成了一种定向的变革、发展或进化。变革因此取得了合法性地位,但它终究与改变了的"过去的感觉"联系在一起。霍布斯鲍姆在《帝国的年代》的序言中引用诺拉的话说:"记忆永远是属于我们的时代,并与无穷的现在依偎相连。历史是过去的再现。"[①]霍布斯鲍姆认为帝国的年代作为民族国家由盛而衰的内在转折点,对于20世纪70年代思想的形成具有举足轻重的作用,人们不再置身其中,但仍然被其牵扯,只是不知道它尚有多少残留在我们的思想观念之中,事实上,它所关心的事物显然与现代重叠部分最多:工业技术和科学在帝国的年代后显然有长足进步,但是普朗克、爱因斯坦和波耳的科学与现代科学之间具有明显的连续性。至于工业技术方面,帝国的年代发明的石油动力的汽车、飞机仍然主宰着现代社会的交通和面貌。霍布斯鲍姆把帝国的年代作为"现在",那么作为"过去"的资本的年代的矛盾渗透并支配了帝国的年代,但也造成了"未来",也就是自1914年起,世界开始

[①] [英]艾瑞克·霍布斯鲍姆:《帝国的年代:1875～1914》,贾士蘅译,序言1页,南京,江苏人民出版社,1999。

被笼罩在战争和革命的恐惧之下。与其他时期相比，帝国的年代的不凡和特殊之处在于：在这个时代内部，不存在其他逆转的历史模式，或可逐渐破坏其时代基础的历史模式。它是一个全然内化的历史转型过程，直到今天它仍在持续发展。

过去并不是客观背景与历史事件的任意串联，过去与未来具有系统的联系，社会科学能够揭示社会变迁的一般形式和机制，尤其是揭示过去几个世纪里变快、变剧烈的人类社会的变化。过去是现在和未来的模型，但是现在显然不是也不可能是过去的复制品。社会变化通常无法使过去成为现在的指南，自工业化开始，每一代所造就的新事物比过去的同类事物更令人惊异。一个已知的社会不会没有任何目的地记载长期的变革过程和事件的前后关系。人们认识一般趋势的能力并不意味着能在错综复杂的条件下预测其精确的结果，原则上预测历史是为了给未来提供一般的结构和组织。未来的轮廓是通过寻求过去发展过程的线索加以认识的，人们不只是要通过解读过去来试图预测未来，还要进行创新，因此必须慎重地把基于分析的预测与基于欲望的预测区分开来：未来人类能做什么和不能做什么；设置一种前提并确定人类活动的范畴、潜在的可能性以及因果关系；把可预见的与不可预见的因素及各种不同的预言区分开来。正是基于这个原因，霍布斯鲍姆接受了意大利记者安东尼奥·波立陶的采访，在21世纪的开始对民族国家及与民族国家紧密相关的战争、经济全球化、左翼政党的责任与未来等问题进行了预测。

霍布斯鲍姆在《极端的年代》中认为，虽然我们不知道未来的千年是何种面貌，但是可以肯定它将在短促的20世纪影响下成形。《极端的年代》的写作宗旨是回望我们走过历史的来时路，并在尾声试着对不可知的未来进行展望:世界经济危机的性质越明显,民族国家的经济越紧张不安,前途越暗淡,就越引发世界政治的动荡不安,民族国家的民主政治体系就越受到损害。更令人彷徨的现象是弥漫各处的社会道德危机,民族国家的自由主义意识形态关于"理性"与"人性"的假定,陷入莫大的危机之中。①

二、批判吸收西方马克思主义的优秀成果

西方马克思主义是 20 世纪 20 年代国际共产主义运动中出现的激进主义思想倾向,相对于传统马克思主义而言,其试图在经典马克思主义的基础上进行重新建构,并具有强烈的批判精神。自 20 世纪以来,西方马克思主义的国家理论与现代自由主义的国家理论、现代保守主义的国家理论、民主社会主义的国家理论成为西方最具影响的国家理论。西方马克思主义的早期代表人物卢卡奇、科尔施和葛兰西从一开始就关注马克思主义的国家理论,卢卡奇和柯尔施的"总体"概念其实就是国家理论的化身,葛兰西的领导权理论是其国家学说的核心内容,这都为理解现代西方资本主义国家提供了新的角度。霍布斯鲍姆的民族国家思想在西方马克思主义早期代表人物尤其是葛兰西国家理论的影响下,与德拉-沃尔佩、阿尔都塞、福柯、列斐弗尔、马尔都塞、哈贝马斯、克劳

---

① [英]艾瑞克·霍布斯鲍姆:《极端的年代:1914—1991》上,郑明萱译,17 页,南京,江苏人民出版社,1998。

斯·奥菲、拉尔夫·密利本德、吉登斯等学者的国家理论一起,形成了具有共同特征的西方马克思主义国家理论。

(一)批判的国家理论

西方马克思主义国家理论的共同特点在于不是系统地研究国家的起源、概念、本质和类型等一般理论问题,而是根据现代资本主义国家的现实变化,对其阶级性质、职能、权力结构、政治特征等进行全面的分析和批判。法兰克福学派的学者奥菲从系统论的思维范式出发,以福利国家作为切入点批判现代资本主义国家,霍布斯鲍姆则以整体性的思维方式,将民族国家作为批判现代资本主义国家的切入点,把民族国家视为理解资本主义社会结构的关键和核心,认为无论民族国家以何种民族历史、民族节日、民族认同来建构自己的意识基础,其本质都是自由主义的表现形式,并探讨了民族国家利用民族神话、民族语言、教育等方式进行文化控制的新特点,抨击了民族国家自由式民主的虚伪性、欺骗性和阶级局限性,揭露了民族国家在经济发展和社会繁荣表象下隐藏着的矛盾和危机,如暴力政治问题在实行自由主义的民族国家愈演愈烈。

马克思提出"要对现存的一切进行无情的批判"[1],这就说明马克思主义的本质是资本主义的自我批判,并且马克思主义也为这种自我批判创造出了最基本的立场、方法和原理。德拉-沃尔佩在以"卢梭和马克思"为主题的论文集中,阐述了马克思主义的国家学说直接继承卢梭的人民主权学说和平等主义学说,卢梭的学说是马克思直接的理论渊源。

---

[1] 《马克思恩格斯全集》第1卷,416页,北京,人民出版社,1956。

卢西奥·科莱蒂甚至认为马克思的政治理论"重复了卢梭早已发现了的主题","没有在卢梭的思想上增添任何东西"。[①] 但是霍布斯鲍姆认为马克思和卢梭之间没有任何联系,卢梭的人民主权学说是建立在社会契约论的自然法基础上的博爱主义,而马克思的国家理论主要是对资本主义政治理论的批判。

霍布斯鲍姆是西方马克思主义的重要代表,批判资本主义是其一项基本任务,而且是一项特别重要的任务。在对资本主义的批判过程中,霍布斯鲍姆观点的特殊性在于把这种批判同对民族国家的批判密切联系在一起,因为他认为民族国家是资本主义社会结构的核心,因此,批判资本主义就必须对民族国家给予彻底批判,揭示它的弊端,逻辑地阐述它的局限,论证社会主义取代民族国家的必然性。霍布斯鲍姆在"对神话的以及民族主义的历史进行批判"[②]后指出,一个特定的历史时期是不会永恒的,人类社会是能够不断变革的结构,因此目前的状况不是它所要追求的目标。

当前社会主义和资本主义两种国家制度都面临着经济全球化的挑战,与此相关的民族国家问题成为世界性的重大政治问题。英国新马克思主义的代表人物众多,其中汤普森、奈恩、吉登斯、霍布斯鲍姆等人具有成熟的民族国家思想,他们不但探讨了民族国家的起源、概念和本质等一般的理论问题,而且对民族国家的经济、政治和文化展开了全面

---

① L. Colletti, *From Rousseau to Lenin*, New York, Monthly Review Press, 1972, p. 185.

② [英]埃里克·霍布斯鲍姆:《史学家——历史神话的终结者》,马俊亚、郭英剑译,9页,上海,上海人民出版社,2002。

的分析，采取多样化的研究路径和多元的思考方式揭示民族国家的阶级统治，认为应自主决定国家事务，维护公共秩序的基本功能。他们分析经济全球化带来的阶级冲突、文化危机、民族分离等困境和危机，抨击自由民主制度的阶级局限性，这些体现了历史唯物主义、辩证法和人道主义的思想。这些内容是英国新马克思主义理论和西方马克思主义国家理论的重要组成部分，也是马克思主义国家理论的重要补充。

英国新马克思主义的民族国家思想对于我国国家治理的现代化进程有着非常有益的启示。我国正处于推进现代化国家治理体系的关键时期，将会不可避免地碰到各种问题、矛盾和危机，在这一问题上，中国共产党的十九届四中全会做出了"中共中央关于坚持和完善中国特色社会主义制度 推进国家治理体系和治理能力现代化若干重大问题的决定"。2014年2月17日，习近平在省部级主要领导干部学习贯彻十八届三中全会精神全面深化改革专题研讨班上的讲话中指出："我国国家治理体系需要改进和完善，但怎么改、怎么完善，我们要有主张、有定力。中华民族是一个兼容并蓄、海纳百川的民族，在漫长历史进程中，不断学习他人的好东西，把他人的好东西化成我们自己的东西，这才形成我们的民族特色。"[①]这表明，一方面国家治理仍然要坚持无产阶级专政，坚持已经成熟的治理制度，另一方面国家治理要吸收借鉴中国传统文化、世界社会主义历史、西方的治理理念中的精华，形成中华民族的特色。

尽管国内外学术界对英国新马克思主义的研究涉及众多人物（汤普

---

① 《习近平谈治国理政》第1卷，105—106页，北京，外文出版社，2018。

森、安德森、威廉斯、伊格尔顿、奈恩、柯亨、吉登斯、哈维、佩珀和霍布斯鲍姆)和众多领域(历史学、经济学、文化学、政治学、社会学、地理学和生态学等),但是对于英国新马克思主义民族国家思想的关注却往往集中于某个代表人物,属于个案研究和部分分析,很少进行全面剖析和整体观照,也缺乏对汤普森、奈恩、吉登斯、霍布斯鲍姆等人民族国家思想之间的关联和比较方面的研究。

英国新马克思主义的民族国家思想肇始于1969—1979年的密利本德和尼科斯·普兰查斯之争,他们围绕马克思国家理论的本质和方法论产生了激烈的争论。实际上,密利本德和普兰查斯在国家理论上南辕北辙,是不大可能发生争论的,但是以安德森为代表的第二代英国新左派需要引入欧洲大陆激进思潮,以实现对以汤普森为代表的第一代英国新左派的理论清算,因此密利本德与普兰查斯的争论升级,演变为汤普森与安德森、奈恩关于民族主义与国际主义之间的争论,深刻影响了英国新马克思主义民族国家思想发展的格局。安德森赞扬奈恩的《现代贾纳斯》是民族主义的一个标志性探索,并和奈恩一起对英国的民族性问题形成了纲领性的认识,即"安德森-奈恩论题":英国没有彻底的革命传统和成熟的工人运动,英国工人也没有形成阶级意识,所以仅靠英国自身无法实现社会主义。这些论题与汤普森的观点针锋相对,尼克·史蒂文森等人发表了大量的文章来评论这一论题。汤普森随即发表《英格兰的特殊性》一文告诫第二代英国新左派,该论题在历史认识上是肤浅的,在理论上是教条主义的,并发表《汤姆·奈恩和英国的危机》一文评论奈恩在汤普森和安德森的理论论战中的作用。布赖恩·帕尔默和尼克·史蒂文森都注意到,汤普森强调英国有自身的民族特性和独特的资本主义发展道路。霍布斯鲍姆1977年在《新左派评论》上发表《对〈不列颠的分裂〉的一些评论》，对奈恩民族国家思想的奠基性著作《不列颠的分裂》进行了系统的评价和反驳。尼尔·戴维森认为，奈恩远离马克思主义的悲剧在于以一种张扬恣肆的方式承认社会主义革命的可能性，并且不是作为神话，而是作为种族和民族压迫的现实解决方案而成为可能。种族中心主义作家安东尼·史密斯在《民族主义：理论、意识形态、历史》一书中把奈恩界定为现代主义范式的社会经济视角民族主义理论家，他认为奈恩从来没有精准地定义过民族主义的概念。汤普森和汉兹·海尔德在1989年主编的《现代社会理论——安东尼·吉登斯和他的批判者》一书简练概括并褒奖了吉登斯的结构化理论，还收录了俄林·怀特对吉登斯关于唯物史观的批判所做出的评估。之后随着吉登斯自身研究兴趣的转移，学者们开始将研究重点转向他的现代性思想：克里斯托弗·皮尔森在他的《现代性》一书中重点介绍了吉登斯有关处于"反思性现代性"影响下的世界政治性质的思想；英国学者尼格尔·多德将吉登斯视为后现代理论家；美国社会学家乔治·瑞泽尔在评价吉登斯的现代性理论时更强调它的毁灭性特征；安东尼·金认为吉登斯完全认同个人自由主义，是后福特主义的辩护人。

与此相比，我国学界对英国新马克思主义民族国家思想的研究也陡然兴起。南京大学张亮在《20世纪70年代"英国马克思主义"国家理论的多元发展》中力争超越密利本德和普兰查斯之争，绘制20世纪70年代英国马克思主义国家思想的多元发展格局，他的《阶级、文化与民族传统——爱德华·P.汤普森的历史唯物主义思想研究》标明汤普森秉承英国本土民族文化传统，以英国现实经验为对象，坚持具体问题具体分析，反对体系化的理论建构。山西大学乔瑞金 2013 年出版了《英国的新马克思主义》一书，涉及汤普森、吉登斯、霍布斯鲍姆的民族与民族国家理论，以及安德森的"类型学"权力思想等，他指导的博士研究生发表了两篇关于奈恩民族国家思想的论文。

总而言之，学术界对于英国新马克思主义民族国家思想的研究主要集中在政治学领域，而且通常只是将其作为政治问题或者民族与民族主义问题的一个部分，在哲学层面，尤其是在马克思主义哲学层面缺乏系统和专门的探讨，这与英国新马克思主义民族国家思想的重要性是不相符的。

英国新马克思主义坚持马克思主义国家理论的基本立场，在反思"经济基础—上层建筑"的认识框架中构建民族国家思想，对民族国家的本质和相对自主性的剖析继承了马克思关于国家实施阶级统治的基本理论，使马克思的国家自主性理论得以彰显，在同意马克思关于国家功能观点的基础上，把这一功能实施的范围扩展至整个民族国家的发展历程，对民族国家维持公共秩序的功能进行了专门的分析和研究。奈恩、吉登斯、霍布斯鲍姆论述民族国家与经济全球化问题时则暗中呼应了马克思和恩格斯 1848 年在《共产党宣言》中表述的民族国家和世界历史相互依存、相互矛盾的关系。

汤普森以历史主义和经验主义的方式来建构其民族国家的思想，强调马克思主义的历史唯物主义和辩证法是研究英国民族特征的基本方法。他立足于英国社会的具体情况，始终把关注的焦点集中在英国，表现出强烈的民族主义倾向，认为英国具有自身的特殊性、激进主义的革命传统和独立的阶级意识，有自己独特的资本主义发展道路；同时也不否定国际主义视野的必要性和重要性，但是他坚决反对通过国际主义走向民族虚无主义。

安德森-奈恩论题与汤普森的观点在英国的民族性问题上大相径庭，前者认为英国的马克思主义者只有扬弃英国民族的狭隘性，走国际主义道路，从欧洲大陆移植先进的马克思主义理论，才能创造出革命的理论。奈恩在继承马克思主义民族理论传统和唯物史观的基础上，通过对民族国家的形成机制、核心特征及与社会主义的必然联系的分析，勾勒出现代主义范式和自下而上的民族国家思想。他认为民族主义是民族主体面对帝国主义时产生的激进运动，具有强烈的以人民主权为基础的诉求。奈恩在此基础上进一步分析了人民群众是民族国家中的决定性因素和推动性力量，这种观点带有很强的平民主义色彩。

霍布斯鲍姆坚守经典马克思主义哲学的基本立场，把唯物主义历史观和"过去—现在—未来"的辩证法作为研究民族国家的指南，使民族国家思想牢固树立在生产力与生产关系、经济基础与上层建筑的理论基石之上。其主要理论内容为：第一，批判吸收了早期西方马克思主义者葛兰西的文化领导权理论，着重从上层建筑而不是经济基础出发来阐释民族国家理论；第二，融合了英国学术传统，尤其是英国的经验主义传统，其优势在于既能在具体问题具体分析的过程中坚持马克思主义的基本理论，又能最大限度地保持客观事实的具体性和完整性；第三，反思西方传统国家理论的得失，将其中存在的缺陷作为批判民族国家的锐利武器——民族国家的政体是自由主义和民主主义的结合，实际上基本的立场是自由主义，本质上的价值取向是个人主义。霍布斯鲍姆将工业和技术的经验作为民族国家的建立基础，把自由民主看作民族国家的政体，将社会主义视为民族国家发展的方向，把民族国家和经济全球化的问题归结为资本主义和世界历史的关系问题，以马克思的历史唯物主义作为理论基础，全面分析了民族国家的产生、发展和未来。

吉登斯肯定并继承了马克思主义的批判精神，追求社会主义和共产主义的价值和理想，运用马克思有关资本主义的理论，对现代社会进行了批判性的分析。他区分了三种类型的国家：传统国家、绝对主义国家和现代民族国家。传统国家包括城邦、封建国家，绝对主义国家是传统国家向现代民族国家过渡的一种国家形态，民族国家就是现代意义上的主权国家，主要指现代资本主义国家。现代民族国家具有高强度的行政监控，依靠非暴力的手段和国家内部的绥靖进行国家统治。他提出了一种既不同于传统的民主社会主义，又不同于当代新自由主义的国家理论，一种超越左和右的第三条道路的国家理论，试图把民族国家的作用和市场、市民社会的作用协调、结合起来。吉登斯认为经济全球化也涉及军事、政治、文化等各个方面，给民族国家的主权造成了巨大的冲击和影响，但是民族国家作为经济全球化时代的稳定性力量，其地位和作用是非常重要的，跨国公司和政府组织都无法取代民族国家的地位和作用。但他也不赞同以民族国家的名义反对经济全球化，经济全球化是不可抗拒的趋势，民族国家必须适应它。

英国新马克思主义的民族国家思想以唯物主义历史观作为理论基石，从政治哲学的维度出发，使用了自上而下的结构主义方法和自下而上的阶级分析方法，体现出整体性的思维方式。与法兰克福学派的解构主义不同，汤普森、奈恩、吉登斯、霍布斯鲍姆民族国家思想的本质是建构的，他们提出了替代资本主义国家的新社会主义构想，并且积极开展各种微观政治革命，进行思想文化领域的斗争。

(二)文化领导权理论

西方马克思主义是在否定的辩证法意义上进行社会批判和文化批判的，虽然英国马克思主义的代表人物没有直接表示自己的理论来源于西方马克思主义，但是从两种学术思潮的代表性观念来看，我们可以大致厘清其中的继承关系。西方马克思主义对英国马克思主义产生影响，突出表现在其重要代表人物，即意大利哲学家、政治家和历史学家葛兰西的学术理论中。葛兰西关于民众文化的观点深刻地影响了英国马克思主义的研究模式，日本学者松村高夫认为，"葛兰西的领导权观点强调英国工人的文化和民众的文化，是导致英国出现'文化的马克思主义'的重要原因"[①]。作为英国马克思主义重要代表的霍布斯鲍姆不但在研究模式上受到了葛兰西的影响，而且对葛兰西文化领导权的国家理论进行过精彩评论，吸收了葛兰西从上层建筑而不是经济基础的层面来阐释民族国家的方式，因此在厘清霍布斯鲍姆的民族国家思想脉络之前，有必要对他与西方马克思主义，尤其是葛兰西在国家思想上的渊源关系进行说明。

众所周知，马克思在批判黑格尔的国家决定市民社会的唯心主义国家观的基础上，提出了市民社会决定国家的科学的唯物主义国家观。马

---

① ［日］松村高夫：《英国社会史研究与马克思主义史学》，载《国外社会科学》，1985(1)。

克思把市民社会解释为物质生产关系的总和,之后便直接用经济基础这一术语取代了市民社会。葛兰西也把市民社会作为分析国家的关键性因素,但是他注重从意识形态、思想文化的层面阐释市民社会,并以文化领导权理论重新建构了马克思的国家理论,获得了"上层建筑理论家"的称号。葛兰西在《狱中札记》中不仅把行政机关、军队、警察、法庭、监狱等视为国家的重要部分,更重要的是,也把市民社会中的教会、工会和学校等团体看作"统治阶级政治的或文化的领导机关"[①]。这就意味着国家机器不但可以通过政府的强制,而且还可以通过市民社会的同意来进行阶级统治。葛兰西文化领导权理论是其国家学说的核心内容,说明了国家是如何控制市民社会,进而使人民群众认同资产阶级的意识形态、思想文化和道德习惯的。

霍布斯鲍姆把葛兰西视为自 1917 年以来西方最具原创性的思想家和马克思主义国家理论的先驱,认为葛兰西的文化领导权理论有助于马克思主义者摆脱正统文本的教条,从庸俗马克思主义中解放自己,使左派的敌人难以以决定论和实证主义来消解马克思主义。葛兰西不仅是西方马克思主义理论家,也是世界范围内的马克思主义者,他的文化领导权理论具有普遍性,既不专属于也不专用于发达工业国家。英国的 B. 杰索普认为吸收葛兰西的思想是左派复兴的关键,霍布斯鲍姆则进一步指出,葛兰西的文化领导权理论对现实政治的洞察严密充沛,其国际影响超越了左派,正如瑟布蒂格所说,美国的反共产主义者很担心葛兰西

---

① [意]安东尼奥·葛兰西:《狱中札记》,葆煦译,217 页,北京,人民出版社,1983。

比列宁、斯大林、托洛茨基更能够鼓舞苏联解体后的左派。①

霍布斯鲍姆在坚持经典马克思主义国家观的基础上，详细阅读和研究了大量马克思主义的文本和资料，并以论文的形式对马克思主义的政治观进行了阐释和评述，发现马克思的国家观强调了政治相对于经济的从属性。马克思注重考察政治的内容，却在政治的形式上存在着某些可商榷之处，尤其是对民族国家的问题没有系统的论述。后来的列宁对建立民族国家的民族主义运动进行过专门的论述，但是霍布斯鲍姆认为由于客观历史条件的限制，列宁的变民族主义运动为无产阶级运动的观点没有在当时成为现实，更不能解决当前棘手的民族国家力量衰退的问题，于是决定着手研究民族国家，他不但写出了专著《民族与民族主义》，而且在其大部分的著作和论文集中对此都有相关的论述。我们在研究和分析了这些资料以后，总结出霍布斯鲍姆重构民族国家的思想特征：民族国家建立的基础是民族认同等于国家认同，对民族资格和标准的规定具有绝对意义的则是资本主义的文化，原先作为族群单位、具有血缘关系的民族被改造为具有统一的政治思想的新概念，文化认同成为民族认同的重要指标。这样的民族依附在强大的国家机器中，自由地表现自己，日益显露出对人民群众的控制力量。民族国家的主流意识形态是资本主义的自由民主，但是自由民主不过是打着民主的幌子欺骗人民群众的手段而已，它真正的基础是自由主义，而不是民主主义，真正的民主是社会主义的民主。

---

① 转引自[英]埃里克·霍布斯鲍姆：《民族与民族主义》，李金梅译，31—33页，上海，上海人民出版社，2006。

三、融合英国的学术传统

霍布斯鲍姆是英国马克思主义的代表人物，他的民族国家思想融合了英国马克思主义的学术传统，其中英国马克思主义自身的学术氛围启发了霍布斯鲍姆关于民族国家和经济全球化关系的思考，经验主义传统使霍布斯鲍姆的民族国家思想带有浓郁的经验主义气质。

(一)英国自身马克思主义的学术氛围

1914年之前的半个世纪中，各种民族主义的意识形态和政治内容发生了深刻改变，它们的共通之处是反对新兴的无产阶级社会主义运动（国际主义者），史学家的主流观点以及大众都认为民族主义和国际主义（社会主义）是水火不容的。英国马克思主义在这种社会思潮的影响下，对英国民族历史进行了激烈的争论和探讨，英国马克思主义者汤普森强调英国自身存在的特殊性，坚持认为只有站在民族的立场上才能看清英国自身的问题，他在《英国工人阶级的形成》中认为英国工人具有激进主义的革命传统和独立的阶级意识，能够依靠自身的力量赢得革命的胜利，同时他也不否定国际主义视野的必要性和重要性。[1] 安德森在1964年发表论文《当代危机的起源》，以此回应汤普森在《英国工人阶级的形成》中的观点，概括和描述了英国民族历史的独特性："在工业资本主义出现的情况下，工人阶级富于热情的战斗并没有获得任何协助；其努力的措施是接连失败之后的极度消耗。因此它发展了，独立了，但却从属

---

[1] 参见张亮：《汤普森视域中的民族性与马克思主义》，载《福建论坛(人文社会科学版)》，2008(7)。

于显然不可动摇的英国资本主义的结构之内,尽管它存在巨大的优越性,但却无法改变英国社会的基本性质。"①安德森-奈恩论题明确表示,英国缺乏革命的文化传统,不可能自发地形成革命的理论进而发动成功的革命,因此能否实现社会主义的关键不在于英国工人阶级,甚至不在于英国自身;反过来说,英国的马克思主义者只有扬弃英国民族文化的狭隘性,走国际主义道路,从欧洲大陆移植先进的马克思主义理论,才能创造出革命的文化和理论。很显然,这是对汤普森坚持的理论立场进行公开批判,或者说就是"一种挑衅"②。该论题刚刚提出来,汤普森就对它进行了有理有据的全面驳斥,坚决反对他们照搬欧洲大陆尤其是法国的革命经验和理论,指责他们通过国际主义走向民族虚无主义,导致工人运动的失败。

霍布斯鲍姆和吉登斯在这批早期英国马克思主义者的影响下,对民族主义与国际主义进行了范围更广、层次更深的探讨,集中表现在他们对民族国家和经济全球化关系的看法上。霍布斯鲍姆的基本观点是以马克思的世界历史观调和民族主义和国际主义的立场,认为民族国家和经济全球化都是世界历史和政治发展的过程,二者互相依存、互相联系、互相影响、互相制约。民族国家在民族主义重构的过程中,或者被淘汰,或者被整合到世界体系中。民族国家正在失去一项旧有的重要功能,即组成以领土为边界的国民经济,由于国际分工的发展,经济的基

---

① Perry Anderson, "Origins of the Present Crisis", *New Left Review*, 1964(2), pp. 23-39.

② Edward Thompson, *The Poverty of Theory & Other Essays*, London, Monthly Review Press, 1978, p. 249.

本单位已由跨国公司或多国企业取代,经济体借政府控制范围之外的国际金融中心和经济交换网络进行沟通。反过来,以经济事务来说,全球已经成为基本的运作单位,而旧有以领土、国家、政治为界的国家经济,沦为跨国作业的组成部分。国家的排他性和独立性与经济全球化的统一性互相矛盾。霍布斯鲍姆认为完全的经济全球化或全球统一在权力和政治领域内所遭遇的障碍是最强的,因为到目前为止,世界从根本上来说并不是作为统一的政治单元来存在的。当今世界存在所谓民族国家,时不时地有一些民族国家能够强大到足以制定有影响力的全球性政策,或为了某些特殊目的而建立起一些跨国机构。联合国就说明了这个问题,除了其成员所赋予的权力外,它本身没有任何权力,因而联合国的每一项政策都有可能被它的一个或多个成员所破坏。当然,现今能够发挥影响力的国家体系并不包括所有拥有政治主权的联合国成员和其他自治实体,"而是由相对较少的一些拥有强大的经济或军事实力的国家所组成,这类国家的存在正是通往更深远的全球化道路上的主要障碍"[①]。霍布斯鲍姆对经济全球化与国家的排他性在经济、政治、文化、种族等各个方面进行分析,其中心观点是:经济全球化从本质上来说是政治问题,马克思预测的世界历史体系在当今遭遇的最大障碍是政治和权力,而不是作为基础的经济。在经济全球化时代,民族国家的正当性及其加在人民身上的命令日渐衰落,社会主义逐渐成为代替民族国家的普遍政府模式。

---

① [英]艾瑞克·霍布斯鲍姆:《国家与全球化》,载《国外社会科学文摘》,1999(8)。

(二)经验主义传统

霍布斯鲍姆的民族国家思想受到英国马克思主义理论的深刻影响,而英国马克思主义具有英国的本土化特征,继承了英国的经验主义传统,打上了很强的经验主义烙印。英国经验主义是处于16世纪末期到18世纪中期的一种哲学思潮,早期哲学家洛克、培根、霍布斯、贝克莱、休谟的经验主义为英国学术界奠定了深厚的经验主义基础,形成了与欧洲大陆的唯理论相对立的经验论派系,经验主义的研究方法代代相承,成为英国马克思主义者的主要学术研究方法。他们主张遵循科学的经验研究方法,反对进行单纯的理论演绎和逻辑证明,注重对事物的细致观察而不是宏大体系的构造。英国历史学家凯思·托马斯认为,英国马克思主义"总的特征是高度经验主义的,不十分关心理论"①。

英国新马克思主义是20世纪后半叶在英国独特的学术氛围中成长起来的马克思主义流派,自身具有浓郁的经验主义气质,这成为其学术研究的方法论特征。英国新马克思主义继承了英国经验论的哲学传统,通常以经验观察为基础进行理论探讨,注重运用唯物主义历史观研究具体的历史与政治现实问题,反对把理论原则作为研究的出发点,拒绝抽象的理论建构,从而对教条主义的马克思主义体系产生了免疫力。这就意味着他们自觉地把握和运用了唯物主义历史观的方法论本质,形成了完全不同于教条主义马克思主义的理解:马克思主义理论不应该作为既成的真理存在于具体的研究之前,而是应该在解决具体问题的过程中被呈现与建构出来。佩里·安德森认为这个学派有着明显的经验研究的取

---

① 何平:《托马斯博士谈英国史学》,载《史学理论》,1988(4)。

向。其中最为重要的人物并没有发表过有关经济、社会、艺术和文化方面的一般性理论著作,他们着力于重构民族历史中的重要阶段,并由此产生出极为精彩的、极具想象力的著作。这些著作极为具体,覆盖了上古时期至工业化时期。汤普森的《英国工人阶级的形成》是经验主义的研究成果典范,"没有从理论到理论地进行某种教条式的演绎,而是从英国历史的实际出发,着手于英国的特殊性,体现了英国历史学求实、实证的传统"①。威廉斯和他的学生伊格尔顿用英国哲学特有的经验主义分析方法对文化本身做了非常详细的分析,把文化唯物主义的研究推向了一个新的高度。

　　霍布斯鲍姆在相对封闭的英语语境中完成学术训练并成长为马克思主义者,因此,他继承了英国新马克思主义的经验主义传统,拒绝抽象的理论建构,运用唯物主义历史观研究具体的理论问题与现实问题,"把历史研究的重点放在工业史和社会史统一之上的总体史上,展现经验主义的传统,让史实来说话"②。霍布斯鲍姆具有非常丰富的资本主义历史经验,这样的历史经验不仅有助于他迅速掌握马克思主义的基本理论和方法,而且还决定性地影响了他对马克思主义的理解和认识,从而有力地推动了民族国家思想的诞生,因为"过去的感觉作为经验连续体的结晶,依然极其重要"③,因此,"现代资本主义社会的经验说明了

---

　　① [英]E. P. 汤普森:《英国工人阶级的形成》下,钱乘旦等译,1000页,南京,译林出版社,2001。
　　② 乔瑞金:《我们为什么需要研究英国的新马克思主义?》,载《马克思主义与现实》,2011(6)。
　　③ [英]埃里克·霍布斯鲍姆:《史学家——历史神话的终结者》,马俊亚、郭英剑译,24页,上海,上海人民出版社,2002。

它们既是永恒的，又是过渡性的"①。霍布斯鲍姆的民族国家思想是在批判基础上对经验主义的应用，是从客观的历史和政治事实出发，而不是从马克思主义的理论出发，具体问题具体分析，对民族国家进行经验式的叙述。他非常重视经验主义对研究民族国家的借鉴作用："缺乏太多理论色彩的单纯历史经验总是能够告诉我们有关大量当代社会的事实。"②霍布斯鲍姆强烈反对从原则、理论和抽象概念出发对事实进行说明，并让事实为理论作注脚，我们在霍布斯鲍姆的著作中可以看到大量关于民族国家的事实叙述，而理论总是被刻意地排除在外，他认为，"我们从经验中获取教益。历史学家就是经验的记忆储备库"③，历史对当代社会的主要启示建立在历史经验和历史前瞻相结合的基础上④。

作为英国新马克思主义杰出代表的霍布斯鲍姆以19世纪三部曲、20世纪史的鸿篇巨著，不厌其烦地描述和再现了自工业革命以来民族国家的产生，直到现在陷入重重危机的历史。他的描述绵密细致，使人有种阅读历史小说的真实感，安德森这样评价他史学叙述的优美文笔："霍布斯鲍姆不可多得地兼具了理性的现实感和感性的同情心。他一方面是个脚踏实地的唯物主义者，提倡实力政治；另一方面又能将波希米

---

① [英]埃里克·霍布斯鲍姆：《史学家——历史神话的终结者》，马俊亚、郭英剑译，25页，上海，上海人民出版社，2002。
② Eric Hobsbawm, *On History*, New York, The New Press, 1997, p. 27.
③ Ibid, p. 24.
④ [英]埃里克·霍布斯鲍姆：《史学家——历史神话的终结者》，马俊亚、郭英剑译，43—62页，上海，上海人民出版社，2002。

亚、土匪强盗和无政府主义者的生活写成优美哀怨的动人故事。"[①]绝大部分中国学者已经习惯了德国式的宏大叙事风格，在阅读霍布斯鲍姆的著作时感觉如坠迷雾，不知道霍布斯鲍姆这样做的目的是什么，究竟想表达什么样的观点。我们认为真实的原因就是为了现实。从本质上讲，经验证明法要比理论证明法更为曲折，然而这恰恰展现出霍布斯鲍姆民族国家思想的深刻性：民族国家的现象极其复杂，如果仅仅简单套用马克思的原理和原则进行笼统的概要性叙述，就会出现两种情况：第一种情况是陷入经济决定论的窠臼，将民族国家现象下降为经济基础的单纯附庸，从而将马克思的国家理论庸俗化；第二种情况是为了原理而牺牲现实的多样性和丰富性。运用经验证明来研究民族国家的问题，相较于理论证明更具有说服力，从而更容易得到崇尚经验和实证的英国学术界和民众的认同。霍布斯鲍姆运用经验主义的方法研究民族国家的目的绝不是解释历史，而是为了推动其向社会主义的现实转化。

四、反思西方传统国家理论的得失

霍布斯鲍姆以其高尚的人格和杰出的成就享誉国际，是备受推崇的近代史大师、英国著名的左派史学家、英国新马克思主义的代表人物和当代著名的政治评论家。他的研究以19世纪为主，并延伸到17、18、

---

① 转引自［英］艾瑞克·霍布斯鲍姆、［意］安东尼奥·波立陶：《霍布斯鲍姆：新千年访谈录》，殷雄、田培义译，272页，北京，新华出版社，2001。

20 和 21 世纪；研究的地区则从英国、欧洲大陆扩展至拉丁美洲。因此他是在系统反思西方传统国家理论的得失，尤其是自由主义与保守主义国家理论的基础上，形成了别具特色的民族国家思想。霍布斯鲍姆对从霍布斯、卢梭、康德的古典自由主义国家理论到凯恩斯、罗斯福、威尔逊的新自由主义国家理论，从柏克、托克维尔的保守主义国家理论到撒切尔、福山的新保守主义国家理论进行了系统的反思，批判他们将个人主义价值观推向极端的做法，揭露了隐藏在民族认同标准下的阶级局限性和历史局限性，并提出自由主义、保守主义的国家理论与集体价值观、集体行动相背离，而当前民族国家的力量衰退和公共失序问题迫切需要国际化的集体力量来解决，因此社会主义才是 21 世纪的主要议题。我们对霍布斯鲍姆的著作、论文进行了一番细致的文本分析之后发现，霍布斯鲍姆主要是从以下三个方面对西方国家理论的自身缺陷进行批判的，从而形成了自己的民族国家思想。

第一，无论是古典自由主义和新自由主义的国家观，还是保守主义和新保守主义的国家观，事实上都建立在自由主义的理论基础之上，本质上是自由主义内部的意见分歧。这些国家理论都在对国家本质的中立性定位下隐藏着资本主义的阶级立场，在追求社会的总体目标下体现的却是个人主义的价值基础和个人本位的价值取向。

霍布斯鲍姆称霍布斯为不机智的哲学家，认为他表面上赞成所有人在所有方面的彻底平等，社会目标就是个人目标的总和，就是最大多数人的幸福，但在实际上却是深刻的个人主义，而个人主义阻止对国家权力施以前提性的限制，会导致权力的膨胀。霍布斯鲍姆把杰里米·边沁和约翰·穆勒划分为资产阶级的捍卫者，他认为边沁主义者打着保障最大多数人的幸福的旗号，实质上却是在拥护官僚化的国家管理。霍布斯鲍姆认为康德终身都是自由主义的左派，康德哲学的基本单位是个人，洛克则是庸俗自由主义最宠爱的思想家，他们在个人本位的基础上提出了国家理论，资产阶级的倾向非常明显。霍布斯鲍姆在深入研究了亚当·斯密和李嘉图的学说之后，发现他们的经济学实际上有助于巩固自由主义在政治、经济中的坚实地位。柏克在经济思想上尊奉亚当·斯密的学说，在政治思想上属于保守主义，托克维尔对法国大革命和民主的分析则是温和的自由主义。威尔逊公开声称"对世界提供经济援助的人，必须以他们的精神和他们的心智去理解这个世界，统治这个世界"[1]。霍布斯鲍姆对20世纪70年代激进派的自由放任主义国家理论进行了分析和批判，该派主张淡化国家角色，国有单位提供的服务应转向以市场的方式供应，比如，将邮政、监狱、学校、供水和福利事业等属于国家政府的标准业务转变为企业单位，霍布斯鲍姆指出这种市场主权实质上是政治的替代品，消费者实质上是公民，是个人主义极端化的表现，福山自己坦白地承认，人民选择不去投票"反映了全体人民所做的选择，他们想要的是消费者主权"[2]。以上学者建立在自由主义理论基础上的国家学说把社会发展的动力归结为个人利益和竞争，社会主义则把社会的基础建立在公共协作和生活上。

第二，当前的民族国家（由于霍布斯鲍姆将民族国家等同于资本主义国家，因此这里所指的民族国家不包括东方的民族国家）在经

---

[1] 转引自[英]艾瑞克·霍布斯鲍姆：《霍布斯鲍姆看21世纪》，吴莉君译，58页，北京，中信出版社，2010。

[2] 转引自同上书，93页。

济全球化、公共失序等因素的冲击下，出现了经济、政治力量的衰退现象，而建立在自由主义基础上的国家理论是无法解决这个问题的。

霍布斯鲍姆认为，虽然19世纪的自由主义对民族国家的讨论还处于边缘地位，但是民族的意义已经开始从革命转向了自由主义。穆勒在关于代议政府和民主制度的论著中谈到了民族认同问题："想在同一个政府之下效忠国家，或者想通过自治或部分自治的方式来管理国家。"① 柏克在19世纪60年代力陈语言是决定民族国家的唯一充分条件。亚当·斯密认为民族是拥有固定领土的国家，只从实务上掌握民族的经济效应，没有在理论上把民族当作分析单位。凯恩斯则是在自由主义发展到巅峰时期提出国家之间的贸易问题需要个别考察。埃德温·坎南认为亚当·斯密的民族定义不是具有连续性的实体，只有在市场进行资源分配时，个人追求利润才能带来社会利益。霍布斯鲍姆认为人民眼中的民族是公共利益的代表，对抗私利与特权，因此这些自由主义国家理论建立在对人类本质和自然状态的假定基础上，适用于市场而不适用于人类的普遍状况。

威尔逊和罗斯福认为我们生活在独立民族国家的世界，但是霍布斯鲍姆认为这个世界处于失序状态，导致民族国家力量衰退的因素包括公民对国家的忠诚和奉献正在不断流失，传统暴力社会所建立的暴力规则和限制在民族国家愈演愈烈，这种日益恶化的情况证明，西方自由价值

---

① 转引自[英]埃里克·霍布斯鲍姆：《民族与民族主义》，李金梅译，18页，上海，上海人民出版社，2006。

借由市场成长和军事干预所传播的新保守主义和新自由主义乌托邦,绝对无法解决这个问题。资产阶级知识分子建立了清晰的自由主义的民族概念,比如,美国总统威尔逊的"民族自决原则",但是威尔逊建立国家的原则是,拥有相同种族、语言、文化的民族应拥有民族自决权,如今却已沦为一幕悲惨的荒诞剧。

当前世界民族国家力量衰微,权力功能快速转让给超国家组织机构,出现大国瓦解、小国林立的民族分离狂潮,以至于民族国家不能控制经济,不能施行以往维护公共法律与秩序的主要功能,而"人类在新千年里的命运前途,全在公共权力的重新恢复"①。面对全球秩序混乱的难题,自由主义认为能够提供永久性答案,但是霍布斯鲍姆认为它们的失败之处正在于其不能提供这个答案。自由主义的精神在 20 世纪只是作为原则而存在,仅仅是对经济制度和国家权力进行理论批评,与实际完全脱节,如撒切尔夫人政权。自由主义的失败证实社会主义的看法比较合理。

第三,自由主义和保守主义的国家观都试图通过社会改良的手段来推动资本主义社会的进步和资本主义制度的完善,都把资本主义国家视为最好的和最持久的社会组织模式,而霍布斯鲍姆秉承马克思主义的国家观,认为建立在自由主义学说上的国家理论会转变成反对资本主义的理论,民族国家是人类社会发展的历史产物,也必将会随着客观条件的变化而走向消亡,民族国家的命运决定于是否符合人类社会的历史演进

---

① [英]艾瑞克·霍布斯鲍姆:《极端的年代:1914—1991》下,郑明萱译,854 页,南京,江苏人民出版社,1998。

和进步的需要:"为了个人利益而存在的世界不会是个完善的世界,也注定不会是一个持久的世界。"①

小 结

综上所述,在霍布斯鲍姆的民族国家思想中,存在着四个不可或缺的理论来源:经典马克思主义、西方马克思主义、英国的学术传统和西方传统国家理论。这四种理论是霍布斯鲍姆建构民族国家思想的重要思想背景。经典马克思主义的哲学立场是其坚实的理论基石,西方马克思主义为其提供了批判的指向和上层建筑的视角,英国的学术传统为其提供了经验主义的方法,西方传统国家理论为其提供了批判的内容。

霍布斯鲍姆坚守经典马克思主义哲学的基本立场,把唯物主义历史观作为迄今为止研究历史的最好指南,并把这一基本原则自觉地应用于民族国家思想的构建中,使其牢固树立在生产力与生产关系、经济基础与上层建筑的理论基石之上,对民族国家产生、发展和消亡的根本原因做出了科学解释,使得民族国家思想更具有理论说服力。霍布斯鲍姆把马克思对时间范畴的经典解释应用于"过去—现在—未来"的辩证法中,并以这种方法来研究民族国家以及与之紧密相连的各种社会现象,在民族国家的客观事实中阐述其辩证发展的历史进程。

---

① [英]埃里克·霍布斯鲍姆:《史学家——历史神话的终结者》,马俊亚、郭英剑译,11页,上海,上海人民出版社,2002。

霍布斯鲍姆批判吸收了西方马克思主义的优秀成果。他的民族国家思想是西方马克思主义国家理论的重要组成部分，对西方马克思主义国家理论的两个优秀成果进行了批判吸收：一是对民族国家（资本主义国家）进行了经济、政治、文化等全方位的批判，而且是激烈的实质批判；二是吸收了早期西方马克思主义者葛兰西的文化领导权理论，着重从上层建筑而不是经济基础来阐释民族国家。

霍布斯鲍姆融合了英国的学术传统，由于他主要在封闭的英国学术环境中进行理论研究，所以他自身所带有的经验主义气质深刻地影响了其民族国家思想，在英国马克思主义的学术氛围中形成了自己的马克思主义风格。我们在梳理霍布斯鲍姆民族国家思想的理论脉络时感觉异常艰难，因为在大量散乱的经验材料中，少有纯粹的理论建构，而这也正是其民族国家思想的优势所在。实际上，霍布斯鲍姆民族国家思想是英国经验主义传统的必然结果，其优势在于既能在具体问题具体分析的过程中坚持马克思主义的基本理论，又能最大限度地保持客观事实的具体性和完整性。

霍布斯鲍姆通过反思西方传统国家理论的得失，敏锐地发现了其中存在着三个主要缺陷，从而以这三个缺陷作为批判民族国家的锐利武器，指出民族国家的政体是自由主义和民主主义的结合，实际上基本的立场是自由主义，本质上是个人主义的价值取向，无法解决当前自身所面临的公共失序问题。这样就为霍布斯鲍姆的民族国家思想提供了批判的内容。

总而言之，正是在对这些理论的综合运用、兼收并蓄、创新发展的基础上，霍布斯鲍姆形成了自己独具特色的民族国家思想，主要体现在表述民族国家的内涵与功能、特征与困境、历史使命的话语体系和理论框架中。

第三章 民族国家的内涵与功能

民族国家理论是霍布斯鲍姆研究的基本指向，也是形成其思想的核心理念，确立民族国家的内涵和功能是理解自由民主、革命、战争、公共失序、现代主义、帝国主义、经济全球化、社会主义等政治问题的关键和重点。因此，研究霍布斯鲍姆的民族国家思想，就必须首先弄清楚民族国家的内涵和功能。民族国家的内涵不是一成不变的，而是不断变化发展的，民族的内涵从最初的血缘转变为"民族主义原型"，而这两种民族内涵都不是现代性意义上民族国家的内涵。霍布斯鲍姆认为现代性意义上的民族与国家的内涵始于双元革命，最初与革命的意义重合，之后民族国家的内涵转向自由主义，在帝国主义的时代又转向自由主义和民主主义的结合，当前在经济全球化发展趋势下，民族与国家的内涵又走上了分离的道路。霍布斯鲍姆正是在阐明民族国家内涵的基础上，对其实施阶级统治、自主决定国家事务、维持公共秩序的功能进行了分别论述。

一、历史演变与内涵分析

(一) 历史演变

霍布斯鲍姆在马克思主义关于生产力和生产关系、经济基础和上层建筑的认识框架中理解民族国家的历史演变，把工业革命以来的技术创新作为民族国家产生和发展的内在动力，统一了工业史和社会史。吉登斯也做过类似表述："资本主义和工业主义对于民族-国家的兴起具有决定性意义。"[①]霍布斯鲍姆把英国工业革命和同时期的法国大革命称为双元革命，致力于揭示自双元革命以来民族国家产生和发展的规律，探寻在民族国家高度发展的基础上实现社会主义的可能性。霍布斯鲍姆推崇"技术即工业的本质"[②]，把技术及其工业看作民族国家生产力水平的标志和衡量尺度。技术是一种生产力，"是社会发展的基本动力，尤其是

[①] [英]安东尼·吉登斯：《民族-国家与暴力》，胡宗泽等译，5页，北京，生活·读书·新知三联书店，1998。

[②] 乔瑞金：《马克思技术哲学纲要》，61页，北京，人民出版社，2002。

资本主义产生和发展的基本动力"①，而技术创新则构成工业生产和社会进步的基础，构成民族国家现代性发展的基础。霍布斯鲍姆认为，民族国家作为资本主义社会结构的核心，与资本主义具有相同的性质和发展历程，从一定的意义上来看，民族国家就等同于资本主义国家。民族国家必须具有经济、技术、政府及军队等要素，本质上就是现代化、自由和进步的资本主义政治单位。霍布斯鲍姆拒绝把抽象的理论作为出发点来研究英国的工业革命及之后的经济和技术发展、民族国家和社会发展问题，主张具体问题具体分析。同时，他也特别坚持民族国家的发展史要通过技术史和工业生产史得到说明的思想，将工业活动作为民族国家思想的经验认识基础。因此，民族国家是源于特定地域及时空环境的历史产物，须纳入经济状况、科技发展、历史情境与社会背景下进行讨论，它的建立是艰难漫长的历史过程。

1. 民族国家的产生

霍布斯鲍姆之所以把英国作为民族国家经济模式的标准和典型，是因为英国的工业革命决定了民族国家的产生。18世纪80年代，世界的基本问题是农业问题，农业技术传统，效率低下，欧洲大国的农业人口占总人口的比重非常大，社会关系主要是土地耕作者与土地所有者之间的关系，世界交通极端困难，马匹、骡子主宰着陆上运输。霍布斯鲍姆认为18世纪80年代开始的工业革命是自农业和城市出现以来世界历史上最重要的事件，意味着"人类社会的生产力摆脱了束缚它的桎梏，在

---

① 乔瑞金：《马克思技术批判思想的精神实质简析——兼论西方马克思主义对马克思技术批判思想的一般认识》，载《哲学研究》，2001(10)。

人类历史上这还是第一次"①。自此，生产力开始起飞，进入了自我成长，劳动力、商品和服务也无限增长，社会突破了前工业化时期非技术世界强加于生产的最高限制。英国的原发性工业革命使蒸汽机、纺织机和技术专家涌入欧洲和美国，促进了世界的工业化进程，经济获得迅速发展："从工业革命开始，一部世界经济史，根本上就是一部科技不断加速进步的历史。"②同时这种工业化过程促使欧洲和美国相继建立了民族国家。

英国第一个进行工业革命的行业是棉纺织业，棉纺织业的新发明——珍妮纺纱机、水力纺纱机、骡纺纱机，以及稍后的动力织布机，迅速增加了棉纺织品的产量，而且具有操作简单、投资低廉的优势，能够使投资者迅速回笼资本，并赚取高额利润。棉纺织业产生的巨大市场和持续不断的物价上涨产生了惊人的利润率。比如，欧文原是布商的伙计，1789年借用100英镑在曼彻斯特投资棉纺织业后不久，竟然能够以8400英镑的价格买下新拉纳克纺纱厂的股权。工业化初期，家庭手摇纺织机比纺车效率高，为机械化的纺纱厂提供服务。"生产方式的变革，在工场手工业中以劳动力为起点，在大工业中以劳动资料为起点。"③这里的劳动资料指的是机器，机器体现工业的直接技术基础，由发动机、传动机和工具机构成，其中，发动机是整个机构的动力。"随着工具机

---

① [英]艾瑞克·霍布斯鲍姆：《革命的年代：1789—1848》，王章辉等译，34页，南京，江苏人民出版社，1999。
② [英]艾瑞克·霍布斯鲍姆：《极端的年代：1914—1991》上，郑明萱译，126页，南京，江苏人民出版社，1998。
③ 《马克思恩格斯全集》第23卷，408页，北京，人民出版社，1972。

规模的扩大和工具机上同时作业的工具数量的增加，需要较大的发动机和原动力。"①这使得蒸汽机的革新成为必要。1815年后，原来仅靠手工操作或半机械化的织布行业开始大规模机械化，以往只在开矿业应用的蒸汽机已经推广到棉纺织行业。从实质上来看，19世纪30年代，英国棉纺织业在技术上已趋于稳定。由于棉纺织业所需的劳动力数量、机械、化学改进、工业照明、船只运输和建筑等都比其他行业多，因此它的价格变动决定了英国的贸易平衡，支配了整个英国经济的运行，在实际上等同于现代意义上民族国家工业。

煤炭是19世纪工业动力的主要来源，由于采矿业不仅需要大量的大功率蒸汽机，而且还需要有效的运输手段把大量的煤炭从采煤场运送到装船的场地，因此这种人类实践的需要推动了铁路的发明。从技术发展来看，铁路是采矿业的产儿，比如，19世纪二三十年代的美国、法国、德国、比利时和俄国相继开通了最初的短程铁路，这反映了工业技术的成熟，因为1835—1837年铁路投资的狂潮是建立在英国的机器和技术基础之上的。铁路是人类通过技术获得的从必然走向自由的巨大胜利的标志，是工业革命的象征和成就，是工业化最壮观的一面，使整个地球联结成为一个相互作用的经济体，其重要意义在于打开了由高昂的运输费用而被阻隔的国家大门，大大提高了陆路运输人员和货物的速度、数量。铁路是资本产业转变的基本创造，对于钢铁、煤炭、重型机械、劳动力和资本投资的意义非常重大，而且由于铺设一英里②铁路平

---

① 乔瑞金：《从技术实践视角读马克思〈资本论〉》，载《山西大学学报（哲学社会科学版）》，2007(3)。

② 1英里≈1.61千米。

均需要 300 吨钢铁,因此钢铁的需要增加至原来的 3 倍,这使得钢铁的生产第一次大规模化。钢铁业属于大规模、长期性投资的生产领域,而工业经济必须拥有大量的资本才能突破一定的发展限制,钢铁业的资本集中促使工业经济蓬勃发展。与棉纺织品的巨大消费市场不同,钢铁市场是在工业革命中逐渐产生的,投资者都是带有投机色彩的技术冒险家,钢铁产量始终是衡量民族国家工业潜力可靠性的指标。19 世纪 40 年代英国铁路的修建和大规模的重工业建设,标志着真正的工业化经济的建成。

霍布斯鲍姆认为,1789—1848 年,也就是工业革命的年代,政治社会开始系统地运用民族这个新概念,民族原则主宰了 19 世纪 30 年代,这时的民族国家数目较少。1830 年革命后马志尼发起创建民族国家的青年运动:青年意大利、青年波兰、青年德意志、青年法兰西、青年爱尔兰。它们标志着欧洲的革命运动分裂成民族的革命运动。G. 马志尼于 1857 年提出由 11 个联邦组成欧洲地区,认为"民族是世界秩序中的因素,应该可以借国家机体而自由地表现自己"①。其青年运动失败之后,欧洲出现了统一的意大利,统一的德意志,北美出现了统一的合众国。在霍布斯鲍姆看来,新兴的民族商业阶级在统一的民族大市场中有着明显优势,传媒行业使用民族语言出版教科书、报纸,表明民族国家的发展迈出了关键的一步。

霍布斯鲍姆认为,英国的工业革命不仅仅为后来的民族国家提供了

---

① [美]威廉·邓宁:《政治学说史》下卷,谢义伟译,197 页,长春,吉林出版集团有限责任公司,2009。

技术和资本，更重要的是提供了工业化的一般原则，使从落后经济向发达经济跳跃的民族国家大大缩短了时间进程。虽然英国的工业革命对于民族国家和经济全球化的历史进程来说只是初级阶段，但是英国作为经济和社会发展的先驱深远地影响了世界，而且直到今天仍然影响着。[1]

2. 民族国家的发展

19世纪中期的资产阶级预言家们，渴望一个统一和标准化的世界，以资产阶级的模式为原型，承认自由主义的真理，也就是民族国家构成的世界。霍布斯鲍姆认为在资本的年代（1848—1875），国际政治的主题是创建民族国家，在互相联系的民族、经济、自由和民主各个因素中，民族因素居于中心位置。欧洲的法国、意大利、德国、匈牙利、罗马尼亚、波兰、捷克、希腊和塞尔维亚等都以非革命的手段实现了民族独立的理想，欧洲之外的美国和日本等也开始进行创建民族国家的活动，"白哲特将这种现象称为'制造民族'。看来无法否认，'制造民族'已在全球展开，这是这个时代占主导地位的特征"[2]。历史的主旋律是资本主义的胜利，其国际模式是领土明确的民族国家，民族主义处在资产阶级自由主义的框架之内，自由主义官方的制度表达不是阶级利益，而是转化为"民族"的人民意愿，民族国家的创建成为19世纪历史发展的核心。

霍布斯鲍姆认为这种民族国家的创建之所以在资本的年代成为国际政治的主题，是因为经济和技术的进一步发展，此时，铁路、汽船和电

---

[1] Eric Hobsbawm, *Industry and Empire*, London, Pelican Press, 1969, pp. 1-5.
[2] ［英］艾瑞克·霍布斯鲍姆：《资本的年代：1848—1875》，张晓华等译，106页，南京，江苏人民出版社，1999。

报已经把整个世界联系在一起，有能力运送大批货物和人员。在资产阶级看来，世界是由铁路和蒸汽引擎连接的统一体，世界经济的全球性发展倚重科学与技术的向前推进。① 这一时期最惊人的技术进步是用电报传送信息，最有历史意义的发展是海底电缆的实际铺设，世界电报系统的建立，使得政治与商业的因素结合在一起，除美国外，电报都由民族国家所有，由民族国家管理，霍布斯鲍姆认为这对于民族国家的军事、治安和行政方面有直接的重要性。

霍布斯鲍姆认为工业化进程使民族国家极速发展，也为社会主义准备了充足的条件，其短期后果是民族国家，特别是英国实现了跨国统治，新生的民族国家大获全胜，长远结果是诞生于工业革命中的社会主义和共产主义注定将成为民族国家的替代方案。霍布斯鲍姆以技术作为研究工业化进程的切入点，继而将技术作为核心来梳理经济、政治、科学、艺术等错综复杂的社会现象，认为技术在20世纪的民族国家发展史上具有决定性意义，技术的异化问题、先进与落后国家之间差异问题所产生的根源都是以谋利为目的、以自由市场为手段的民族国家的竞争性经济。

1918—1950年民族主义达到最高峰，民族认同等于国家认同的观念在欧洲日渐得势。有史以来第一次，欧洲这块版图几乎全都由民族国家组成，而且这些国家全都拥有某种资产阶级式的国会民主。可惜这种局面为时甚短，且再也没有出现过。《凡尔赛和约》之后世界局势呈现出

---

① ［英］艾瑞克·霍布斯鲍姆：《革命的年代：1789—1848》，王章辉等译，400—401页，南京，江苏人民出版社，1999。

新现象：民族运动广泛传播于世界各地，衍生出欧洲民族主义的新变形，被殖民地区的民族解放和独立运动已成为追求政治解放的主导力量，可借此摆脱殖民帝国的行政和军事掌控。第三世界国家打着民族原则的名义，强调民族自决的权力，进行争取独立地位的民族解放运动，实际上是反帝国主义运动。1945年之后，各国争取独立及反殖民的运动与社会主义、共产主义的反帝国主义运动结为一体，民族解放便成了左派的口号。大体而言，1919年之后的欧洲民族运动，多半都朝着反对民族国家的方向发展。民族主义不再追求统一，几乎成为分离主义的同义词。霍布斯鲍姆认为，都市化和工业化带来了社会变迁和人口迁徙，同一领土的居民具有相同族裔、文化和语言渊源的民族主义理想变得不可实现，"族群及语言民族主义有可能会走上分离道路，而且也都可以摆脱对国家权力的依赖"①。

3. 民族国家的式微

20世纪末的民族国家呈衰微之势，苏联和南斯拉夫的解体表现出民族分离现象。霍布斯鲍姆认为，欧洲的分离主义主要是20世纪的历史背景造成的，《凡尔赛和约》和《布列斯特-立托夫斯克条约》种下了恶果，1988—1992年的民族分离现象是1918—1921年《凡尔赛和约》和《布列斯特-立托夫斯克条约》未完成的事业，如马其顿问题。西欧的民族分离运动比东欧更为激烈，几个最老的民族国家都在经历民族分裂运动：大不列颠及北爱尔兰联合王国、西班牙、法国、瑞士以及最严重的加拿

---

① ［英］埃里克·霍布斯鲍姆：《民族与民族主义》，李金梅译，156页，上海，上海人民出版社，2006。

大。如魁北克(脱离加拿大)、苏格兰(脱离英国)等。民族分离主义作为一种有力的社会政治力量,在自己有限的基础上,不仅被工人阶级所接受,而且被资产阶级所接受,比如,苏格兰和威尔士的民族分离主义是英国资本主义危机和20世纪60年代英国工人党失败的直接结果。但是霍布斯鲍姆认为分离主义既不能解决普遍性问题,也不能解决地方难题,因此无法解决20世纪晚期民族国家面临的普遍问题,当然也必定不是21世纪民族问题的解决方案。

霍布斯鲍姆认为,唯一有效运行国家经济的只有资本主义国家日本。旧式的国家经济没有欧洲经济共同体等新世界体系的基础,交通和通信的双重革命使货物、人口得以在世界范围内流动,这使得民族和民族主义意识形态完全失效。现在政治冲突与民族国家关系不大,国家经济臣服于跨国经济,小国的经济生命力不输大国。"随着资产阶级的发展,随着贸易自由和世界市场的确立,随着工业生产以及与之相适应的生活条件的一致化,各国人民之间的民族孤立性和对立性日益消逝下去。"[1]民族脱离了国家这个实体,"就会像软体动物被从其硬壳中扯出来一样,立刻变得歪歪斜斜、绵绵软软"[2]。霍布斯鲍姆认为,民族分离并不意味着资本主义社会即刻能够进入共产主义社会,而是说明资本主义还有发展的余地,但是未来的历史不属于民族和民族国家,民族国家和民族主义会逐渐消失。由于霍布斯鲍姆将民族国家等同于资本主义国家,所以在此意义上,他得出了民族国家也就是资本主义国家只是历

---

[1] 《马克思恩格斯全集》第4卷,487—488页,北京,人民出版社,1958。
[2] [英]埃里克·霍布斯鲍姆:《民族与民族主义》,李金梅译,182页,上海,上海人民出版社,2006。

史上的一种现象这一结论,民族国家具有产生、发展、消亡的辩证历史进程。但是我们也要看到,霍布斯鲍姆对东方的民族国家没有给予足够的重视,因为民族国家不仅包括西方的资本主义国家,还包括东方的民族国家、社会主义国家,如中国,中国作为世界上重要的大国,正处于社会主义的新时代,具有无比光明的前途,担当着中华民族走向繁荣复兴的历史使命。

(二)内涵分析

内涵的清晰是开展思想研究的前提,因此,在研究霍布斯鲍姆的民族国家思想之前,明确霍布斯鲍姆对民族国家内涵的规定十分必要。从理论上来说,民族国家是由民族和国家两个部分构成的,民族国家的内涵就需要从两个方面来规定,也就是说,要回答"民族国家是什么",就要先回答"民族是什么""国家是什么""民族和国家是什么关系"三个问题,此外,与民族、国家、民族国家紧密相连的"民族主义"也是我们必须探究的问题。霍布斯鲍姆坚守马克思主义哲学的基本立场,认为划分民族与国家的客观标准和主观认同随着人类社会的发展,尤其是经济的发展不断发生变化,是历史的和具体的,而不是永恒的和绝对的。

张三南在《马克思主义经典作家关于民族主义的论述及当代意义研究》这本著作中,以马克思主义与民族主义是否存在交集为标准,把国外学者划分为承认、否认和不确定三类,将霍布斯鲍姆列在不确定类。他认为霍布斯鲍姆关于马克思主义-民族主义的立场难以确定,并给出了两个理由:第一个理由是霍布斯鲍姆具有典型的"马克思主义色彩",是"不悔改的共产主义者",具有坚定的政治信仰;第二个理由是霍布斯鲍姆对民族主义的消亡持乐观态度，经济全球化的兴起、民族国家的式微，使得"密涅瓦的猫头鹰"已经飞翔于民族与民族主义的上空。霍布斯鲍姆在《民族与民族主义》的导论中说："马克思主义者……必须与民族主义者的政治因素妥协，并界定他们对民族主义具体现象的观点。……在理论上讲，马克思既没有支持也没有反对任何国家的独立国家地位。"①对于这个理由，张三南还引用了罗志平和阿维纳日的评价。罗志平说："我想，霍布斯鲍姆的意思是'虽然我信奉马克思主义，但并不影响我对民族主义研究的客观立场'。"②阿维纳日评论道："霍布斯鲍姆认为修正主义者——尤其是奈恩已完全误解了民族主义的历史作用，然而他不得不承认马克思主义本身没有也不能提供民族主义现象所有的理论性的政治答案。"③实际上，我们认为霍布斯鲍姆关于民族、民族主义和国家、民族国家的基本哲学立场确实是马克思主义的，除了张三南给出的第一个理由之外，还因为霍布斯鲍姆将生产力与生产关系、经济基础与上层建筑的经典马克思主义理论贯穿于民族国家理论的始终，以技术变革来阐释社会变革；运用了唯物主义辩证法来演绎民族、民族主义和国家、民族国家的变迁史，拒绝先验定义，坚持进步观；以阶级分析的方法透视民族问题，在广大人民群众的立场上评价各种民族主义的现象和观点，着重自下而上地理解和阐释民族主义运动。据此可以判断，霍布斯鲍姆承认马克思主义与民族主义之间存在交集。接下来我们再看张

---

① 张三南：《马克思主义经典作家关于民族主义的论述及当代意义研究》，71页，北京，时事出版社，2014。
② 转引自同上书，71页。
③ 转引自同上书，71页。

三南的第二个理由是否成立，霍布斯鲍姆在《民族与民族主义》导论中已经明确说明，此书的主题倾向于欧洲中心主义观点，是特别针对"发达"地区所作的讨论，因此他所说的"密涅瓦的猫头鹰"已经环飞于民族与民族主义的上空，指的是欧洲的民族与民族主义，而不是东方的民族与民族主义，按照霍布斯鲍姆的观点，民族与民族主义是历史的现象，有其产生、发展和消亡的过程，欧洲的民族与民族主义现在正处于衰落时期，这个判断是正确的，说明他的思维是睿智的。当然不可否认，霍布斯鲍姆确实过于欧洲中心主义了，对东方的民族、民族主义和国家、民族国家缺乏深入的研究，也没有给予应有的重视，尤其是忽略了中国这个民族国家在世界历史中所起的重要作用。张三南提出的霍布斯鲍姆认为马克思主义本身没有提供民族与国家的理论性的政治答案这一观点，是确定的，霍布斯鲍姆在《如何改变世界——马克思与马克思主义的传奇》中认为，马克思的民族理论重视民族与国家经济的方面、内容的方面，对民族与国家政治的方面、形式的方面有所忽略，因此他所要做的工作正是补充这些不足之处。实际上，马克思虽然没有明确和系统地阐述过民族的理论，但是中国社会科学院民族学与人类学研究所民族理论室编写，社会科学文献出版社出版的《马克思主义经典作家民族问题文选》，全面、准确地摘录了马克思和恩格斯在民族理论方面的论述，依据金炳镐在《民族理论通论》中的统计，"马克思和恩格斯涉及民族和民族问题的论著达300篇以上，字数达200多万"，这些著作包括《论犹太人问题》《摩尔根〈古代社会〉一书摘要》《论封建制度的瓦解和民族国家的产生》《家族、私有制和国家的起源》《神圣家族》《德意志意识形态》《共产党宣言》等，这充分说明了马克思主义在民族与国家政治的方面、形式的方面理论是足够丰富的，马克思和恩格斯在《共产党宣言》中明确指出："工人没有祖国。决不能剥夺他们所没有的东西。因为无产阶级首先必须取得政治统治，上升为民族的阶级，把自身组织成为民族，所以它本身还是民族的，虽然完全不是资产阶级所理解的那种意思。"①此外，我国还涌现出了诸多研究马克思主义民族理论的学者，他们的学术研究成果颇丰，如张三南的《马克思主义经典作家关于民族主义的论述及当代意义研究》、邢瑞娟的《马克思民族思想研究》、张会龙的《马克思主义民族理论及其中国化研究》、赵健君的《马克思主义民族理论中国化问题研究》等，从不同的方面、不同的视角、不同的学科为马克思主义民族理论的系统化做出了值得肯定的工作。这充分证明了霍布斯鲍姆关于马克思缺乏民族理论政治的方面、形式的方面的研究，这一观点是有失公正的，也说明他作为西方马克思主义学者，具有不可避免的历史局限性。

民族与民族主义的现象与概念纷繁复杂，在马克思主义产生之前并没有系统的解释，马克思主义的民族思想为科学、正确地认识民族与民族主义提供了科学的指南。霍布斯鲍姆正是以马克思主义的民族思想作为理论指导，深入理解、认识和研究民族和民族主义。尽管有些国外学者否认马克思主义具有民族理论，如以赛亚·伯林认为，"马克思终其一生都低估了作为一股独立力量的民族主义……这是他的伟大体系中的主要弱点之一"②。阿维纳日认为，"在卡尔·马克思讨论的所有历史现

---

① 马克思、恩格斯：《共产党宣言》，46页，北京，人民出版社，1997。
② ［英］伯林：《反潮流：观念史论文集》，冯克利译，333页，南京，译林出版社，2002。

象中，他对于民族主义、民族主义运动和民族国家的出现的考察是最不令人满意的"①。国际政治学界充斥着西方民族主义的研究成果，但是这些都不能否认经典马克思主义具有一脉相承的民族理论，尤其是中国特色社会主义的民族理论，如王希恩等学者提出了再认识马克思主义经典作家关于民族主义的论述，张三南大胆提出了"马克思主义-民族主义研究的范式"，邢瑞娟立意于当代中国民族问题和当今世界民族问题的解决，中国学者层出不穷的研究成果有力地证明了马克思主义不但具有全面完整的民族理论，而且其理论具有科学性、时代性、发展性、革命性和阶级性，如安东尼·史密斯所评价的："马克思主义是民族主义研究的主要学派之一……是在连续性上最好的民族主义研究学派。"②霍布斯鲍姆的民族理论是马克思主义民族理论的组成部分，我们完全可以去其糟粕，取其精华，使其为中国特色社会主义的民族理论提供借鉴。

黑格尔说："密涅发的猫头鹰要等黄昏到来，才会起飞。"③霍布斯鲍姆说："如今它正环飞于民族与民族主义周围，这显然是个吉兆。"④若想一窥 19 和 20 世纪的世界历史，则非从民族的概念入手不可。如今我们身处 21 世纪，在经济全球化高歌猛进的同时，欧洲地区民族与国

---

① 转引自张三南：《马克思主义经典作家关于民族主义的论述及当代意义研究》，2 页，北京，时事出版社，2014。

② Anthony D. Smith, *Theories of Nationalism*, New York, Holmes & Meier Publishers, 1983, p. 257.

③ [德]黑格尔：《法哲学原理》，范扬、张企泰译，16 页，北京，商务印书馆，2018。

④ [英]埃里克·霍布斯鲍姆：《民族与民族主义》，李金梅译，184 页，上海，上海人民出版社，2006。

家的关系却日益疏离,民族主义与社会主义相伴而生,"未来能够取代民族国家的政治组织是什么?"这一问题成为社会科学关注的焦点,"民族是什么?"也就是民族的概念,则是回答这一问题的起点。而民族这一概念并非与人类的历史相伴而生,它会随着社会历史的发展而嬗变,甚至还可能会在极短的时间内发生剧烈的变化,因此厘清民族的概念是一项相当艰巨的工程,正如沃尔特·白芝浩所说:"若你不曾问起民族的意义为何,我们会以为我们早已知道答案,但是,实际上我们很难解释清楚到底民族是什么,也很难给它一个简单定义。"[①]现代性意义上的民族概念最早出现于18世纪,约翰·穆勒的《代议制政府》、欧内斯特·勒南的演说《民族是什么?》是早期探讨民族概念的优秀学术成果,从事国际社会主义运动的有志之士,如考茨基、罗莎·卢森堡、奥托·鲍威尔、列宁、斯大林等积极投身于民族概念的争论中,并对后世政坛产生了重大影响,讨论民族概念的辉煌时期是1968年至1988年的二十年,此期间涌现出霍布斯鲍姆、本尼迪克特·安德森、厄内斯特·盖尔纳、安东尼·史密斯、约翰·阿姆斯特朗、布罗伊尔、埃里·凯杜里等一大批优秀的学者,写作了大量关于民族与民族主义的精彩著作。霍布斯鲍姆之所以列居其中,是因为他对民族概念的阐释坚持了马克思主义的哲学立场,运用了马克思主义的辩证方法,体现了马克思主义的批判精神,并且采用了政治哲学的独特视角,表现出整体主义的思维方式,使用了自下而上的分析方法,在经验事实和文学叙述之间保持了适度的张

---

① 转引自[英]埃里克·霍布斯鲍姆:《民族与民族主义》,李金梅译,15页,上海,上海人民出版社,2006。

力，凸显出别具一格的学术研究风格，也为中华民族这个概念提供了可资借鉴的理论。

中华民族的概念是梁启超在1902年首次提出的，自此中国才正式有了现代意义上的民族观念，他在《论中国学术思想变迁之大势》中说："上古时代，我中华民族之有海权思想者，厥惟齐。"[1]1840年鸦片战争之后，尤其是中日甲午战争之后，先进的思想家们为了救亡图存，开始重新思考民族的概念。严复的《天演论》介绍了世界民族之间相互竞争的族群理念，但是并没有进一步介绍西方的民族理论。梁启超则沿着严复的思路，系统地研究了西方的民族理论，开始在现代性的意义上思考民族的概念。中华民族指中国境内的所有民族为一家，是多元混合的。华夏、炎黄子孙等都不是在现代意义上对中国作为一个民族国家的名称，中华民族概念的提出是中国传统民族观念走向现代性的重要标志之一，意义深远，它开创了中华民族的新起点，超越了传统的种族和地域的束缚，体现了中国各民族是一家的新的民族理念，反映了中国各民族平等相处、团结一致的新追求。此后，李大钊、陈独秀、毛泽东、周恩来等都对中华民族精神的塑造提出了真知灼见。中国共产党第十九次全国代表大会的主题为："不忘初心，牢记使命，高举中国特色社会主义伟大旗帜，决胜全面建成小康社会，夺取新时代中国特色社会主义伟大胜利，为实现中华民族伟大复兴的中国梦不懈奋斗。"[2]习近平指出："中华民族伟大复兴，绝不是轻轻松松、敲锣打鼓就能实现的。全党必须准

---

[1] 梁启超：《论中国学术思想变迁之大势》，31页，上海，上海古籍出版社，2019。
[2] 《习近平谈治国理政》第3卷，1页，北京，外文出版社，2020。

备付出更为艰巨、更为艰苦的努力。"①因此探讨民族的概念有助于我们更加准确、科学地诠释中华民族的内涵及意义。

本尼迪克特·安德森将民族称为"想象的共同体",霍布斯鲍姆把民族视为通过民族主义想象得来的产物,因此在解决和处理民族问题时,从民族的概念入手会比从实际的民族发展情况入手要简单得多。作为一名研究民族问题的马克思主义历史学者,霍布斯鲍姆始终坚持摒弃民族偏见,客观、如实地还原民族概念的变迁和转型过程,按照民族历史发展的客观必然性科学预测民族在21世纪的未来和前景。马克思从根本上阐明了生产方式与民族之间的关系,这成为霍布斯鲍姆研究民族概念的科学指导原则:"各民族之间的相互关系取决于每一个民族的生产力、分工和内部交往的发展程度"②,"使反动派大为惋惜的是,资产阶级挖掉了工业脚下的民族基础。古老的民族工业被消灭了,并且每天都还在被消灭。它们被新的工业排挤掉了,新的工业的建立已经成为一切文明民族的生命攸关的问题"③。据此,霍布斯鲍姆认为民族的概念必须植根于现实的历史背景来进行讨论,具体地说,就是在国家体制、行政官僚、科技发展、经济状况、历史情境、社会背景的框架内进行讨论。因为"民族原本就是人类历史上相当晚近的新现象,而且还是源于特定地域及时空环境下的历史产物"④,所以民族的概念既没有一致的客观标

---

① 《习近平谈治国理政》第3卷,12页,北京,外文出版社,2020。
② 《马克思恩格斯文集》第1卷,520页,北京,人民出版社,2009。
③ 《马克思恩格斯文集》第2卷,35页,北京,人民出版社,2009。
④ [英]埃里克·霍布斯鲍姆:《民族与民族主义》,李金梅译,5页,上海,上海人民出版社,2006。

准，也没有统一的主观认同，而是会随着社会历史的变迁而变迁，随着社会主题的转型而转型。霍布斯鲍姆认为民族概念的客观标准本身实际上是含混不清的，如语言、族群特性等，以这些语焉不详的客观标准来判断民族，结果只能是适得其反，同样，"将主观意识或主观选择视为民族的判断标准，不啻将人类自身界定为集体认同的多元想象力，狭窄化到单一选项中——选择自己属不属于这个'民族'——不消说，这是极其不智的做法"①。这与我国民族主义的先驱孙中山的看法正好相反，孙中山认为民族的概念既包括客观因素，如血统、生活、语言、宗教与风俗等，也包括主观因素，如民族意识、民族精神，他认为只有培育民族精神，才能树立民族自信，提升民族地位。

霍布斯鲍姆是从革命的年代(1789—1848)着手讨论民族的现代性意义的，工业革命、法国大革命、美国独立革命成为民族概念的现实社会背景，如1789年法国大革命《人权宣言》宣称，各民族均享有独立主权，无论其民族大小，人种如何，疆域何在。人民的主权是不能擅加剥夺的。1776年美国《独立宣言》提出，一个民族要取得"自然法则"和"自然神明"所赋予的独立与平等地位，就必须解除其与另一个民族之间的不平等关系。1791年和1793年的《法国宪法》均以法律形式重申了民族自决权。这个时期的民族概念体现了革命的意义：民族代表的是公共利益和人民利益，而不是特权和私利。1830—1880年，资本主义的自由主义开始盛行，民族的概念便由革命的意义转向为与自由主义的意识形态

---

① ［英］埃里克·霍布斯鲍姆：《民族与民族主义》，李金梅译，8页，上海，上海人民出版社，2006。

重叠，人们提出了"自由、平等、博爱"的口号，同时，继承并发展了马克思主义观点的列宁提出了社会主义的民族概念。在1870—1918年，资产阶级利用经济上的优势地位来巩固其在政治和文化方面的主导地位，自上而下传播其现代性的意识形态，族裔和语言成为民族概念的两个重要方面，与此同时，这种盛行的民族概念与新兴无产阶级的社会主义思想正好相左，表面上看起来两者水火不容，但是霍布斯鲍姆认为两者之间存在对立统一的关系，既相互排斥，又互相推动，随着帝国主义的发展，民族主义最终发展成为法西斯主义的摇篮。在1918—1950年，一方面，帝国主义国家发明了自己的民族概念；另一方面，斯大林的民族自决原则代替法国大革命时期的民族自决原则，成为世界民族解放运动的主流意识形态，反法西斯运动使得民族主义与社会主义最终结成联盟。20世纪晚期，东欧剧变、苏联解体，发达资本主义国家无法解决全球大生产所带来的经济和政治问题，民族分离愈演愈烈，民族在经济、政治、文化、语言等方面的意义不会是21世纪的主流意识形态，全球性的生产方式要求全球性的政治组织与其相适应。

霍布斯鲍姆把民族的概念植根于现实的社会历史，认为没有历史就不能理解民族，正如马克思所说："人们的想象、思维、精神交往在这里还是人们物质行动的直接产物。表现在某一民族的政治、法律、道德、宗教、形而上学等的语言中的精神生产也是这样。"[1]列宁在《腐蚀工人的精致的民族主义》中也有类似的表述："精致的民族主义就是这样一种思想，它在最漂亮和最好听的借口下，例如在保护'民族文化'利

---

[1] 《马克思恩格斯文集》第1卷，524页，北京，人民出版社，2009。

益、保护'民族自决或独立'等等借口下鼓吹无产阶级实行分裂。"①霍布斯鲍姆正是采纳了这一观点,在论文《所有的民族都有历史》中全面论述埃里克·沃尔夫的重要著作《欧洲与没有历史的人民》,高度赞扬了埃里克·沃尔夫研究民族的基本方法,即民族的理论是在各种社会实体相互作用、相互塑造的背景下产生的,肯定了埃里克·沃尔夫的研究方法是马克思式的,因为他将生产方式和文化(思想)体系这两个马克思的基本概念置于核心地位;埃里克·沃尔夫之所以在国际马克思主义理论中具有独特地位,乃是由于他认为欧洲和没有历史的人民在前资本主义中相互联系,从而才能按照自己的方向各自发展。

霍布斯鲍姆直接揭露了资产阶级民族主义的狭隘性和虚伪性,指出民族的神话并不是来自社会和人民的实际经历,而是来自书本、媒体的传播,民族语言涵盖了民族文化或民族情操,其实际上是人为建构的,是从通行的语言中提炼出标准化的规则,把其他语言降格为方言,统治阶级通过国民教育和行政措施使得这种优势语言成为国语,正如马克思所认为的"民族的狭隘性一般是令人厌恶的,那末在德国,这种狭隘性就更加令人作呕,因为在这里它同认为德国人超越民族狭隘性和一切现实利益之上的幻想结合在一起,反对那些公开承认自己的民族狭隘性和承认以现实利益为基础的民族"②。另外霍布斯鲍姆和罗奇都关注民族概念的地域差异,并认真探讨了其中的现实原因。

霍布斯鲍姆继承了经典马克思主义的理论,在生产力与生产关系、

---

① 《列宁全集》第 20 卷,287 页,北京,人民出版社,1958。
② 《马克思恩格斯全集》第 3 卷,555 页,北京,人民出版社,1960。

经济基础与上层建筑的理论框架中解析民族的概念，揭开了民族主义神话的神秘面纱，以确凿的经验事实作为民族概念嬗变的坚实论据，兼具现实上的实证性和理论上的说服力，他科学分析了民族的概念与社会主义之间的关系，但是对东方国家，尤其是中华民族概念缺乏必要的关注和研究。关于中华民族的概念，习近平在庆祝中国共产党成立95周年大会上做出过经典的表述："在95年波澜壮阔的历史进程中，中国共产党紧紧依靠人民，跨过一道又一道沟坎，取得一个又一个胜利，为中华民族作出了伟大历史贡献。……这一伟大历史贡献的意义在于，完成了中华民族有史以来最为广泛而深刻的社会变革，为当代中国一切发展进步奠定了根本政治前提和制度基础，为中国发展富强、中国人民生活富裕奠定了坚实基础，实现了中华民族由不断衰落到根本扭转命运、持续走向繁荣富强的伟大飞跃。"[①]

霍布斯鲍姆在探讨民族的概念时，并没有直接给出定义，因为他认为民族没有先验的定义，而是具有历史性，有其产生、发展、高潮和消亡的发展历程，金炳镐在《马克思主义民族理论发展史》中明确提出了相似的观点："全世界各民族的高度物质文明、精神文明和政治文明（高度民主制度），是民族消亡必要的前提条件。"马克思借鉴吸收了摩尔根《古代社会》的材料，提出人类社会经历了氏族、胞族、部落、部落联盟、民族的观点，恩格斯在《家族、私有制和国家的起源》中也认为社会群体是氏族、胞族、部落、部落联盟、民族的发展过程："像皮拉斯基人以

[①] 习近平：《在庆祝中国共产党成立95周年大会上的讲话》，2—3页，北京，人民出版社，2016。

及其他起源于同一部落的民族一样,在史前时代,就已经按照美洲人的那种有机的序列——氏族、胞族、部落、部落联盟组织起来了。胞族可能是没有的,在多立斯人中间就是这样;部落联盟也不是到处都有成立的必要,但无论如何氏族是基本的单位。"[1]在马克思和恩格斯的这一理论基础上,霍布斯鲍姆从民族概念的变迁和转型,也就是民族概念的发展史着手研究民族主义和民族国家:革命阶段,自由主义阶段,转型阶段,高峰阶段,晚期阶段,未来阶段。"事实上,民族根本不可能具有恒久不变、放之四海而皆准的客观定义,因为这个历史新生儿才刚诞生,正在不断变化,且至今仍非举世皆然的实体。"[2]因此民族的概念既有地域的差异,也有时间的差异。

民族的内涵是极具争议性的问题。在欧洲,"民族"一词最早期的意义指的是血统来源。英文中的"nation"及其他语系中的"民族"是从拉丁文"natio"衍生出来的,表征人的出生、出身或者身份,如在中古时期的法国,民族指血缘相连的亲属团体。在世界的各个时期、各个地区,"民族"一词的原初内涵非常宽泛,如在西班牙指外来者,在荷兰指族群,而谢德乐认为民族是市民,具有共同的风俗、道德和法律等。根据霍布斯鲍姆的考证,1884年之前的民族指聚居在一省或一国之境内的人群,有时指外国人,有时指在大学读书的学生,1884年才出现了民族的现代性意义,即设有中央政府且享有最高政权的国家或政体,国家所管辖的领土和人民。从这样的定义看来,政府是民族概念的核心和基

---

[1] 《马克思恩格斯文集》第4卷,114页,北京,人民出版社,2009。
[2] [英]埃里克·霍布斯鲍姆:《民族与民族主义》,李金梅译,5页,上海,上海人民出版社,2006。

石。霍布斯鲍姆所说的民族指的是这种现代或政治意义上的概念。

霍布斯鲍姆认为1789年法国《人权宣言》意味着民族与国家的结合，民族就等同于国家，等同于人民，国家是民族政治精神的展现，民族是国家境内全体国民的总称。对于人民群众来说，民族等同于人民最重要的意义在于，它是公共利益的代表，而不是特权和私利的代表。

自由主义阶段，民族的概念由革命转向了资产阶级的自由主义。虽然自由主义在这个阶段对"什么是民族"的讨论还十分含混，19世纪的自由主义经济学者、政治学者只能从实务而不是理论出发去研究民族的经济效应，但是它无法回避民族这个问题，也断不能否认民族国家的经济角色，如莫利纳里所说："正是经济力的运作，使得人类自动划分为诸多民族。"[1]美国联邦派的汉密尔顿更是将民族、国家、经济三者结合在一起讨论。霍布斯鲍姆梳理了这些关于民族的观点和看法，提出了自己的见解，认为这个时期自由主义所说的民族的概念包括国家经济，如马克思所认为的："城乡之间的对立是随着野蛮向文明的过渡、部落制度向国家的过渡、地域局限性向民族的过渡而开始的。"[2]

霍布斯鲍姆认为16—18世纪欧洲经济的发展以领土国家为基础、19—20世纪发达国家是世界资本主义经济的行政主体，这两者之间有着紧密的联系。亚当·斯密所说的民族指的是拥有固定领土的国家，坎南不同意这种定义，他认为民族不是连续性的实体。马克思在《评弗里德里希·李斯特的著作〈政治经济学的国民体系〉》中明确表示不同的民

---

[1] Molinari in Dictionnaire d'economie Politique (Paris, 1854), repr, in Labor, Cyclopedia of Political Science, Vol. II, p. 957: "Nations in political economy".

[2] 《马克思恩格斯文集》第1卷，556页，北京，人民出版社，2009。

族具有不同的阶级性,"工人的民族性不是法国的、不是英国的、不是德国的民族性,而是劳动、自由的奴隶制、自我售卖"①。霍布斯鲍姆则认为李斯特清楚地构建了自由主义的民族概念:领土和人口是民族或国家的门槛,也是其历史合法性的基础。如马志尼按照门槛原则把欧洲划分为十二个国家与联邦,美国总统威尔逊倡导的民族自决原则将欧洲划分为二十六个国家,当国家不再奉行门槛原则时,便会出现小国争取独立的形势。霍布斯鲍姆关注的是为什么民族自决的意义会与时俱进。民族的建立是逐步扩张的,是由量变到质变的发展过程。民族和自由主义在两个方面的观点发生了重合:一是人类社群的发展表现为从家族到部落,到地区,到民族,到全球,二是二者的口号都是自由、平等、博爱。

1870年至1918年,欧洲民族概念的发展表现出不同于民族原则的特点:一是门槛原则被扬弃,二是族源、族裔和语言成为构成民族的要件,三是原来的民族国家理论开始了右倾走向。霍布斯鲍姆深刻分析了为何在这个阶段,族裔和语言构成了民族的要件,第一个原因是语言已经不仅仅是沟通和交流的工具,而且还是能否形成统一的民族,或者建立统一的国家的核心要素;第二个原因是根据罗奇的分期理论,第一个阶段是民族的意义体现于文化、文学与民风习俗时期,第二个阶段是民族主义者将民族概念运用于政治运动,第三个阶段是民族概念获得全体公民的支持。1870年至1918年的民族主义都反对新兴的无产阶级社会主义运动,多数学者认为民族主义和社会主义是相互排斥、互不相容

---

① 《马克思恩格斯全集》第42卷,256页,北京,人民出版社,1979。

的，但是霍布斯鲍姆却认为民族主义和社会主义在政治诉求上具有相当高的重合度，列宁也正是注意到了这一点，所以把殖民地当作社会主义运动的主要据点：

> 发展中的资本主义在民族问题上有两种历史趋势。民族生活和民族运动的觉醒，反对一切民族压迫的斗争，民族国家的建立，这是其一。各民族彼此间各种交往的发展和日益频繁，民族隔阂的消除，资本、一般经济生活、政治、科学等等的国际统一的形成，这是其二。这两种趋势都是资本主义的世界性规律。第一种趋势在资本主义发展初期是占主导地位的，第二种趋势标志着资本主义已经成熟，正在向社会主义社会转化。马克思主义者的民族纲领考虑到这两种趋势，因而首先要维护民族平等和语言平等，不允许在这方面存在任何特权……其次要维护国际主义原则，毫不妥协地反对资产阶级民族主义……毒害无产阶级。[①]

在1918年至1950年的欧洲，俄国根据马克思主义的民族概念建立了独立国家："压迫民族的无产阶级要想取得无产阶级革命的胜利，首先要取得'自身解放的首要条件'，'第一个条件'——解放被'本民族'奴役的殖民地半殖民地的被压迫民族。如不这样，压迫民族统治阶级力量的直接削弱、机会主义对工人运动影响的消除、无产阶级自身队伍中思

---

① 《列宁全集》第24卷，129页，北京，人民出版社，1990。

想障碍的克服、无产阶级革命斗争新的高涨的机会的到来，都是不可能的。"①其余各国则依据帝国主义的民族概念建立国家，其经济加速转变为国家计划型的资本主义，实行自给自足的政策，以对抗战争期间的经济崩溃，这时的民族概念与人民的民族认同并不完全重合。在和平时期，国际体育是民族竞争的战场，运动员代表着他们的民族或者国家，或者他们想象的共同体。在反法西斯主义运动期间，民族主义与左派结成联盟，在殖民地国家这种联盟尤其紧密，反帝国主义理论成为社会主义思想的核心，马克思的思想成为民族理论的基础：

> 大工业到处造成了社会各阶级间相同的关系，从而消灭了各民族的特殊性。最后，当每一民族的资产阶级还保持着它的特殊的民族利益的时候，大工业却创造了这样一个阶级，这个阶级在所有的民族中都具有同样的利益，在它那里民族独特性已经消灭，这是一个真正同整个旧世界脱离而同时又与之对立的阶级。②

列宁认为被殖民国家的民族解放运动有利于世界革命，于是对这些国家进行大力协助，反帝国主义的革命分子在最初并不会为了国际革命修正民族解放运动，"在整个国际民主运动史上，特别是19世纪中叶以来，民族自决正是指的政治自决，即分离权，成立独立民族国家的权利"③。俄国无产阶级"一方面要反对一切民族主义，首先是反对大俄罗

---

① 金炳镐：《民族理论通论》，308页，北京，中央民族大学出版社，2007。
② 《马克思恩格斯文集》第1卷，567页，北京，人民出版社，2009。
③ 《列宁全集》第24卷，262页，北京，人民出版社，2017。

斯民族主义；不仅要一般地承认各民族完全平等，而且要承认建立国家方面的平等，即承认民族自决权，民族分离权；另一方面，正是为了同一切民族的各种民族主义进行有效的斗争，必须坚持无产阶级斗争和无产阶级组织的统一，不管资产阶级如何力求造成民族隔绝，必须使各无产阶级组织极紧密地结成一个跨民族的共同体"①。

由此，斯大林提出了经典的民族定义，"人们在历史上形成的一个有共同语言、共同地域、共同经济生活以及表现于共同文化上的共同心理素质的稳定的共同体"②，并对民族问题进行了长期的研究。但是1945年之后，各国的民族解放运动与社会主义的反帝国主义运动逐渐结为一体。社会革命和民族情操的结合具有这样的特点：反法西斯爱国主义是国际主义胜利的一部分，工人和知识分子的国际主义加深了他们的爱国情操，反法西斯的民族主义与民族冲突、社会冲突紧密相连。在1918年至1950年，欧洲之外的民族主义起初被认为是不重要的，但是到了20世纪三四十年代，新兴国家与欧洲法西斯主义的关系引起了欧洲民族国家的注意，第三世界国家对民族概念最大的贡献就是质疑这个概念是不是具有普遍性，是不是适用于所有的民族主义运动和民族国家，他们反对帝国主义以族群或文化特征来划分民族："工人正在建设一个各民族劳动者团结一致的新世界，一个不容许有任何特权，不容许有任何人压迫人的现象的世界，来代替充满民族压迫、民族纷争或民族隔绝的旧世界。"③不过二者追求的都是主权独立和国家统一。孙中山的

---

① 《列宁全集》第25卷，287—288页，北京，人民出版社，2017。
② 《斯大林全集》第2卷，294页，北京，人民出版社，1953。
③ 《列宁全集》第23卷，140页，北京，人民出版社，2017。

"三民主义"(即民族、民权、民生),提出了清晰的民族概念,将民族认同与国家认同相统一:"一种族与他种族之争,必有国力为之后援,仍能有济。我中国已被灭于满洲二百六十余年,我华人今日乃亡国遗民,无国家之保护,到处受人苛待。……故今日欲保身家性命,非实行革命,……光复我中华祖国,建立……国家不可也。故曰革命为吾人今日保身家性命之唯一法门,而最关切于人人一己之事也。"①孙中山主张推翻清政府,建立共和政府,高扬民族与国家的旗帜。

曾经作为历史变革力量的民族主义在20世纪晚期进入了衰落期,一部分由共产党人建立的多民族国家开始沿着列宁的民族定义的裂缝分解开来,与此同时,西欧的民族分离运动也进行得如火如荼,如马克思所指出的:

> 共同体本身作为第一个伟大的生产力而出现;特殊的生产条件(例如畜牧业、农业)发展起特殊的生产方式和特殊的生产力,既有表现为个人特性的主观的生产力,也有客观的生产力。劳动主体所组成的共同体,以及以此共同体为基础的财产,归根到底归结为劳动主体的生产力发展的一定阶段,而和该阶段相适应的是劳动主体相互间的一定关系和他们对自然界的一定关系。在某一定点之前——是再生产。再往后,便转化而为解体。②

---

① 《孙中山全集》第1卷,441页,北京,中华书局,1981。
② 《马克思恩格斯全集》第46卷上册,495—496页,北京,人民出版社,1979。

民族作为社会共同体与生产力发展水平、社会形态相适合，生产的社会化必然会使民族最终消亡，民族分离主义无法解决 20 世纪晚期的问题，无论其是普遍的还是具体的，更无法解决 21 世纪的问题。尽管现在几乎所有国家都以民族作为代称，都以民族自治作为政治目标，但是事实上第二次世界大战后民族国家的创建原则与威尔逊的民族自决原则毫无关系，而第三世界的民族创建和民族解放表现为明显的国际主义。霍布斯鲍姆认为共产党政权建立的民族（国家）具有制止民族冲突的卓越能力，但是苏联在这个时期也分崩离析。民族国家失去了在领土基础上的经济功能，而这项功能则由跨国或多国企业取而代之，交通和通信的双重革命使得物品和人口开始在全球自由流动，使得巨型企业脱离了民族国家的控制范围。威尔逊和列宁的民族自决原则都无法为 21 世纪的民族分离问题提供解决办法。民族的概念等于国家等于人民，这样的等式已经无法成立，它一旦脱离了国家这个政治单位，便失去了往日的风光，不可能再像 19 世纪和 20 世纪早期那样，成为世界各国的政治纲领。21 世纪的全球历史与马克思在《共产党宣言》中所说的世界历史有惊人的相似，不会是以民族或者国家为主角的历史，无论民族的概念是政治、经济、文化或者语言的，还是超民族或超国家的舞台："随着资产阶级的发展，随着贸易自由的实现和世界市场的建立，随着工业生产以及与之相适应的生活条件的趋于一致，各国人民之间的民族分隔和对立日益消失。"①随着民族国家和民族概念的衰微，民族主义也将逐步走向消亡。

---

① 《马克思恩格斯文集》第 2 卷，50 页，北京，人民出版社，2009。

霍布斯鲍姆在客观的社会历史变迁中展现了民族概念的辩证发展过程，他没有一劳永逸地给出一个僵化不变的定义，而是大费周章、不吝笔墨地从工业革命切入主题，然后在波澜壮阔的世界历史发展背景中，透视民族的概念与资本主义、帝国主义、社会主义、法西斯主义、民族主义、民族独立、民族解放等运动之间错综复杂的关系，最后根据当前民族已经进入衰落时期的判断，对民族的未来和前景进行了预测，提出超民族的公共组织将是 21 世纪的主导力量。霍布斯鲍姆灵活运用马克思的辩证方法，创造性地演示出民族概念的历史嬗变，跳出了一般学者惯于以界定民族概念的方式研究民族问题的窠臼，为马克思主义的民族理论做出了贡献，但是他的民族概念没有涉及中国，比如孙中山、梁启超、李大钊等对民族的看法和观点，形成了理论上的一个缺憾。

本尼迪克特·安德森把民族看作"想象的共同体"，这一观点是从人民群众的视角出发来考察民族的内涵，霍布斯鲍姆把这种想象出来的关系称为民族主义原型，并将其分为两种：一种是人民超越自己的地域形成的普遍认同感；另一种是与国家体制紧密结合的特定团体，具有普遍化和群众化的能力。作为民族主义原型的政治民族实际上只限于统治阶级，是近代民族概念的前身（涵括国境内的全部居民），两者之间的联系是间接的。民族主义原型与近代民族主义一脉相承的关系是人为建构出来的。霍布斯鲍姆并不是在民族的原初意义和民族主义原型这两种意义上，而是在现代和政治意义上规定民族内涵的。这种民族内涵的第一批表述者和思想家出现在法国大革命时期，包括 F. L. 雅恩、E. M. 阿恩特、费希特、赫尔德、施莱尔马赫，还包括希腊独立运动的精神导师科拉伊斯、青年意大利运动的领袖马志尼。根据霍布斯鲍姆对西班牙皇家学院的辞典的考察，民族在现代和政治意义上的内涵在 1884 年才出现，指具有中央政府和最高政权的国家或者政体，也指领土和人民结合的整体。根据他对《新英文词典》的考察，1908 年之前，民族指族群单位，之后则指政治实体及独立主权，根据他对《欧美图解百科全书》的考察，民族指同一政府统辖之下的同一国家人民的总称。霍布斯鲍姆对民族内涵的规定参考了安东尼·史密斯和盖尔纳的民族概念。安东尼·史密斯是任教于英国伦敦经济学院的著名社会学家，他认为民族是一个新的历史时期出现的新的范畴，这与列宁关于"人类只有经过所有被压迫民族完全解放的过渡时期，即他们有分离自由的过渡时期，才能导致各民族的必然融合"①的观点是一致的。安东尼·史密斯认为存在着西方及亚洲、东欧两种民族模式，西方的民族具有四个构成要素：历史形成的领土、法律和政治共同体、成员在法律和政治上的平等权利、共同的文化和意识形态。亚洲和东欧地区的民族强调人们出生的共同体和本土文化，是具有相同血统的共同体，他们对血统和谱系的重视超过基于领土的认同；在情感上有强大感召力和动员效果；对本土文化（语言、价值观、习俗和传统）的重视超过法律。② 盖尔纳认为民族单位与政治单位是完全相等的，霍布斯鲍姆则进一步延伸了民族在政治方面的内涵，认为民族的政治责任和义务超越了其他公共责任，甚至凌驾于所有责任之上，也就是说政治是民族最重要和首要的内涵，这是他与其他学者所持观点的本质区别。

---

① 《列宁选集》第 2 卷，565 页，北京，人民出版社，1995。
② Smith Anthony, *National Identity*, London, University of Nevada Press, 1991, p. 11.

对于政治在民族内涵中的重要性，国内外学者都进行过强调，如美国的迈克尔·舒德森认为，国家克服地方主义的能力及民族主义思想赋予的国家权力，得益于交通、运输、正式的组织科层机构，以及政治意识形态，尤其是主权在民的观念。周星认为民族作为一种社会共同体的存在形式，必然要与社会各个方面相互关系，从而形成自身的社会属性，其中，政治属性可视为民族共同体及其范畴的本质内涵之一。[①] 马克斯·韦伯认为民族的共同目标根植于政治领域。但是霍布斯鲍姆与这些学者的根本不同之处在于他把政治意义视为民族的首要内涵。

霍布斯鲍姆和厄内斯特·盖尔纳都强调民族在建立过程中的人为性，亦即民族是出于某种政治目的被创造出来的，实则是民族主义的神话："民族主义早于民族的建立。并不是民族创造了国家和民族主义，而是国家和民族主义创造了民族。"[②]但是厄内斯特·盖尔纳只从自上而下的角度来探讨民族的概念，他没有考虑到普通人民，也就是没有从自下而上的角度来解释民族的概念。马克思和恩格斯在《共产党宣言》中指出："现代的工业劳动，现代的资本压迫，无论在英国或法国，无论在美国或德国，都是一样的，都使无产者失去了任何民族性。法律、道德、宗教在他们看来全都是资产阶级偏见，隐藏在这些偏见后面的全都是资产阶级利益。"[③]霍布斯鲍姆以无产阶级的利益为基础，不但从自上而下的角度，也就是从政府和民族主义者的角度来理解民族的概念，而

---

① 周星：《民族政治学》，31页，北京，中国社会科学出版社，1993。
② [英]埃里克·霍布斯鲍姆：《民族与民族主义》，李金梅译，9页，上海，上海人民出版社，2006。
③ 马克思、恩格斯：《共产党宣言》，38页，北京，人民出版社，1997。

且更加重视从自下而上的角度，也就是从人民群众或者说平民百姓的角度来阐释民族的概念，注重和关心他们的利益、希望、需求、理想，因为他们的民族认同与官方民族主义的意识形态并不总是重合的。

霍布斯鲍姆采纳了罗奇将民族发展分为三个阶段的研究方式，第一个阶段是文化、文学与民风民俗交融的阶段，第二个阶段是上层阶级以自上而下的方式来建立民族的阶段，第三个阶段是民族运动和民族纲领需要人民群众支持的阶段。罗奇着力分析的是第二个阶段，也就是上层阶级，或者说是少数人的历史和贡献，而霍布斯鲍姆着重分析的是第三个阶段，也就是人民群众，或者说是多数人的历史和贡献。在霍布斯鲍姆看来，现代性的民族以国家为最高代理机构统治其领土范围内的人民或公民，但是巩固政权需要人民或公民的普遍支持，因此也必须赋予他们合法的发言权，并时刻倾听他们的意见，人民或公民作为税收和军队的主要来源，可以通过自己的代表来传达民意，影响政治和政策。19世纪的交通与通信革命使国家对其境内公民的统治趋于制度化和日常化，对公民的资料进行建档管理，公民的生老病死必须办理登记，国家与公民的关系日益密切。公民特别是劳工的政治态度与国家利益直接相关，尤其在社会主义运动崛起之后，公民的民族认同便成为首要的政治问题。民族在这时等同于国家，等同于全体公民。霍布斯鲍姆认为，政治民主化就是把过去的人民转变为现代性的公民。国家依靠自身发明的传统，如国旗、国庆节等来进行国家整合，通过小学教育传播民族的传统，以实现公民的民族认同，但是这也不是国家单方面的操作，公民的民族认同会反作用于国家，能够获得支持的民族独立运动必然会引起国际影响。

霍布斯鲍姆以自上而下和自下而上两种方式解释民族的概念，但是重点突出的是自下而上的方式，这体现了他继承马克思"人民群众是历史的创造者"的观点，客观展现出人民群众在民族的建构中所起的基础性作用，最值得我们关注的是他看到了人民群众不会被上层阶级所完全掌控，而是会越来越具有自由的选择能力。马克思着重从生产方式、社会发展的必然性来说明人民群众是历史的创造者，在《共产党宣言》中指出："在无产者不同的民族的斗争中，共产党人强调和坚持整个无产阶级共同的不分民族的利益。"①恩格斯也说过："今天的德意志民族是由封建贵族、资产阶级、小资产阶级、农民和无产阶级构成的"②，"只有在英国，工业才达到了囊括整个民族利益和各阶级全部生活条件的规模，但是工业一方面包括工业资产阶级，另一方面又包括工业无产阶级，而民族中所有其他组成部分日益结集在这两个相互对立的阶级的周围"③。霍布斯鲍姆着重从上层建筑的方面、从政治的方面来证明人民群众是历史的创造者，这与马克思、恩格斯的观点殊途同归。但是在运用阶级分析的方法解释民族的概念方面，霍布斯鲍姆忽略了中华民族的阶级性，李大钊曾称中华民族是无产阶级民族，列宁也曾说过："觉悟的无产者也只能走民族的道路，因为他们的国家还没有形成为民族国家。"④斯大林认为，民族问题是无产阶级革命总问题的一部分，⑤ 毛泽

---

① 马克思、恩格斯：《共产党宣言》，40 页，北京，人民出版社，1997。
② 《马克思恩格斯文集》第 2 卷，233 页，北京，人民出版社，2009。
③ 《马克思恩格斯全集》第 8 卷，231 页，北京，人民出版社，1961。
④ 《列宁全集》第 26 卷，35 页，北京，人民出版社，2017。
⑤ 《斯大林选集》上卷，239 页，北京，人民出版社，1979。

东在《论反对日本帝国主义的策略》中认为中国共产党建立的政府是工农的政府，也是民族的政府。

　　霍布斯鲍姆的民族与国家理论对于中华民族的理论与实践有着重要的启示：中国仍需大力发展生产力以奠定中华民族的物质基础，我们要正确看待中国特色社会主义在不断改革中的得与失，辩证展现中华民族从站起来到富起来，再到强起来的历史进程，高度重视社会主义先进文化的建设，以增加中华民族的凝聚力，坚持群众路线，以加强中华民族的阶级属性。中国是以马克思主义理论为指导的，霍布斯鲍姆的民族和国家理论可以给民族事务治理的实践提供一定的借鉴，也可以给中国特色社会主义民族理论体系提供一定的启示。马克思和恩格斯在《共产党宣言》中提出，"人对人的剥削一消灭，民族对民族的剥削就会随之消灭"①，霍布斯鲍姆按照这个观点，把人类解放视为民族解放和政治解放的价值诉求。中国共产党不断致力于马克思主义民族和国家理论的创新，不断开创新时代中国特色社会主义民族理论的新境界，尤其是以习近平同志为核心的中国共产党，推动马克思主义民族理论的中国化进程，吸收和借鉴马克思主义民族理论的精华之处。霍布斯鲍姆对民族主义与社会主义之间关系的界定是值得重视的。从某种意义上来说，霍布斯鲍姆关于民族的概念具有欧洲中心主义的情结，对于东方国家，尤其是中国这个民族国家的研究不够深刻，也不够分量，我们需要自觉规避其中的不足之处、偏见和不合时宜的观点，抛弃不适合新时代中国特色社会主义现实国情的部分。马克思主义的中国化也包括马克思主义民族

---

① 马克思、恩格斯：《共产党宣言》，47页，北京，人民出版社，1997。

理论的中国化。

霍布斯鲍姆在写作《民族与民族主义》这本著作时，略去了民族主义双父卡尔顿·海斯和汉斯·科恩的民族与民族主义理论，这是因为他认为在马克思主义阵营里，这些理论都已经不合时宜了。汉斯·科恩认为民族主义最重要的含义是思想状态；卡尔顿·海斯认为爱国主义和民族主义的系统和总体研究在任何语言中都不存在。霍布斯鲍姆参考并借鉴了西方民族主义学者的理论：包括罗奇的《欧洲民族复兴的社会先决条件》、本尼迪克特·安德森的《想象的共同体》、阿姆斯特朗的《民族主义形成之前的民族》、J. 布罗伊尔的《民族主义与国家》、约翰·W. 科尔和艾瑞克·R. 沃尔夫的《隐藏的疆界：阿尔卑斯峡谷的生态与族群关系》、J. 菲斯曼的《发展中国家的语言问题》、厄内斯特·盖尔纳的《民族与民族主义》、艾瑞克·霍布斯鲍姆和特伦斯·兰格的《传统的发明》、安东尼·史密斯的《民族主义：理论、意识形态、历史》、杰诺·肖克的《民族与社会：论文集》、C. 提利的《西欧民族国家的建立》、格温·威廉斯的《威尔士人及其历史》。霍布斯鲍姆采纳了厄内斯特·盖尔纳对民族的定义，即政治单位与民族单位是等同的，并在此基础上对民族的概念进行了延伸：民族的政治意义是首要的，在所有意义中居于首位。马克思也明确提出了民族的政治属性："政治上形成的各个不同的民族大都在其内部有了一些外来成分，这些外来成分构成了同邻邦的联系环节，从而使本来过于单一呆板的民族性格丰富多彩起来。"[1]霍布斯鲍姆认为是民族主义和国家创造了民族，而不是民族创造了民族主义。从出

---

[1] 《马克思恩格斯全集》第 21 卷，225 页，北京，人民出版社，2003。

现的时间上来说，民族主义和国家是先于民族的概念的，但是由于民族的实际情况过于复杂，所以研究民族问题要先从民族的概念入手，然后再着力探讨民族主义与国家的实际状况，这体现了他缜密的逻辑思维能力和高超的驾驭资料的手法。"历史从哪里开始，思想进程也应当从哪里开始，而思想进程的进一步发展不过是历史过程在抽象的、理论上前后一贯的形式上的反映；这种反映是经过修正的，然而是按照现实的历史过程本身的规律修正的。"①历史是逻辑的基础，逻辑是历史的再现，霍布斯鲍姆综合运用历史和逻辑相统一的方法来澄明民族与民族主义的概念。厘清了霍布斯鲍姆的民族概念，现在再来探讨他是如何来研究民族主义的，就显得轻松简单了。据美国学者路易斯·斯奈德研究统计，近代以来存在有 200 种以上的不同含义的民族主义。安东尼·史密斯认为民族主义是一种意识形态运动。爱德华·卡尔认为民族主义是个人、群体和民族的意识，或者是增进民族力量、自由或财富的愿望。埃里·凯杜里在《民族主义》中将民族视为国家，专指"一大群同伙人，他们生活在一部共同的法律之下，并被一个共同的立法机构所代表"，或是"一群人，政府通过他们的立法机构向他们负责；任何联系在一起，并决定他们自己的政府的安排的一群人"。②卡尔·多伊奇认为民族就是一个国家的人民。约翰·布勒依把民族主义视为掌握国家权力的运动。黑格尔认为民族主义与独立的政权是紧密相连的。梁启超是中国揭示和宣传近代民族主义的第一人。他在 1902 年发表《论民族竞争之大势》，明确

---

① 《马克思恩格斯文集》第 2 卷，603 页，北京，人民出版社，2009。
② [英]埃里·凯杜里：《民族主义》，张明明译，7 页，北京，中央编译出版社，2002。

提出:"今日欲救中国,无他术焉,亦先建设一民族主义之国家而已。"

民族主义是民族成员的民族认同和情感,是建立民族国家的理论和实践,没有民族主义就没有民族国家。在民族主义与民族国家的关系上,霍布斯鲍姆认同盖尔纳的说法:"民族主义不是对民族的自我意识的唤醒,民族主义在民族不存在的地方发明了民族。""民族和国家注定是连在一起的;哪一个没有对方都是不完整的,都是一场悲剧。"[①]盖尔纳认为民族主义首先是一条政治原则和关于政治合法性的理论,它要求政治的和民族的单位的一致性。科恩、盖尔纳和霍布斯鲍姆对民族主义类型的划分都是以欧洲、北美和日本为界限的。科恩把民族主义划分为西方世界和非西方世界的民族主义,前者包括英国、法国、荷兰和瑞士等,以政治和领土为内容,后者包括德国、意大利、俄国和印度等,以历史和文化为内容。盖尔纳沿袭科恩的划分方法,进一步把欧洲民族主义划分为自由和族群民族主义。霍布斯鲍姆把民族主义划分为西方民族主义和东方民族主义两种类型,与科恩不同,他把德国、意大利和匈牙利划到了西方民族主义类型中。

霍布斯鲍姆认为虽然民族主义原型与近代民族主义之间没有直接的关系,但却是了解近代民族主义的关键所在。近代民族主义为了自身的政治目的,需要集体情感来进行政治动员,这种原始的集体情感,霍布斯鲍姆把它称为民族主义的原型,这种民族主义原型有两种:一种是超越地域的普遍情感认同,另一种是与国家紧密结合的政治团体。民族主

---

① [英]厄内斯特·盖尔纳:《民族与民族主义》,韩红译,9页,北京,中央编译出版社,2002。

义原型的类型有很多种:通俗民族主义、语言民族主义、政治民族主义、族群民族主义、宗教民族主义等。在 19 世纪末期,民族主义在国家现代化过程中扮演着越来越重要的角色,国家把民族主义这种独立的政治势力转化为爱国主义,使民族情感成为爱国情感,民族主义就成为国家最强大的武器,如马克思所说:"物质的生产是如此,精神的生产也是如此。各民族的精神产品成了公共的财产。民族的片面性和局限性日益成为不可能,于是由许多种民族的和地方的文学形成了一种世界的文学。"[①]康德和卢梭是民族自决的理论基础,弗雷德里希·施莱尔马赫、费希特和谢林进一步完善民族自决的理论,不同的民族主义者发展了各自的民族自决原则,民族主义者主张的民族自决原则会随着时空的变化而变化,19 世纪自由派的民族自决具有门槛:一是拥有长久的建国史,二是拥有精英文化、民族文学和官方语言,三是武力征服。威尔逊的民族自决原则没有设立太多的门槛。霍布斯鲍姆认为列宁的民族主义自 19 世纪末以来一直处于主导地位,但是休·希顿-沃森却认为所有的列宁主义者都拒绝民族主义。马克思与恩格斯认为符合进步史观的民族主义是具有历史必然性的。19 世纪 80 年代以来,社会主义者越来越重视民族问题,因为民族主义能够进行有效的政治动员,扩张群众基础,休·希顿-沃森却认为"民族主义是人类社会演进过程中进入资产阶级阶段的一种特殊现象,进入社会主义阶段应该被克服。然而,阶级斗争是较民族斗争更为基本的规律"[②]。民族主义在 1879—1914 年发展迅

[①] 《马克思恩格斯文集》第 2 卷,35 页,北京,人民出版社,2009。
[②] [英]休·希顿-沃森:《民族与国家——对民族起源与民族主义政治的探讨》,吴洪英、黄群译,587 页,北京,中央民族大学出版社,2009。

速，这是由于社会与政治的急速变化，新兴阶级不断壮大，移民潮造成了社会冲突、政治民主化、行政现代化，公民对政治的影响增加，促使民族主义走向了政治化。1879—1914 年，民族主义与社会主义两者既相互排斥，又相互融合，表现出复杂的辩证关系。同时，信仰民族主义的中小资产阶级竭尽全力使民族主义与国家政权相结合，1917 年之后，民族主义在欧洲各交战国中居于主导地位，原来的中小资产阶级成为上层阶级，在德国、意大利等国，民族主义成为动员中低层资产阶级的反革命力量，成为法西斯的温床。西方民族主义在世界范围内广泛传播，欧洲战胜国奉行威尔逊"十四点"原则。孙中山 1921 年提出了民族自决，最早认识到中国尚未完全独立，主张以五族共和来解决国内民族问题，最后接受共产国际与中国共产党的思想，对外明确反帝主张，号召民族独立，要求废除一切不平等条约，对内主张各民族自决，使各民族平等共处于自由、统一的中华民族之中。在反法西斯期间，民族主义与反帝国主义的左派结成联盟，第三世界的民族主义者反对帝国主义以殖民地的划分来界定民族或者国家。后殖民时期的国家政权，多数奉行 19 世纪的民族主义传统，民族主义者甘地、尼赫鲁、曼德拉、穆加比、布托、班达拉奈克等都是建构国家，而不是解构国家。民族主义在 20 世纪晚期不再是自法国大革命至第二次世界大战时期的盛行政治力量，第三世界的民族解放运动虽然借鉴的是西方民族主义的理论，但是实际建立的国家与西方民族国家背道而驰，在语言和族裔方面皆不一样，当然两者都追求国家和主权的独立。当前流行的民族分离主义欲重现马志尼时期民族的辉煌，却在实践中力不从心，因为它无法解决 20 世纪晚期的经济全球化问题，也必定不是 21 世纪的主流意识形态。民族与民族主义已经不适合代表国家这种政治实体,随着民族国家的衰微,民族主义也将逐渐消失,"各个相互影响的活动范围在这个发展进程中越是扩大,各民族的原始封闭状态由于日益完善的生产方式、交往以及因交往而自然形成的不同民族之间的分工消灭得越是彻底,历史也就越是成为世界历史"①。

国家的内涵在不同的国家理论中有不同的解释,当前存在的主要国家理论有西方自由主义国家理论、西方保守主义国家理论、西方民主社会主义理论和西方马克思主义理论。霍布斯鲍姆的民族国家思想是在继承马克思主义的国家理论基础上,进一步的完善和创新,因此他的民族国家思想是西方马克思主义的重要组成部分。由此可以明确的是,霍布斯鲍姆对国家内涵的规定是在马克思主义的国家理论的基础上进行的理论创新。霍布斯鲍姆认为马克思是从黑格尔的《法哲学原理》中关于市民社会的思想开始构建国家理论的。他认为马克思着重从经济的角度来说明国家的性质和功能,而从政治角度对民族和国家的说明还留有一定的余地,因此他所要做的工作就是从政治哲学的层面来诠释民族和国家的性质和功能,以及它们的概念史和发展史,以此来补充马克思主义的民族理论和国家理论。霍布斯鲍姆的著作《民族与民族主义》是关于民族理论的专门著作,奠定了他在民族领域的不可忽视的地位。使他成为世界近代史大师的年代四部曲实际上是以马克思主义的哲学观、方法论和价值观来展现自工业革命以来的世界历史,其中对民族与民族主义、资本主义国家的具体描述都显示出马克思主义的理论魅力和自己独辟蹊径的

---

① 《马克思恩格斯文集》第 1 卷,540—541 页,北京,人民出版社,2009。

研究方法。

马克思和恩格斯国家理论的哲学基础是唯物史观和辩证法。马克思在1847年完成的《哲学的贫困》中清晰地论述了唯物史观："社会关系和生产力密切相联。随着新生产力的获得，人们改变自己的生产方式，随着生产方式即谋生的方式的改变，人们也就会改变自己的一切社会关系。手推磨产生的是封建主的社会，蒸汽磨产生的是工业资本家的社会。"[①]在唯物史观的基础上，马克思初步表达了对国家的基本看法：

> 我的研究得出这样一个结果：法的关系正像国家的形式一样，既不能从它们本身来理解，也不能从所谓人类精神的一般发展来理解，相反，它们根源于物质的生活关系，这种物质的生活关系的总和，黑格尔按照18世纪的英国人和法国人的先例，概括为"市民社会"，而对市民社会的解剖应该到政治经济学中去寻求。我在巴黎开始研究政治经济学，后来因基佐先生下令驱逐而移居布鲁塞尔（注：驱逐马克思和巴黎《前进报》其他撰稿人离开巴黎的命令是由法国内务大臣汤·沙·杜沙特尔于1845年1月11日签署的。由巴黎警察局长德累塞尔签发的驱逐令于1月25日送交马克思，限其在一周内离开巴黎），在那里继续进行研究。我所得到的，并且一经得到就用于指导我的研究工作的总的结果，可以简要地表述如下：人们在自己生活的社会生产中发生一定的、必然的、不以他们的意志为转移的关系，即同他们的物质生产力的一定发展阶段相适

---

① 《马克思恩格斯文集》第1卷，602页，北京，人民出版社，2009。

合的生产关系。这些生产关系的总和构成社会的经济结构，即有法律的和政治的上层建筑竖立其上并有一定的社会意识形式与之相适应的现实基础。物质生活的生产方式制约着整个社会生活、政治生活和精神生活的过程。不是人们的意识决定人们的存在，相反，是人们的社会存在决定人们的意识。①

从这段话来看，马克思的国家理论得以成立的哲学基础是唯物史观，社会的生产力决定生产关系，生产关系进而决定法律、政治和其他所有的社会关系。马克思的辩证法从本质上来说，是批判的和革命的："辩证法在对现存事物的肯定的理解中同时包含对现存事物的否定的理解，即对现存事物的必然灭亡的理解。"②辩证法展示了两个因素之间的相互吸引、相互排斥的关系：

"是"转化为"否"，"否"转化为"是"。"是"同时成为"是"和"否"，"否"同时成为"否"和"是"，对立面互相均衡，互相中和，互相抵消。这两个彼此矛盾的思想的融合，就形成一个新的思想，即它们的合题。这个新的思想又分为两个彼此矛盾的思想，而这两个思想又融合成新的合题。③

根据社会演变的辩证过程来看，原始的公有制是正题，私有制的社

---

① 《马克思恩格斯文集》第 2 卷，591 页，北京，人民出版社，2009。
② 《马克思恩格斯文集》第 5 卷，22 页，北京，人民出版社，2009。
③ 《马克思恩格斯文集》第 1 卷，601 页，北京，人民出版社，2009。

会形态是反题，共产主义的公有制则是合题。

在唯物史观和辩证法的理论基石之上，马克思和恩格斯形成了自己的国家理论，具有四个特征。第一个特征是国家的起源和本质，国家是政治上层建筑的核心，产生的基础是社会的经济状况——

> 国家并不是从来就有的。曾经有过不需要国家而且根本不知国家和国家权力为何物的社会。在经济发展到一定阶段而必然使社会分裂为阶级时，国家就由于这种分裂而成为必要了。①

经济发展的一定阶段就是私有制的产生，私有制的产生导致了阶级的划分，国家随之成了必然的存在：

> 国家决不是从外部强加于社会的一种力量。国家也不像黑格尔所断言的是"伦理观念的现实"，"理性的形象和现实"。确切地说，国家是社会在一定发展阶段上的产物；国家是承认：这个社会陷入了不可解决的自我矛盾，分裂为不可调和的对立面而又无力摆脱这些对立面。而为了使这些对立面，这些经济利益互相冲突的阶级，不致在无谓的斗争中把自己和社会消灭，就需要有一种表面上凌驾于社会之上的力量，这种力量应当缓和冲突，把冲突保持在"秩序"的范围以内；这种从社会中产生但又自居于社会之上并且日益同社

---

① 《马克思恩格斯文集》第4卷，193页，北京，人民出版社，2009。

会相异化的力量，就是国家。①

国家是阶级冲突不可调和的结果，是阶级矛盾的产物，国家起源于阶级矛盾，因此从本质上来说，国家就是阶级统治的工具，列宁对此说道："在马克思看来，国家是阶级统治的机关，是一个阶级压迫另一个阶级的机关。"②第二个特征是国家的职能，国家的基本职能是通过多种方式维护统治阶级的利益，镇压被统治阶级的反抗，国家"是文明社会的概括，它在一切典型的时期毫无例外地都是统治阶级的国家，并且在一切场合在本质上都是镇压被压迫被剥削阶级的机器"③。国家通过不同的方式来行使其职能，它根据地区来管理其公民："国家和旧的氏族组织不同的地方，第一点就是它按地区来划分它的国民。"④国家设置了公共权力机关，如警察、监狱、军队等，并通过征税来维持公共权力机关的运作，作为结果，拥有公共权力和征税权的官吏——

就作为社会机关而凌驾于社会之上。从前人们对于氏族制度的机关的那种自由的、自愿的尊敬，即使他们能够获得，也不能使他们满足了；他们作为同社会相异化的力量的代表，必须用特别的法律来取得尊敬，凭借这种法律，他们享有了特殊神圣和不可侵犯的地位。文明国家的一个最微不足道的警察，都拥有比氏族社会的全

---

① 《马克思恩格斯文集》第4卷，189页，北京，人民出版社，2009。
② 列宁：《论马克思主义》，180页，北京，人民出版社，2009。
③ 《马克思恩格斯文集》第4卷，195页，北京，人民出版社，2009。
④ 同上书，189页。

部机构加在一起还要大的"权威";但是文明时代最有势力的王公和最伟大的国家要人或统帅,也可能要羡慕最平凡的氏族酋长所享有的、不是用强迫手段获得的、无可争辩的尊敬。后者是站在社会之中,而前者却不得不企图成为一种处于社会之外和社会之上的东西。①

第三个特征是国家的意识形态。社会存在决定社会意识,国家的意识形态是上层建筑,是由生产力和生产关系决定的,根源于社会的物质生活。

> 随着经济基础的变更,全部庞大的上层建筑也或慢或快地发生变革。在考察这些变革时,必须时刻把下面两者区别开来:一种是生产的经济条件方面所发生的物质的、可以用自然科学的精确性指明的变革,一种是人们借以意识到这个冲突并力求把它克服的那些法律的、政治的、宗教的、艺术的或哲学的,简言之,意识形态的形式。我们判断一个人不能以他对自己的看法为根据,同样,我们判断这样一个变革时代也不能以他的意识为根据;相反,这个意识必须从物质生活的矛盾中,从社会生产力和生产关系之间的现存冲突中去解释。②

---

① 《马克思恩格斯文集》第 4 卷,191 页,北京,人民出版社,2009。
② 《马克思恩格斯文集》第 2 卷,592 页,北京,人民出版社,2009。

从这段话来看，经济基础的变革导致意识形态的变革，意识形态的变革反映经济基础的变革，或者也可以说，社会变革引起理论变革，理论变革反映社会变革。第四个特征是国家的历史使命。既然国家是私有制和阶级矛盾不可调和的产物，是社会经济发展到一定阶段出现的，那么当社会生产力发展到一定的高度时，就要通过废除私有制和阶级斗争来废除国家，社会主义将导致阶级消灭，从而也导致国家消灭。[①] 马克思也明确谈到了废除国家的问题："共产党人认为废除国家的意思只能是废除阶级的必然结果，而随着阶级的废除自然就没有必要用一个阶级的有组织的力量去统治其他阶级了。"[②]恩格斯也强调了相同的观点：

> 当国家终于真正成为整个社会的代表时，它就使自己成为多余的了。当不再有需要加以镇压的社会阶级的时候，当阶级统治和根源于至今的生产无政府状态的个体生存斗争已被消除，而由此二者产生的冲突和极端行动也随着被消除了的时候，就不再有什么需要镇压了，也就不再需要国家这种特殊的镇压力量了。[③]

在马克思和恩格斯看来，国家的废除不是一蹴而就的，是连续性和渐进性的统一，首先要通过无产阶级革命来推翻现存的资产阶级国家，其次建立过渡性的无产阶级专政的国家，最后无产阶级专政的国家走向自身的消亡。

---

① 列宁：《论马克思主义》，31页，北京，人民出版社，2009。
② 《马克思恩格斯全集》第7卷，487页，北京，人民出版社，1959。
③ 《马克思恩格斯文集》第3卷，561—562页，北京，人民出版社，2009。

霍布斯鲍姆继承了马克思国家理论的基本观点，在具体的细节上提出了自己的看法。霍布斯鲍姆没有像马克思和恩格斯一样，以探求国家的起源和本质为起点来研究国家，也没有详细研究前资本主义国家的运行机制，而是致力于客观、系统、全面地分析资本主义国家的经济、政治和文化结构，以经验性的事实作为论据，得出资本主义国家已经处于衰微状态，并最终走向消亡的结论，但是社会主义取代资本主义不是无所作为就可以实现的，必须努力进行政治实践，通过不断加强社会主义的政治力量才能最终获得幸福的结果。霍布斯鲍姆以唯物史观作为理论基石，以"过去—现在—未来"的辩证方法来展现资本主义国家的产生、发展、衰落的发展历程。霍布斯鲍姆将资本主义国家的历史回溯至历史久远的工业革命时期，以技术变革来阐释社会形态的更替，将纷繁芜杂的政治和文化现象归结为根源性的经济因素，科学地解决了棘手的社会发展难题。在唯物史观和辩证法的理论基石之上，霍布斯鲍姆提出了关于国家的观点，具有四个特征。第一个特征是资本主义国家的本质。霍布斯鲍姆完全继承了经典马克思主义的观点，认为资本主义国家的本质是资产阶级统治工人阶级的工具，其内部具有不可调和的阶级矛盾。第二个特征是资本主义国家的职能。资本主义国家的基本职能是以多种方式来维护资产阶级的根本利益，以暴力和非暴力两种方式来统治被统治阶级。霍布斯鲍姆认为资本主义国家以领土来确定自己的疆界和公民，不但建立公共权力机关，如警察、军队、监狱等进行国内外的武力征服，而且在通信技术发达的条件下，建立起庞大的警政网络，将公民的出生、婚姻、死亡等记录在案，由此国家管理渗透到了公民的日常生活中，资本主义国家不仅产生了作为特权阶级的官吏，而且还通过"传统的发明"，如创造民族的意象，自上而下地宣传民族意识，通过教育系统和媒体网络等非暴力方式来说服和教育公民接受资产阶级的统治。第三个特征是意识形态。霍布斯鲍姆认为资本主义国家的意识形态是由在经济上居于统治地位的资产阶级所决定的，是现代性的意识形态。现代性的意识形态在建筑、绘画、音乐等各方面大行其道，彰显资本主义国家辉煌的物质文明和精神文明，但是后现代的意识形态自登场以来，就意味着现代主义的衰退，这也反映了资本主义的经济基础正处于被锯断的状态之中，岌岌可危。第四个特征是资本主义国家的历史使命。资本主义国家承担了转向社会主义的历史使命，它最终的发展方向是社会主义。经典马克思主义认为社会主义取代资本主义的方式是"剥夺'剥夺者'"，俄国和中国是通过革命的途径走上了社会主义道路，但是霍布斯鲍姆不认同西方资本主义国家也通过这种革命的途径来实现社会主义，他主张通过政治实践来增强社会主义的政治力量，以此来实现社会理想。这种观点不可避免地带有乌托邦的理论气质。

霍布斯鲍姆对民族国家内涵的规定是从西方民族主义的意义上来说明的，他认为东方民族主义是西方征服的产物，是被动的、次要的，甚至是可以忽视的，尽管他在后期的著作，如《极端的年代》中涉及了东方的民族主义，但是他在绝大多数情况下，是在西方民族主义的意义上规定民族国家的内涵的。霍布斯鲍姆在专门论述民族主义的著作《民族与民族主义》的序言中直接坦白了自己的欧洲中心主义观点，他甚至以欧洲民族国家、西方民族国家来直接代替民族国家。

马克思、恩格斯对于民族和民族国家的观点与自由主义在本质上截然不同，马克思恩格斯认为，民族是人类社会发展的历史产物，民族国家的兴盛在于它符合人类社会发展的必然性和进步性。以此作为理论基础，霍布斯鲍姆对民族国家的内涵没有严格的规定，他认为如果对民族国家的内涵设定主观认同或者客观标准都不令人满意，甚至会误导大家，因此他对民族国家的内涵没有进行先验规定，而是在客观的历史现实中讨论其产生和变迁的辩证发展轨迹，正如马克思所说：

> 资产阶级日甚一日地消灭生产资料、财产和人口的分散状态。它使人口密集起来，使生产资料集中起来，使财产聚集在少数人的手里。由此必然产生的结果就是政治的集中。各自独立的，几乎只有同盟关系的、各有不同利益、不同法律、不同政府、不同关税的各个地区，现在已经结合为一个拥有统一的政府、统一的法律、统一的民族阶级利益和统一的关税的统一的民族。①

马克思和恩格斯在《共产党宣言》中表述了民族国家和世界历史相互依存、相互背离的关系，为我们理解霍布斯鲍姆的民族国家内涵提供了重要启示。但是霍布斯鲍姆认为，马克思、恩格斯关于民族国家的论述只占到全部著作的2%～3%，因此对于民族国家的科学研究开始于第二国际中的社会民主党人，包括卡尔·考茨基、罗莎·卢森堡、奥托·鲍威尔、列宁和斯大林。列宁的民族-殖民地理论将民族问题和殖民地问题共同视为被压迫民族的解放斗争，对民族国家的学术研究有着重大的理论指导意义。经典马克思主义学者的论述为我们理解霍布斯鲍姆民

---

① 《马克思恩格斯文集》第2卷，36页，北京，人民出版社，2009。

族国家的内涵提供了基本的本体论释义、方法论指导和价值诉求，因为马克思主义是其民族国家思想的根本指导思想。20世纪二三十年代，卡尔顿·海斯、汉斯·科恩、爱德华·H.卡尔和卡尔·多伊奇等探讨了西方民族国家的思想渊源、历史背景和形成过程，提出解除民族国家的神话色彩。20世纪60年代以来，厄内斯特·盖尔纳、埃里·凯杜里、休·希顿-沃森、约翰·布鲁伊利、安东尼·史密斯、本尼迪克特·安德森、米洛斯拉夫·赫洛奇、艾瑞克·霍布斯鲍姆等著名学者把第三世界的民族国家问题纳入视野，并讨论其本质和作用。

霍布斯鲍姆认为民族国家诞生于双元革命时期，民族认同与领土国家具有了必然关系，民族与国家的内涵在革命的意义上实现了紧密结合，自此民族依附于强大的国家实体中，自由地展现自己的意志，民族与国家的内涵开始完全等同，民族和国家两个概念可以互换。霍布斯鲍姆认为这种政治意义才是民族国家内涵的关键所在，民族国家最重要的内涵就是在政治上所彰显的意义。休·希顿-沃森与霍布斯鲍姆在民族与国家之间的关系上意见相左，休·希顿-沃森在《民族与国家》一书中对民族和国家进行了严格的区分："一个国家是一个法律上的政治性组织，拥有要求公民对其顺从和忠诚的权力。一个民族则是一个某类人群的共同体，其成员依靠团结观念，共同文化和民族意识联结在一起。"[①]休·希顿-沃森认为，每一个国家就是一个民族，主权国家就是民族国家这样的观点是对现实政治的模糊认识。

---

① [英]休·希顿-沃森：《民族与国家——对民族起源与民族主义政治的探讨》，吴洪英、黄群译，1页，北京，中央民族大学出版社，2009。

在英国工业革命、法国大革命和美国独立革命时代，民族开始与国家密切相关，民族成为国民的总称，而国家是由全体国民组成的主权独立的政治实体，因此国家成为民族精神的展现，民族认同等于国家认同，民族开始依附于国家这个强大的政治机器，新兴的民族国家作为19世纪30年代双元革命的结果和产物，开始在政治自觉中显露出强大的力量。

法国大革命于1789年发表了纲领性文件《人权宣言》，郑重宣告了基本人权、人民主权和法治原则，充分体现了近代宪政的基本精神，奠定了近代宪法的基础。雅各宾共和国于1793年颁布了现代国家的第一部民主宪法，正式宣布全体人民的福祉是政府的目标。在霍布斯鲍姆看来，1789—1917年的世界政治主要是赞成或反对1789年原则和1793年原则，这两个原则的思想观念属于古典自由主义，表达的不仅是资产阶级的利益，还是人民（等同于民族）的普遍利益。但是从本质上来看，依据这两个民族原则建立起来的民族国家实行的是立宪政体而不是民主政体，从根本上来说是代表资产阶级利益，反对贵族特权阶级利益的。霍布斯鲍姆认为此时民族国家的内涵由革命意义转向自由主义的意义，并在民族创建的过程中逐渐得到加强。

在帝国主义时代，帝国主义推动的政治民主化使选举能够充分动员人民的民族情绪，民族国家的内涵在1880—1914年发生了很大转变，表现在民族自决代替民族原则成为建立独立国家的政治观念。依据民族自决建立的民族国家不同于依据民族原则建立的民族国家，前者实行的是自由主义和民主主义相结合的代议民主制（直接的民主制在拥有领土的民族国家实际上行不通），因此霍布斯鲍姆认为民族国家的内涵从自由主义转向了自由主义和民主主义相结合的意义,但是由于民族国家的基本政治意识是自由主义,不是民主主义,因此民族国家内涵的基本意义还是自由主义。由此可见,在霍布斯鲍姆对民族国家内涵的阐释中,自由主义占据着主导地位,与民族国家及其内涵的发展具有基本一致性。

20世纪末的民族国家呈衰微之势,正在失去旧有的一项重要功能,即组成以领土为范围的国家经济,由于经济全球化的发展,经济的基本单位由全球取代。继而民族分离运动威胁到民族国家的生存,几个老牌的民族国家都面临民族分离问题。霍布斯鲍姆认为,民族国家面临的困境使得民族的内涵完全失效,随着资产阶级的发展,随着贸易自由和世界市场的确立,随着工业生产以及与之相适应的生活条件的一致化,各国人民之间的民族孤立性和对立性日益消逝下去。[①] 民族脱离了国家这个实体,"就会像从软体动物被从其硬壳中扯出来一样,立刻变得歪歪斜斜、软软绵绵"[②]。民族国家的内涵又开始经历复杂的演变过程,民族的内涵开始脱离国家的内涵,两者分道扬镳,走向漫长的分离道路,两者渐行渐远,最终完全失去关联。因为社会主义作为民族国家的发展方向,是符合经济全球化大生产趋势的新生事物。

综上所述,霍布斯鲍姆从现代、西方民族主义和政治意义上规定民族国家的本质含义,因此民族国家是现代的、西方的和资本主义的国家。换句话来说,在霍布斯鲍姆的视域中,民族国家的内涵是与资本主

[①] 《马克思恩格斯全集》第4卷,487—488页,北京,人民出版社,1958。

[②] [英]埃里克·霍布斯鲍姆:《民族与民族主义》,李金梅译,182页,上海,上海人民出版社,2006。

义国家一致的，民族国家和资本主义国家这两个概念可以互换。学术界通常把民族国家中的民族称为国族，指的是一群人觉着他们自己是一个被历史、文化和共同祖先所联结起来的共同体，特质可能包括地域、语言、宗教、外貌特征或共同祖先，也包括"主观"的特质，特别是人们对其民族的认知和感情。现代化进程同时是国族化的过程，是民族与国家的融合过程。共同语言、共同地域、共同经济生活以及表现在共同文化上的共同心理素质的国族在主权国家内被建构。

二、功　能

霍布斯鲍姆在阐明民族国家的历史演变和内涵的基础上对其功能进行了系统论述，他认为民族国家具有实施阶级统治、自主决定国家事务、维持公共秩序等功能。

(一)实施阶级统治

自由主义和保守主义的国家理论对国家的功能持有的是一种中立的观点，认为国家是社会整体的代理人或托管人，保证各阶级的利益竞争得以有序进行，或者说，国家就是实现社会目标的有益的社会必要机构。马克思主义的国家理论认为国家实质上是实施阶级统治的机器，这种观点显示出他在国家理论方面具有深刻的批判维度和卓越的洞察力。马克思在考察市民社会与国家的关系时，科学地解释了国家的阶级统治功能："国家是统治阶级的各个人借以实现其共同利益的形式，是该时代的整个市民社会获得集中表现的形式。"①市民社会克服不了特殊利益与共同利益之间的矛盾，所以共同利益采取国家这种与实际的个人利益和整体利益相脱离的独立形式，现代的国家政权不过是管理整个资产阶级的共同事务的委员会罢了。②密利本德认为这种看法最为接近资本主义国家的现实，并否认国家是形而上学的抽象实体，运用经验主义的方法对资本主义国家的阶级统治的功能进行了分析，他从三个方面进行了说明。一是从控制着国家权力的成员的阶级性质来看，占据领导位置的是在经济、政治、文化和意识形态上占据优势地位的资产阶级，他说："拥有国家权力的人由于诸种不同的原因就是私人经济权力的代理人。"③二是资产阶级利用自己的经济权力影响国家政策的制定，强大的资本主义联合企业作为资本主义国家的大集团，使政府做出有利于自己利益的决定。三是资本主义的生产方式对政府行为有约束力，密利本德说："国家的性质是由生产方式的性质和要求决定的。任何政府都不能忽视也不能逃避这种'结构的强制力'，不管这些政府是什么情况，有什么愿望和做过什么许诺。资本主义经济有其自身的'合理性'，对这一点任何政府迟早总要屈从，而且往往较早就屈从了。"④

霍布斯鲍姆继承了马克思关于国家实施阶级统治的基本理论，与密利本德在经验主义的方法上相一致，依据大量的客观事实，对民族国家

---

① 《马克思恩格斯文集》第1卷，584页，北京，人民出版社，2009。
② 《马克思恩格斯文集》第2卷，33页，北京，人民出版社，2009。
③ [英]拉尔夫·密里本德：《资本主义社会的国家》，沈汉等译，59页，北京，商务印书馆，1997。又译为拉尔夫·密利本德。
④ [英]拉尔夫·密利本德：《马克思主义与政治学》，黄子都译，78页，北京，商务印书馆，1984。

的阶级统治进行了分析,但是在具体的分析内容上,密利本德侧重于经济层面的解释,霍布斯鲍姆认为民族国家在经济利益上是为资产阶级服务的,更重要的是,他受到葛兰西文化领导权的国家理论的影响,强调从政治、文化和意识形态层面来揭示民族国家在本质上是为资产阶级服务的。霍布斯鲍姆剔除了政治和意识形态观念的影响,揭开了民族国家的真相,认为资产阶级以民族、种族及其他神话来建构民族国家的历史,在人民和民族意愿的外衣下掩盖了民族国家实施阶级统治的本质,具有欺骗性和虚伪性。

霍布斯鲍姆认为,民族国家是由居于统治地位的资产阶级所创建的,运用强势的工业化技术通过官方语言和价值规范的学习来渗透其意识形态,正如马克思所表述的,现代资产阶级社会——

> 把一切民族甚至最野蛮的民族都卷到文明中来了。它的商品的低廉价格,是它用来摧毁一切万里长城、征服野蛮人最顽强的仇外心理的重炮。它迫使一切民族——如果它们不想灭亡的话——采用资产阶级的生产方式;它迫使它们在自己那里推行所谓的文明,即变成资产者。一句话,它按照自己的面貌为自己创造出一个世界。[1]

随着经济的发展和人民文化水平和意识的提高,19世纪的国家对人民的管理深入日常生活,交通与通信的日益发展使人民生活与国家公

---

[1] 《马克思恩格斯文集》第2卷,35—36页,北京,人民出版社,2009。

务的关系密不可分。现代化的社会使传统的国家、社会或政治的统治形式不被人民认同，使其政治程序越来越无法运行，使其武力统治也越来越不能达到有效的管理。自19世纪70年代以后，统治者和资产阶级重新发现非理性因素在维系社会结构和社会秩序中的重要作用，一致同意国家需要设计新的政府形式，建立新的统治方式来有效管理国民，并使人民认同国家及统治体系，因此民族国家的资产阶级出于自身的政治目标重新设计过去的历史，有点像"最新时装式样"，将他们对民族国家的历史与文献著作的看法灌输给人民，从而使历史与文献以他们所希望的面目出现，于是政治传统被怀有政治目的的机构发明出来。

霍布斯鲍姆认为，"被发明的传统"是在新的环境中为了新的目的对过去的旧用途进行调整，意味着"一整套通常由已被公开或私下接受的规则所控制的实践活动，具有一种仪式或象征特性"①，试图与适当的具有重大历史意义的过去建立连续性，通过重复自上而下地灌输一定的价值和行为规范。有些表面看起来或声称是古老的传统实际上是被发明出来的，起源的时间相当晚近。

霍布斯鲍姆认为，资本主义国家将正式与非正式的、官方与非官方的、政治和社会的传统发明结合在一起，通过政治顺从与忠诚联系的纽带成为公民集体活动的框架，完成了普遍性的政治传统。例如，"被发明的传统"在维护政治统治中扮演了重要地位：一是初等教育的发展，二是公共仪式的发明，国家节日、官方和非官方的游行和群众庆祝活

---

① [英]霍布斯鲍姆、[英]兰格：《传统的发明》，顾杭、庞冠群译，2页，南京，译林出版社，2004。

动,三是公共纪念碑的大规模出现。具体说来,"被发明的传统"还包括民族在象征、形象中的人格化。1870—1914年的欧洲大规模地生产传统,民族成为极其重要的"被发明的传统"。国家有意识、有技巧地运用强势的国家机器,尤其是小学教育来传播民族的意象和传统,依靠"被发明的传统"尤其是民族来实现国家的整合,进行意识形态的制作过程。这种过程主要通过语言和文化来达到,电影、广播以及电视的兴起使语言认同成为民族认同的重要标准之一,语言认同也是决定民族归属的唯一客观计量和表格化的指标。柏克认为,语言不具有意识和文化含义,霍布斯鲍姆反驳了他的这种对语言的中立性观点,认为"在语言的建构过程中,政治意识形态扮演着举足轻重的角色"[1],语言是资本主义国家中民族意识的文化加工品。统治阶级使其语言获得官方认同及相应的地位,用民族语言来控制国家,如借助印刷术的发明、识字率的普及和公立教育的设置来推广口语或书面文字。因此霍布斯鲍姆认为民族国家通过先进的运输、通信和信息处理技术,依赖非暴力的方式使资本主义的主流意识形态获得集体认同,从而达到对人民的和平控制和高强度的行政监控。

民族国家实施阶级统治的功能还表现在霍布斯鲍姆对民族国家的研究是以欧洲为中心的,他在《民族与民族主义》的序言中说:"本书的主题仍然是倾向欧洲中心观点,甚至可以说是特别针对'发达'地区所作的讨论。"[2]吉登斯在这一观点上与霍布斯鲍姆一致,他们甚至直接以西方民族国家或者欧洲民族国家的名称来进行理论研究,认为欧洲之外没有

---

[1] [英]埃里克·霍布斯鲍姆:《民族与民族主义》,李金梅译,107页,上海,上海人民出版社,2006。

[2] 同上书,序言1页。

民族主义，东方民族主义是西方影响和征服的最后产物。尽管霍布斯鲍姆在《极端的年代》中开始关注第三世界的民族国家问题，但是从本质上来说，霍布斯鲍姆视域中的民族国家是与西方资本主义国家相等同的，两者在概念上可以互换。

值得我们注意的是，霍布斯鲍姆对民族国家的阶级统治的分析，并不代表他忽略了人民群众在创建民族国家过程中的意识表达，也没有把资产阶级当作民族国家创建的主体，而是吸收了英国新马克思主义"从下往上看"的阶级分析方法，开始了从人民群众而非统治阶级和民族主义者的角度理解民族国家的艰巨工程。多数学者只从现代化（由上而下）的角度阐释民族国家，疏略观照一般人（由下而上）的看法，霍布斯鲍姆则另辟蹊径，不以报章言论推断民意走向，而是从通俗文学的资料中研究人民群众的想法、意见和态度，认为民族主义运动的意识形态，并不足以代表最忠诚的公民看法。从上往下看，民族国家以中央集权的巩固和资产阶级的利益为前提，监控公民的日常生活，对其公民行使宪法、行政或法律命令，对日常生活的监管愈益制度化。它通过基层组织及警察、政治网络将每个公民的出生、结婚以及死亡等建档管理，由此公民生活与国家公务的紧密联系前所未有。从下往上看，公民积极地参与国家事务，民族国家必须关注公民的意见，获得公民的普遍支持，因为公民是税收和军队的主要来源，一般公民特别是工人的政治态度攸关民族国家的利益，民族国家依赖一般公民的程度很深。这种自下而上的阶级分析方法在现代性自上而下的视野中使原本简单的事件变得非常复杂，以至于呈现出一种令人感到陌生的图景。但这却是符合马克思主义基本精神的真正的理论创造，它将马克思主义所强调的"人民群众是历史的创造者"这一观点从理论落实到实践,从而将人民群众真正树立为民族国家历史发展的主体,彻底落实了马克思主义关于"至今一切社会的历史都是阶级斗争的历史"[1]的科学论断。

(二)自主决定国家事务

恩格斯在《家庭、私有制和国家的起源》中将国家称为从社会中产生但又自居于社会之上同社会相异化的力量:

> 国家决不是从外部强加于社会的一种力量。国家也不像黑格尔所断言的是"伦理观念的现实","理性的形象和现实"。确切地说,国家是社会在一定发展阶段上的产物;国家是承认:这个社会陷入了不可解决的自我矛盾,分裂为不可调和的对立面而又无力摆脱这些对立面。而为了使这些对立面,这些经济利益互相冲突的阶级,不致在无谓的斗争中把自己和社会消灭,就需要有一种表面上凌驾于社会之上的力量,这种力量应当缓和冲突,把冲突保持在"秩序"的范围以内;这种从社会中产生但又自居于社会之上并且日益同社会相异化的力量,就是国家。[2]

这段论述一方面指出了国家具有实施阶级统治的功能,另一方面又强调国家是表面上凌驾于社会之上的力量,是一种阶级平衡力量,国家

---

[1] 《马克思恩格斯文集》第2卷,31页,北京,人民出版社,2009。
[2] 《马克思恩格斯文集》第4卷,189页,北京,人民出版社,2009。

的双重身份决定了在实际政治生活中必然采取各种有力措施维护经济上占统治地位的阶级的利益，同时为维持社会秩序，使冲突双方不至于出局，又必须在某些方面采取独立于甚至有损于统治阶级利益的行为。也就是说，"国家相对于它的被代表人而言，拥有某种程度的自主权"[①]。我们同意杰索普对马克思以后的马克思主义国家理论的重要成果的分析，抛弃国家机器是维护统治阶级利益的单一性结构的观点，开始把国家权力当作复杂的社会关系来进行分析。法国马克思主义者普兰查斯和英国新马克思主义者密利本德对现代资本主义国家具有自主权的争论和分析正是如此，经济部分（密利本德）和政治部分（普兰查斯）都需要一个自主的国家去组织以实现两者的共同利益，它们是一种经济输入或政治输出的国家自主性模式，其中一个走向还原主义，另一个则走向政治至上主义。[②] 他们之间的争论使马克思关于国家的自主权理论引起学术界的关注和重视，但是没有推动马克思主义国家理论的完善和发展。

霍布斯鲍姆对民族国家具有自主决定国家事务的功能的研究，不仅使马克思关于国家的自主权理论获得彰显，而且进一步完善、补充和发展了马克思主义的国家理论。霍布斯鲍姆对民族国家具有自主决定国家事务的功能的研究主要体现在两个方面：一方面是民族国家的整个上层建筑具有自主决定国家事务的功能，另一方面是资产阶级的民族国家具有自主决定国家事务的功能。

从上层建筑具有自主决定国家事务的功能来看，民族国家的发展不

---

① 郁建兴：《马克思国家理论与现时代》，16页，上海，东方出版中心，2007。

② Bob Jessop, *State Theory: Putting Capitalist States in Their Place*, Cambridge, Polity Press, 1990, p.90.

仅建立在经济和技术基础之上，同时建立在政治和思想基础之上。英国工业革命决定了19世纪资本主义经济模式，法国大革命则决定了政治和意识形态，提供民族主义和自由民主的理论，以及法典、科技组织模式和公共制度量衡，现代性社会的思想观念颠覆了古老文明的思想观念。法国大革命是民主革命、真正的群众性革命，引进了左翼的反资本主义的思想，是所有革命运动的榜样，为现代社会主义提供了经验教训，社会主义则以理性、科学和进步为基础，再造法国大革命的真理。霍布斯鲍姆认为，法国大革命不仅是民族国家的思想启蒙阶段，也是无产阶级意识和社会主义真理的源泉所在，社会主义理论从一开始就作为在民族国家占据经济统治地位的资产阶级的反对力量而存在。

现代民族主义的政治线索是"自我决定"，民族国家是主权和意识同质的领土单位，栖居的公民同以各种传统方式如种族、语言、文化、历史等定义的民族一样，是由一个民族的成员构成的，不同的是，现代领土国家的公民通常被认为是建立民族的主体，那些不符合要求的人被划分为其他民族，逻辑上应该有他们自己的祖国。国家和民族在这种现代的意义上可以互换，民族国家的政治义务凌驾在所有责任之上，以主权为基础，其领土意味着公民身份，公民身份决定民族国家的性质。吉登斯也认同霍布斯鲍姆的这一看法，他说："民族国家首先是一种政治架构，是一种具有特定特征的政治秩序。"[1] 马克思虽然没有明确说明，但隐约表达了民族具有政治性，他认为，既然无产阶级首先必须取得统

---

[1] [英]安东尼·吉登斯：《全球时代的民族国家：吉登斯讲演录》，郭忠华编，190页，南京，江苏人民出版社，2010。

治，上升为民族的阶级，确立为民族，所以它本身暂时还是民族的，不过这完全不是资产阶级所理解的那个意思。① 但是霍布斯鲍姆认为民族的意识和观念发展具有独立性，它和在民族国家占据主流意识形态地位的自由主义发展并不总是一致的，比如，它最初只具有血缘来源的意义，后来的"民族主义原型"是底层群众的意愿表达，直到法国大革命时期，才由革命转向了自由主义，实现了与自由主义的紧密结合，当前在经济全球化的社会背景下，自由主义衰落，它与自由主义出现了背离的趋势，开始脱离国家这个政治实体。民族的意识和观念会继续存在和发展下去，民族国家却逐渐消失。

从资产阶级具有自主决定国家事务的功能来看，民族国家是资产阶级反对自身成员和被剥削阶级的保险，这种保险必定会变得越来越独立，因为征服被剥削阶级变得越来越艰难了。随着社会中不可调和与难以管理的阶级对抗力量的加强，明显立于社会之上的政治力量调和这种冲突和把它维持在秩序内变得很有必要。如早期社会一样，民族国家的统治比"国家＝强制力量＝阶级统治"的简单公式更复杂，至少具有作为否定机制在阶级社会中阻止社会裂变，以及作为肯定机制调整资产阶级私人利益和公共利益之间冲突的作用，它还具有通过隐藏因素或表面一致来进行统治的作用。民族国家具有相对独立性，甚至会反对自己的统治阶级。② 如美国政府的唯一敌人就是自己狂热的极右派，"今日的危险来自理性之敌——此即宗教上与种族上的基本教义派、排外主义；其

---

① 《马克思恩格斯全集》第4卷，487页，北京，人民出版社，1995。
② Eric Hobsbawm, *The History of Maxism*, Brighton, The Harvester Press, 1982, pp. 227-259.

中也包括法西斯余孽或受到法西斯主义启发的政党，而他们目前正坐在印度、以色列和意大利等国的政府里面"①。霍布斯鲍姆认为历史的反讽之一，就是华盛顿政府唯一的敌人是自己的极右派。

(三) 维持公共秩序

马克思以后的马克思主义学者通常忽略了马克思国家理论中关于国家的性质和国家的功能之间的差别，过分强调了前者，陷入把马克思国家理论沦为工具论的窠臼。实际上，马克思把国家理解为阶级统治的工具，并不代表把国家的功能简单化，尽管国家最先关注的是资产阶级的共同事务，但是也必须对全社会的公共秩序承担维护的责任，这项功能超出了资产阶级的范围，涉及全体社会成员的利益，马克思在《不列颠在印度的统治》一文中指出："所以亚洲的一切政府都不能不执行一种经济职能，即举办公共工程的职能。这种用人工方法提高土壤肥沃程度的设施归中央政府管理，中央政府如果忽视灌溉或排水，这种设施立刻就会荒置。"②恩格斯说："政治统治到处都是以执行某种社会职能为基础，而且政治统治只有在它执行了它的这种社会职能时才能持续下去。"③马克思和恩格斯的这两段话告诉我们：国家的性质为我们理解纷繁复杂的社会结构提供了指导性的线索，但是国家的功能是多方面的，尤其是对公共秩序的管理具有不可推卸的责任，这样才能对马克思的国家理论做

---

① [英]艾瑞克·霍布斯鲍姆：《趣味横生的时光——我的20世纪人生》，周全译，338页，北京，中信出版社，2010。
② 《马克思恩格斯文集》第2卷，679—680页，北京，人民出版社，2009。
③ 《马克思恩格斯全集》第20卷，195页，北京，人民出版社，1971。

出全面的理解。但是马克思认为国家对阶级之间的冲突进行调停只是平衡阶级斗争的例外情况，只限于法兰西帝国的波拿巴主义。

霍布斯鲍姆在同意马克思主义关于国家功能观点的基础上，把这一功能实施的范围扩展至整个民族国家的发展历程，对民族国家维持公共秩序的功能进行了专门的分析和研究，他认为民族国家自产生以来对公共事务的控制能力一直不断增长，于第二次世界大战后实行福利国家时达到最高峰，拥有稳定的社会治安和公共安全保障，原因在于民族国家对法律和武力，包括军队和警察具有独占权。民族国家的演化伴随着军事的垄断过程，武力征服是其构成要件："警察部队主要是为了满足维护国内安全的需要，军队只是在相对紧急的情况下才被动员以帮助维持国内安全。这种差异通常标志着国家对暴力工具的成功垄断。"①霍布斯鲍姆认为唯有在优势民族挟其强权进行兼并的威胁下，被侵略的人群才会生出休戚与共的民族情感，一致对外，19世纪盛行的武力征战便是最佳佐证。但是从20世纪60年代开始，民族国家开始逐渐失去对权力和资源的独占权，失去使公民遵守法律的正当性，遭遇公共失序的困境。关于公共失序问题的原因、现状和解决途径，我们将在下一章进行专门论述。

---

① [英]安东尼·吉登斯：《全球时代的民族国家：吉登斯讲演录》，郭忠华编，193页，南京，江苏人民出版社，2010。

小　结

民族国家是霍布斯鲍姆的民族国家思想的核心理念和重点内容，霍布斯鲍姆在经典马克思主义关于生产力和生产关系、经济基础和上层建筑的认识框架中阐释了民族国家的历史演变，分析了民族国家的内涵转变。在此基础上，他具体论述了民族国家具有实施阶级统治、自主决定国家事务和维持公共秩序的三大功能。

首先，霍布斯鲍姆在生产力和生产关系、经济基础和上层建筑的结构中来认识民族国家的历史演变和内涵，认为生产方式的内部矛盾是民族国家的现实基础，决定着民族国家的命运和前途，不是民族国家创造现实的物质生产，而是现实的物质生产创造民族国家。霍布斯鲍姆没有把生产方式的基本原理简单地套用在民族国家的历史演变和内涵上，而是以经验主义的方法，也就是以工业活动的经验来展现民族国家产生、发展和消亡的历程及其内涵转变。民族国家诞生于双元革命时期，其内涵由革命转向自由主义；民族国家在工业及其技术的推动下，逐渐成为标准和统一的资本主义国家模式，在帝国主义时代达到发展的顶峰，其内涵也由自由主义转向自由主义与民主主义的结合，直到 20 世纪末，民族国家失去了经济方面的重要功能，出现了力量衰微的现象，面临民族分离的难题和危机，显露出走向消亡的趋势，民族与国家的内涵走上了分离的道路。由此霍布斯鲍姆的民族国家思想体现了现实的丰富性、多样性和马克思主义理论的纯粹性的完美结合。

其次，霍布斯鲍姆认为民族国家具有实施阶级统治的基本功能，认为民族国家从本质上来看，是为资产阶级服务的，是资产阶级进行统治的工具。研究民族与民族主义的学者通常把东方和西方的民族主义统一起来进行考察,而霍布斯鲍姆以欧洲中心主义的视野来考察民族国家,认为欧洲之外很难有资本主义性质的民族主义,当然也不会有成熟的民族国家存在,因此民族国家是西方资本主义发展的产物,是资本主义社会结构的关键和核心,批判和分析民族国家就等同于批判和分析资本主义国家,符合马克思主义的批判特点。

再次,霍布斯鲍姆提出民族国家具有自主决定国家事务的功能,民族国家不仅具有实施阶级统治的功能,还具有独立的发展能力,能够自主决定国家事务。因此民族国家的统治十分复杂,上层建筑能够独立发展,获得自主决定国家事务的能力,与经济基础的发展不一致。民族国家为了平衡资产阶级的内部矛盾,会出现有损资产阶级利益、违背资产阶级意志的情况,资产阶级内部各个集团能够独立发展,获得自主决定国家事务的能力。霍布斯鲍姆对民族国家的自主决定国家事务功能的研究发展了马克思关于国家的自主权理论,从而推动了马克思主义国家理论的完善和创新。

最后,霍布斯鲍姆把维持公共秩序视为民族国家的普遍和重要的功能,扩展了马克思主义关于国家具有社会管理功能的适用范围,并把当前民族国家出现公共失序的状况作为社会主义提上 21 世纪议程的一个重要因素。

第四章　民族国家的特征与困境

霍布斯鲍姆在系统梳理马克思政治哲学的基本内容之后，认为马克思对民族国家这样重要的政治问题论述得很少，几乎没有涉及，于是着手构建民族国家思想，实际上马克思和恩格斯关于民族和国家的思想和观点是非常丰富和全面的，只是没有进行过系统和专门的论述，后来的马克思主义者发展了一脉相承的民族和国家理论，主要的代表人物有列宁、斯大林、毛泽东等。正是由于这个原因，霍布斯鲍姆着重从政治哲学的维度对民族国家的特征和困境进行系统和全面的分析，民族国家最主要的特征是实行自由主义和民主主义相结合的政体，这决定了以法治国的社会统治和个人主义的价值基础，而自由主义与民主主义之间的内在矛盾又使民族国家遭遇阶级矛盾和社会革命、冲突和战争、公共失序等困境，经济和政治双重因素使民族国家的主流意识形态即现代主义也遭遇困境。

在霍布斯鲍姆看来，马克思的政治哲学包括如下基本内容：

第一，政治相对于社会发展的经济基础具有从属性："法的关系正像国家的形式一样，既不能从它们本身来理解，也不能从所谓人类精神的一般发展来理解，相反，它们根源于物质的生活关系，这种物质的生活关系的总和，黑格尔按照18世纪的英国人和法国人的先例，概括为'市民社会'。"①

第二，政治是基本的和重要的："在马克思看来，我们描述'这个外壳就要被炸毁'的时候，政治将是关键因素。"②在阶级社会里，社会演进必然是政治革命，对于无产阶级来说，政治力量的诉求是社会变革的动因。

第三，反对国家具有超阶级性，反对国家代表社会整体的普遍利益，或者在阶级之间居于中立地位。国家是阶级社会的历史现象，体现的是统治阶级的意志，维持阶级平衡只是例外情况。

第四，过渡时期的无产阶级专政国家必须消除人民和政府之间的分歧。这是马克思留给后来马克思主义者最难解决的问题。

第五，马克思评论过具体的政治情况和形势，但对政治和宪法的实际形式、革命、无产阶级专政、社会主义的具体制度和运行模式没有系统的论述。他们关于这些方面的理论只是一般性的原则，而不是具体的

---

① 《马克思恩格斯文集》第2卷，591页，北京，人民出版社，2009。
② [英]埃里克·霍布斯鲍姆：《史学家——历史神话的终结者》，马俊亚、郭英剑译，340页，上海，上海人民出版社，2002。

实施计划，从而留下了思想争议中较大的领域。

另外，霍布斯鲍姆还发现马克思和恩格斯写作的历史年代，不同于后来的马克思主义者所处的马克思主义政党发展成大规模的组织或重大政治力量的时期。马克思恩格斯通常只是提供理论建议，很少进行政治实践，唯一的政治实践经验是对共产主义者同盟的领导，马克思在实际政治中发挥重要作用是1848年欧洲革命时作为《新莱茵报》的编辑发表文章，以及领导第一国际。马克思关于政治哲学的作品几乎完全是以新闻、私人信件和阅读笔记等形式来进行论述的，这使得后来的马克思主义者从经典著作中难以获得完整和全面的政治哲学体系。因此，霍布斯鲍姆认为，从马克思主义那里学习的是政治哲学分析的方法，而不是经典文本中的现成经验，这也是马克思所希望的。① 霍布斯鲍姆认为马克思的政治哲学强调了政治对经济基础的从属性，也注重对政治内容的考察，但是对政治形式的论述却是思想争议较大的领域，不能从马克思恩格斯经典文本中获得进一步完善的说明，后来的马克思主义者提出更为复杂的问题：国家不仅是统治的机构，而且是领导的基础，也就是国家在资本主义经济发展中作为民族的单位而存在。马克思没有论述这种政治单位，后来的伯恩斯坦和列宁提出了民族问题。因此当时代呼唤更为全面的马克思国家理论时，马克思主义者发现古典文本对他们几乎没有指导作用，文本的缺失使他们的理论发展在某些方面存在偏颇和扭曲。这正是霍布斯鲍姆着重从政治哲学维度阐述民族国家的特征和困境的最

---

① Eric Hobsbawm, *Politics for a Rational Left*, London and New York, Verso, 1989, pp. 126-168.

初原因。实际上，霍布斯鲍姆这一看法是偏颇的，因为在马克思和恩格斯的文献里，我们可以梳理出大量关于民族和国家的论述，尤其是近年来我国学者在马克思的民族思想和国家思想方面的研究获得了质的提升，这充分说明马克思和恩格斯不仅论述了民族问题，而且内容具有非凡的理论魅力。

一、民族国家的特征

(一)自由民主的政体

按照经典马克思主义的理论，国体是指国家的根本性质，也就是国家的阶级性质，具体来说，就是国家政权掌握在哪个阶级手中，哪个阶级居于统治地位。政体，是指国家政权的组织形式和管理形式，也就是国家的形式，具体来说，就是统治阶级采取什么方式来组织自己的政权机关，实现自己的统治。国体和政体是国家互相联系、互相制约的两个方面，国体决定政体，政体体现国体，但有相对的独立性，相同的国体可以采用不同的政体形式。霍布斯鲍姆在考察民族国家的政体时，既继承了经典马克思主义关于国体与政体的基本观点，又进行了自己的理论创新，充实和发展了马克思关于国家的国体和政体的理论。上一章阐述了民族国家具有实施阶级统治的功能，因此在霍布斯鲍姆的视域中，民族国家的国体是资产阶级居于统治地位，掌握着国家政权，民族国家的政体是自由主义与民主主义的结合，普遍采用代议民主制的形式，反过来，使用自由民主政治制度的是民族国家。霍布斯鲍姆认为在双元革命中诞生的不仅是民族国家及其法律，还有自由主义、民主主义和社会主义，自由主义从一开始就与民主主义相矛盾，但是民主力量的壮大，使得民族国家的自由主义不得不考虑人民群众的要求，于是尝试使用与民主主义相结合的政体，但是从本质上来说，自由民主的政体的基本立场是自由主义，价值基础是个人主义，新自由主义越来越脱离民主主义，因此真正实现民主主义的是社会主义。

(二)以法治国的社会统治

马克思在法国大革命的历史研究中明确表述了资本主义国家具有以法治国的社会统治特征，他认为资产阶级通过以法治国来达到社会统治的目的。马克思在1843年夏天的《克罗茨纳赫笔记》中对英国、法国、德国、意大利、美国、波兰、瑞典的历史，尤其对法国大革命的历史的研究表述了以上观点："选民们不可能对议员发任何指示或者委托书，但是通过由个别人的观点和意愿所决定的完全自由的投票，由多数议员决定的东西就被认为是所谓的普遍意志，即人民的意志。关于主权的人民是否希望被人所代表，而且是怎样被代表的问题，甚至没有被提到人民面前，也没有经一致或大多数人投票决定。"[①]

马克思在《1848年至1850年的法兰西阶级斗争》《路易·波拿巴的雾月十八日》等文章中，对1848年法国通过的资产阶级新宪法进行了分析。它表面上宣传普遍自由，实际上在具体细则中取消自由："宪法的

---

① 《马列著作编译资料》第11辑，54—55页，北京，人民出版社，1980。

每一条本身都包含有自己的对立面，包含有自己的上院和下院：在一般词句中标榜自由，在附带条件中废除自由。"①新宪法是虚伪的宪法，资产阶级民主是欺骗性的民主："资产阶级口头上标榜是民主阶级，而实际上并不想成为民主阶级，它承认原则的正确性，但是从来不在实践中实现这种原则。"②马克思还认为，资产阶级在新宪法规定的分权制和普选权方面设置了各种各样的限定条件，资产阶级承认普选权是人民主权的意志，仅仅限于普选体现了自己意志的情况，如果普选的结果不符合资产阶级的意志，资产阶级就会进行调整，甚至会取消普选权。

马克思的这一观点成为英国新马克思主义者密利本德和霍布斯鲍姆研究国家的基础。密利本德通过考察英国的政治体制来分析资本主义国家以法治国的社会统治特征，他认为资本主义的民主制并不是把人民彻底排斥在政治之外，而是保证人民享有普选权，参与政治活动，能够自下而上地提出要求和表达意见，对资本主义国家的政治权力和政策产生一些影响。然而在实际上却对人民的权力横加阻挠，尽可能地削弱这种影响："中心的问题不是要把民众悉数排除在外；那样做将是危险的，最后还会自招失败。问题在于让民众在适当和有意义的范围内参与政治；但同时要'避免让民众享有'决策的权力。"③

霍布斯鲍姆用以过去为基点的"过去—现在—未来"的辩证法来论述自己对民族国家以法治国的社会统治特征的看法：一方面说明民族国家

---

① 《马克思恩格斯文集》第2卷，484页，北京，人民出版社，2009。
② 《马克思恩格斯全集》第7卷，589页，北京，人民出版社，1959。
③ [英]拉尔夫·密利本德：《英国资本主义民主制》，47页，博铨等译，北京，商务印书馆，1988。

以法治国的目的是社会统治；另一方面说明民族国家以法治国具有进步性，不以资产阶级的意志为转移，客观上推动了政治民主化的发展。他把眼光退回到民族国家诞生的双元革命时期。法国大革命于1789年发表了纲领性文件《人权宣言》，郑重宣告了基本人权、人民主权和法治原则，充分体现了近代宪政的基本精神，奠定了近代宪法的基础；雅各宾共和国于1793年颁布了现代国家的第一部民主宪法，正式宣布全体人民的福祉是政府的目标。在霍布斯鲍姆看来，1789—1917年的世界政治主要是赞成或反对1789年和1793年的原则，这两个原则的思想观念属于古典自由主义，表达的不仅是资产阶级的利益，还是人民（等同于民族）的普遍利益。但是从本质上看，依据这两个民族原则建立起来的民族国家实行的是立宪政体而不是民主政体，从根本上说代表资产阶级利益，反对贵族特权阶级利益。自由主义的价值观不信任专制独裁，而实行宪政，经自由选举选出政府及代议议会以确保法治社会；主张一套公认的国民权利，包括言论、出版及集会的自由。

霍布斯鲍姆认为，政治民主化的发展是自由主义进步不可避免的产物，范围扩大到民族国家的工人阶级，包括女性，这动摇了资产阶级的政治权力和政治地位。如法国、德国、瑞士、丹麦、芬兰实行了扩大投票权的选举制度，英国、比利时、挪威的选民明显增加，奥地利和意大利实行普选制，欧洲以外的美国、澳大利亚、新西兰和阿根廷实行民主制的政体。美国的怀俄明州、新西兰和澳大利亚、芬兰和挪威赋予女性以投票权。资产阶级担心选举权扩大会助益工人阶级进行社会革命和建立社会主义，进而控制国家的政治命运，所以资产阶级就对选举权进行原始操纵，如限制议会权力、投票年龄，设置复杂化的投票过程，但是政治民主化是不以资产阶级意志为转移的客观历史趋势，是不断向前发展的。

霍布斯鲍姆以双元革命的启蒙思想来论述民族国家以法治国的社会统治特征，这一特征表明启蒙思想兼具阶级性和进步性，法国和英国是双元革命的中心，也是启蒙思想的中心，"世俗化的、理性主义的、具有进步意义的个人主义支配着"①启蒙思想，把个人从束缚他的桎梏中解放出来是主要目的：从笼罩全世界的中世纪的愚昧传统主义中解放出来，从教会的迷信中解放出来，从根据出身或其他标准把人分为高低不同的阶级的非理性中解放出来。启蒙思想反映了知识、技术、财富、福利和文明的发展。在理论上，启蒙思想的目标是让全人类获得自由，隐含了理性主义和人道主义的思想意识。实际上，启蒙思想产生的是资本主义的社会秩序，信奉自由主义的资产阶级并非民主派，而是信仰立宪政体、保障个人利益的民族国家的代表。

霍布斯鲍姆还从民族国家的土地法来说明它具有以法治国的社会统治特征，这一特征既推动了社会进步，又体现了资产阶级的统治："自由主义每前进一步，便将法制革命从理论向实际推动一步，而旧制度的每一次复辟，则延迟了这种革命，特别是在自由派迫切要求出售教会土地的天主教国家。"②大多数保护资产阶级土地所有权的实际法律步骤是在1789—1812年实行的。资产阶级经济对土地的巨大影响，促使地方性的农民反抗转变成全国性的起义，并在19世纪80年代农业大萧条之

---

① ［英］艾瑞克·霍布斯鲍姆：《革命的年代：1789—1848》，王章辉等译，24页，南京，江苏人民出版社，1999。
② 同上书，205页。

后开始表现出来。自由主义与掠夺相结合，为农民带来了税赋剧增的新压力，如自由主义对印度农村生活的影响，首先是英国统治者对方便有效的土地征税法的一系列探索。正是这种结合贪婪和法律的个人主义，给印度带来了灾难。

(三)个人主义的价值基础

马克思主义的国家理论把资产阶级国家与个人主义联结在一起，霍布斯鲍姆将这一观点推向了新的高度，认为民族国家的政体是自由民主，而自由民主的基本立场是自由主义，自由主义的价值基础是个人主义，民族国家与社会主义的区别在于社会发展的动力是个人利益和竞争，还是集体利益与协作。

在西方马克思主义的国家理论中，德拉-沃尔佩是在卢梭和马克思的联系中探讨自由民主问题的，主要表现在他的论文集《卢梭和马克思》中。德拉-沃尔佩认为，资本主义民主是建立在自由主义基础之上的民主，本质上是自由主义，这体现在洛克、康德、孟德斯鸠、洪堡和贡斯当的自由主义理论中；而社会主义民主是建立在人民主权基础上的民主，是真正意义上的民主，卢梭是近代人民主权学说的集大成者，马克思是在直接继承了他的人民主权学说和平等学说的基础上，对黑格尔反对人民主权的保守的国家理论进行了清除，同时摒弃了卢梭的社会契约论，从而在科学社会主义理论的框架中建立了人民主权的学说。霍布斯鲍姆在对待卢梭、黑格尔与马克思在自由民主理论之间的关系上与德拉-沃尔佩大相径庭，他考察了马克思和恩格斯近40年的信件，发现他们有三次提到了卢梭，并且是持完全否定的态度，因此认为马克思与卢梭的国家理论没有任何联系，更谈不上存在着直接的继承关系，卢梭的人民主权理论是建立在社会契约论基础上的自然法，从本质上来说是为资产阶级服务的，而马克思的国家理论从本质上来说是对资本主义的批判。在霍布斯鲍姆看来，"德国古典哲学是一种彻底的资产阶级现象"[①]，致力于精心构筑进步观与自由主义意识相结合的普遍思想体系，包括洪堡、康德、黑格尔、费希特和谢林，其中自由主义意识在康德身上的表现最为明显，其国家理论的出发点是个人，黑格尔的国家理论是唯心主义的，但是其出发点是集体而不是个人，他的辩证法，即通过矛盾的无限解决来实现进步，就是从集体化解为个人的过程中获得灵感的。马克思正是在继承德国古典哲学家的国家理论的基础上，创立了其自身的对立物：马克思主义的国家理论。

霍布斯鲍姆把亚当·斯密的《国富论》作为古典政治经济学的开始，李嘉图的《政治经济学及赋税原理》作为古典政治经济学的高峰，认为他们主张的自由贸易的实际目标为自由主义在古典政治经济学中奠定了坚实的基础，马克思正是在继承英国古典政治经济学的基础上，建立了其自身的对立物，即马克思主义的国家理论的，从而使古典政治经济学转变成反对资本主义的理论。

霍布斯鲍姆还从现实的土地变化现象来说明——民族国家的价值基础是个人主义，他认为土地的革命性变化是民族国家的必要前提和后果。在民族国家的形成过程中，土地是生产因素和商品。民族国家在摧

[①] [英]艾瑞克·霍布斯鲍姆：《革命的年代：1789—1848》，王章辉等译，335页，南京，江苏人民出版社，1999。

毁稳定的农村基础，废除前资本主义非经济性的土地隶属关系中，政治因素起了决定性的作用。工业发展的先决条件是取消农奴制度，劳动力自由流动，因此奴隶制度与市场社会不能并存，而市场社会则是以个人主义为基础的。土地收成的好坏一方面取决于经济、技术和人口因素，新兴工业和城市渴求劳动力，人与土地的关系开始松懈；另一方面取决于政治和立法等机制因素。世界各地的传统土地制度和农村社会关系必须让位于追求利润的民族国家的资本主义社会秩序，自由主义确立私人土地所有权，推动了土地转让：第一，土地必须转变为一种商品，由私人所有，而且可由其自由买卖。第二，土地必须为愿为市场开发生产资源，而且受利润驱动的阶级所有。第三，大量农村人口必须以某种方式转移，或至少部分地转移到日益增长的非农业经济部门，以充任自由流动的雇佣工人。列宁把资本主义农业划分为普鲁士和美国两种模式，前者是雇佣劳工的大农场，具有适应市场需求生产剩余农产品的能力，后者是以销售为目的的独立农场，两者都有市场经济成分。世界农业市场的固定模式在帝国主义的时代（1870—1930）形成，民族国家尝试将落后国家变成特殊产品的供应地。城市和工业对食品和劳动力的需求不断增长，促进了农业发展。单一化和高度化种植的农产品，成为国际贸易的项目。世界农业划分为两类，一类由资本主义市场垄断，另一类独立于资本主义市场之外（自然经济占比高）。农业市场的命运取决于市场的性质、生产者的专业化程度和社会结构。

马克斯·韦伯认为，民族国家的文官制度表明资本主义的社会事务是向有才能的人平等开放的，处于淡化社会地位和阶级特权的趋势中。而霍布斯鲍姆用大量的经验事实证明这是在模糊阶级界线，最民主的文官制度倾向于以选举而不是考试作为选拔公职人员的标准,他认为竞争性考试是"英国最具资产阶级意识的思想学派的理想"①。考试是个人主义的竞争,是自由主义的方法,不是民主的或平等主义的方法。

霍布斯鲍姆用以过去为基点的"过去—现在—未来"的辩证方法来说明民族国家的自由民主政体在本质上是自由主义,不是民主主义,而自由主义建立在个人主义的价值基础上,他将眼光回溯到历史的最深处,即民族国家诞生的双元革命时期,以更为宽广的脉络和视野来观察民族国家的问题。在双元革命时期,法国(民族国家的政治模式)是启蒙思想的中心,法国大革命的思想观念是古典自由主义,古典自由主义体现出深刻的个人本位的价值倾向,把人类世界看成由具有内在热情和驱动力的独立个体所构成,首要目标是追求个体的最大满足,包括生命、自由和幸福,在追求自我利益的过程中,每个处于无政府状态下的平等竞争者都不可避免地与其他个体建立有利的联系,这就构成了社会群体和政治群体,政治的任务之一就是要把对自由的干预降低到实际可行的最低限度。社会目标就是个人目标的总和,是最大多数人的最大幸福。霍布斯鲍姆把持有这种观点的霍布斯、边沁、穆勒归为资产阶级功利主义的代表,认为他们的国家学说甚至将道德和义务彻底排除在外。英国(民族国家经济模式)是启蒙思想的另一个中心,与法国大革命同时发生的工业革命从另一个方面展现了自由主义、民主主义和社会主义。1800年前,自由表示与奴隶相反的法律术语,现在开始具有新的政治含义,

---

① [英]艾瑞克·霍布斯鲍姆:《革命的年代:1789—1848》,王章辉等译,254页,南京,江苏人民出版社,1999。

工业革命是自农业和城市发明以来世界历史上最重要的事件，英国的人民有史以来第一次正式审判并处死了国王，"个人利益和经济发展变成政府政策的最高目的"①。这种功利式的个人主义的社会制度，秉持的信条是资本主义社会的"人不为己，天诛地灭"。

按照霍布斯鲍姆的看法，当作为民族国家主流政治意识的自由主义失去最初的自信冲劲时，社会主义作为新的政治意识再造了18世纪的古老真理，理性、科学和进步是其坚实的基础。自由主义和社会主义都认为人类历史是上升的，都把科学看作进步的核心，人类的科学知识和对自然的技术控制日益增进，人类社会和个人发展都能运用理性臻于至善。在每个人都享有幸福，每个人都能充分而自由地实现他们潜能的社会中，自由主宰、专制政府消失无迹的社会，既是自由主义者的终极目标，也是社会主义者的终极目标。自由主义者与社会主义者之间的差异点是实现终极目标的方式。一是自由主义者认为社会是由个别的原子单纯聚集或结合而成，社会动力是个体的自我利益和竞争。社会主义退回到人类的古老意识，即人类天生就有共同生活的信念，在阶级社会和私有财产制度出现之前，人们以某种方式生活于和谐之中。原始共产主义经过数世纪的发展，为未来的共产主义提供了一种模式。二是社会主义采取了进化的和历史的论证形式："在马克思将社会主义理论的重心从其合理性或合意性转至其历史必然性之后，社会主义才获得其最为可怕

———————
① ［英］艾瑞克·霍布斯鲍姆：《革命的年代：1789—1848》，王章辉等译，38页，南京，江苏人民出版社，1999。

的精神武器。"①马克思认为人类社会突破共产主义而划分为阶级,必然会经阶级社会的依次更替而进化,每个阶级社会都存在着不公正现象,都曾经是进步的,阶级社会的内在矛盾成为其进一步发展的障碍,并产生出取代它的力量。社会主义或共产主义是符合集体利益的社会制度。

在资本主义发展的现阶段,自由民主的基础遭到侵蚀,霍布斯鲍姆认为,根本原因在于其政治制度即建立现代民族国家的三个前提逐步失效:第一,民族国家失去了武力的绝对垄断权;第二,公民对民族国家的志愿效忠和服务,或愿意屈从于民族国家的心态开始动摇;第三,民族国家的政治权力开始弱化,结果是公民和民族国家的关系薄弱,公民参与政治的意愿降低,阶级功能衰微。因此自由民主所面临的最严重问题,是在经济全球化的时代,与民族国家并存的不同势力对其公民日常生活的影响力很大,超出民族国家的控制,直接导致公共失序问题。

二、民族国家的困境

霍布斯鲍姆认为,民族国家的自由民主政体存在着自由主义与民主主义的内在矛盾,这种无法解决的根本矛盾导致民族国家遭遇困境,如阶级矛盾与社会革命的危机,冲突与战争的危机,公共失序的危机,现代主义意识形态的危机等。阶级矛盾与社会革命是资产阶级民主政治的

---

① [英]艾瑞克·霍布斯鲍姆:《革命的年代:1789—1848》,王章辉等译,327 页,南京,江苏人民出版社,1999。

必然结果，社会主义运动具有革命性，因此资产阶级民主政治是迈向社会主义的必要前奏。与民族国家的阶级矛盾、社会革命紧密联系的是冲突与战争，世界冲突与战争引起的政治现象在民族国家愈演愈烈，甚至完全没有任何规则，导致公共失序问题，只有通过超国家和超民族的政治力量即社会主义才能保证社会秩序。现代主义意识形态是民族国家的主流意识形态，在发挥了积极作用后陷入危机，后现代主义兴起，社会主义与民族国家不断斗争、发展。

(一)阶级矛盾与社会革命

阶级矛盾与社会革命、冲突与战争学说是马克思国家理论的重要组成部分，同样也是霍布斯鲍姆民族国家思想的重要组成部分。霍布斯鲍姆在对马克思关于阶级矛盾与社会革命、冲突与战争学说的经典文本进行分析和研究的基础上，形成了自己的看法。他首先梳理了马克思关于阶级矛盾与社会革命、冲突与战争学说的主要内容。

马克思的社会革命策略是国际主义：资本主义必然通过政治单位（民族）来发展，但是民族主义和民族自决只能作为世界革命策略的环节，不能作为终极目标来对待，反过来，民族主义实际上以政治运动支持社会革命。马克思以法国和英国这两个典型的民族国家作为参照对象对阶级矛盾与社会革命、冲突与战争进行国际视野的政治分析，大致划分为三个阶段：

第一个阶段是从19世纪40年代中期到50年代中期，资本主义经济的发展不能推动无产阶级取得最终胜利，但是旧的社会制度的危机必将导致社会革命的扩展，因此，社会革命的前景依赖于两种情况：第一种是无产阶级取代资产阶级领导革命，第二种是雅各宾派发起的资产阶级革命持续存在。

第一种情况是不现实的，第二种是可能的。无产阶级作为次要力量参加社会革命，只是资产阶级联盟的重要成员，温和派认为社会革命已经足够了，而激进派基于人民的利益则希望继续推动社会革命，这种激进化有助于推动资产阶级的胜利，并使无产阶级成为决定性因素。因此，无产阶级的主要任务是推动社会革命的激进化，联合其他阶级扩展自身的规模。

1848年之后的资本主义是稳定的，社会革命在先进地区的前景变得越发不可能了。但是工业化和马克思的影响促进了工人阶级及其政党的产生，社会革命的新因素出现在发达资本主义社会的边缘，马克思开始关注爱尔兰和俄国。恩格斯基于英国的经验，概述了社会革命的制造者和领导者即无产阶级的形成过程，主要体现在《共产党宣言》中：无产阶级的进步从单独反叛开始，再进行局部的经济斗争，然后逐渐通过工人联盟组织起来，再到不同阶级之间的民族斗争，阶级斗争必须是政治力量的斗争，工人作为阶级必须具有自己的政党。

第二个阶段是从19世纪50年代中期到80年代末期，一方面工人阶级没有实现社会革命胜利的可能，资本主义危机也没有在任何国家导致社会革命；另一方面资本主义经济在世界范围内快速发展，尤其是西欧和美国的工业化，使各个国家产生了大量的无产阶级，工人的阶级意识和政党力量在不断增强。社会革命前景的变化决定了马克思对战争的看法，他不是和平主义者，也不是民主主义者和民族主义者，之前他期望战争对革命发挥决定性的作用，此时把战争看作革命发展的障碍。恩格斯也认为冲突与战争对于社会革命已经不具有必要性，因此希望避免战争带来的伤害与损失。霍布斯鲍姆认为，后期马克思和恩格斯开始转变战争是社会革命策略的组成部分的观点，是发现战争将会导致国家沙文主义的复发，为统治阶级服务，削弱正在发展的工人运动。

马克思认为在欧洲先进国家发动社会革命不再具有可行性，开始从三个方向设想推翻资本主义社会的间接策略，即从边缘地区而非中心地区的演变：殖民地革命、俄国革命和美国革命。殖民地革命是指爱尔兰革命成为资本主义的阿喀琉斯之踵，英国这个资本的中心成为革命的催化剂。俄国革命是指它成为西方无产阶级革命的信号，双方互相补充，事实证明俄国的确改变了世界革命的前景。美国的群众性无产阶级运动正在形成，会破坏英国的工业垄断和欧洲土地产业的基础，政治制度将会出现危机。1875年的两个社会事实证明马克思是正确的：一是德国社会民主党的强大；二是俄国知识分子接受马克思的思想，视自己为特殊的社会集团和政治上的激进分子。俄国的民主主义是20世纪落后国家和布尔什维克的先驱，旨在推翻沙皇统治，建立全新的社会主义国家。1871年的巴黎公社没有威胁到资产阶级秩序，但它建立社会主义，没收富人财产，足以使统治阶级恐慌害怕。

马克思在19世纪50年代频繁使用联盟这个词来形容共产主义，他们谨慎地解释道：联盟，就像早期的革命组织，仅仅是政党历史的一个阶段，在社会土壤的任何地方自发地形成。在这个意义上，工人阶级的政党组织也跟着发展起来。[1] 19世纪70年代，马克思认为工人阶级的

---

[1]《马克思恩格斯文集》第2卷，5页，北京，人民出版社，2009。

政党要有自己的结构和原则。恩格斯把政党当作政治群体的总称,表明工人阶级的独立性与他们的组织无关,共产党人到处都努力争取全世界民主政党之间的团结和协调①,不考虑形式,只要是工人阶级的政党。马克思和恩格斯对于后来马克思主义者所专注的政党结构或组织论述得很少,但是他们认为政党的目标必须指向有组织的阶级。

第三个阶段是 19 世纪 90 年代到 20 世纪初期,工人阶级政党有了很大进步,具有建立社会主义的可能性。工人阶级在资本主义经济中联合周围的其他阶层,逐渐发展到成熟和普遍的程度,成为社会革命联盟的核心。

因为工人阶级政党使所有阶层进行暴力革命非常困难,恩格斯放弃旧的暴力革命观点,认为社会革命的新可能性隐含在选举权中。但是恩格斯同意马克思"没有流血就没有伟大运动产生"的观点,拒绝放弃暴力革命的想法。另外,恩格斯敏锐地意识到机会主义的危险:为政治运动的现在牺牲未来,并通过强调坚持社会主义的无产阶级基础,尤其是强调建立政治联盟来保卫政党,反抗机会主义的诱惑。社会主义政党可能被迫支持国家之间的冲突,此时任何政府都不得不考虑社会主义者和劳工组织的态度。恩格斯在国际革命策略上的兴趣越来越集中于劳工运动。法国劳工运动分裂和严重渗进小资产阶级的共和主义因素,恩格斯认为奥地利的劳工运动可能代替法国成为先驱,相反的是德国劳工运动成为国际社会主义前进的主要力量。他在 1882 年告诉伯恩斯坦:"我们不得不为西欧

---

① 《马克思恩格斯文集》第 2 卷,66 页,北京,人民出版社,2009。

无产阶级的自由而工作，所有其他目标都附属于这个目的。"①

总的来说，最初由专制君主制发展而来的统治阶级和国家机构之间的关系，被资产阶级革命加强并成为民族单位，民族国家不断趋于建立所有阶级的自治，包括资产阶级。经济和权力的集合决定了20世纪国家机器的发展，比如，后来的法西斯主义。资产阶级为争取民主继续斗争，然而这种斗争越来越为工人阶级赢得权力，并且大大地便利了工人阶级政党的发展。因此霍布斯鲍姆认为，民族国家的政治结构和功能问题在马克思和恩格斯的著作中没有得到系统的考虑。② 这种观点显然是有失公正的，因为我们在马克思和恩格斯的著作中发现大量关于民族和国家的论述，国内诸多学者不断地对马克思主义的民族理论和国家理论进行系统化和专门化的研究。

通过对马克思关于阶级矛盾与社会革命、冲突与战争的分析，霍布斯鲍姆认为，马克思的一生致力于从所有阶级的所有政党中分离出工人阶级政党，并指向共产主义代替资本主义的政治目标，不依赖于历史力量的自发运行，而依靠政治的自主性发展，"共产党人为工人阶级的最近目的和利益而奋斗，但是在当前运动中还坚持着运动的未来"③。

通过对马克思关于阶级矛盾与社会革命、冲突与战争学说的梳理，霍布斯鲍姆在马克思理论的基础上，进一步进行了完善和补充，形成了

---

① Eric Hobsbawm, *The History of Marxism*, Brighton, The Harvester Press, 1982, p. 254.
② Eric Hobsbawm, *Politics for a Rational Left*, New York, Verso, 1989, pp. 126-168.
③ Eric Hobsbawm, *The History of Marxism*, Brighton, The Harvester Press, 1982, p. 239.

自己的观点，成为民族国家思想的重要组成部分，从而实现了对马克思国家理论的补充：

第一，霍布斯鲍姆认为，民族国家是国际化策略的环节，而不是最终目标，资本主义的发展是以民族国家的政治单位来进行的，结果是民族国家成为通向经济全球化的最大障碍。

第二，自由民主的政体中存在着的自由主义与民主主义的内在矛盾与冲突是民族国家发生阶级矛盾与社会革命的原因，因此民族国家不但体现了资产阶级的利益，还体现了人民的利益，这使得当前民族国家的自由民主政体出现衰退现象。

1789—1848年的双元革命，成为自人类创造农业与冶金术、文字、城市和国家的时代以来历史上最伟大的转变，是工业和资本主义自由社会的胜利，是现代经济和民族国家的胜利。这种变革的社会和经济力量、政治和理论工具足以让世界革命化。与此同时，预示着要取代这个赢得胜利的民族国家的力量和思想，已经在萌芽。1848年以前，"共产主义的幽灵"就已经在欧洲徘徊。但是，霍布斯鲍姆认为，如果我们环顾20世纪60年代的世界，那么，我们就不敢因此低估在反抗双元革命中诞生的、具有革命性的社会主义和共产主义思想体系的历史力量，这一思想体系在1848年已做了首次经典性阐述。

1815—1848年，民族国家的建立经历了三次主要的阶级矛盾与社会革命浪潮：第一次发生在1820—1824年，欧洲地区主要局限在地中海一带，以西班牙、那不勒斯和希腊为中心；第二次发生在1829—1834年，影响了俄国以西的整个欧洲及北美大陆，1830年的阶级矛盾与社会革命浪潮标志着资产阶级势力对贵族势力的最后胜利，"同时也标志着一种甚至更加激进的政治变革：英法工人阶级开始成为一支独立自觉的政治力量，而民族主义运动也开始在许多欧洲国家兴起"[1]；第三次即1848年革命，是最大的阶级矛盾与社会革命浪潮。阶级矛盾与社会革命的发生，是因为在社会急剧变化的时期，民族国家早期的政治制度极不适合欧洲大陆的政治状况，也因为经济和社会制度存在尖锐的矛盾。英国的欧文于1830年前发起的合作运动，在政治和意识形态上标志着独立的无产阶级趋势已经出现。工人阶级在欧文主义者影响下企图绕过民族国家建立全面性的合作经济，但是无法提出有效的政治策略和领导方针。法国具有政治上高度发展的强大左翼传统，雅各宾主义和巴贝夫主义的主要分子在1830年后都成了社会主义者，布朗基主义在社会分析和理论层面，肯定社会主义的必要性，肯定无产阶级是社会主义的建设者，确定中产阶级是社会主义的主要敌人，在政治战略和组织方面，确立近代社会革命运动的目标是必须夺取政权，实行无产阶级专政。在19世纪后期，国际化成为社会主义运动的趋势。

在欧洲大陆，1848年革命是唯一既影响民族国家也影响落后地区的革命。在德国，只有科隆和柏林出现了社会主义运动，马克思在科隆设立了总部，社会主义者鲍恩在柏林组织了一次重要的工人阶级运动。巴黎是革命的先驱地和输出地。

第三，受到葛兰西以文化领导权来重构马克思国家理论的影响，霍布斯鲍姆把阶级矛盾与社会革命的范围扩展到了社会和文化领域，认为

---

[1] [英]艾瑞克·霍布斯鲍姆：《革命的年代：1789—1848》，王章辉等译，146页，南京，江苏人民出版社，1999。

这些领域的革命对民族国家向社会主义的转变更具有现实意义。

霍布斯鲍姆认为 1945—1990 年的社会领域的革命，其条件包括：一是传统小农经济的死亡。二是中高等教育的普遍性，尤其是共产党革命政权的成就惊人。学生成为文化和政治的新因素，是唯一能够采取集体政治行动的群体。学生作为工人运动的信号角色，在政治上发挥作用，学潮在法国和意大利两国引发了巨大的罢工浪潮。三是工人的阶级意识出现危机。四是已婚妇女的角色影响了民族国家的工人阶级。

霍布斯鲍姆认为，最高利润的追求与积累是民族国家成功的必要条件，而非充分条件，文化领域的变革侵蚀了民族国家的历史环境资产，民族国家的运作必将遭遇困难。20 世纪后期的文化革命是文化战胜社会的革命，尤其是青少年的强势文化，青春是造成消费社会文化革命性转变的因素。①

(二)冲突与战争

霍布斯鲍姆认同马克思关于战争不是革命的必要性条件这一看法。资产阶级民族国家维持公共秩序的职能逐步失效，这种公共失序现象必须由超国家机构来解决，因此社会主义提上了 21 世纪的日程。政治经济措施等包含资产阶级民族国家和社会主义革命之间冲突的性质。霍布斯鲍姆不仅从经济层面来解释战争，还看到了政治因素在战争中发挥的重要作用：民族国家内部和彼此之间的政治形势导致了国际冲突。

---

① ［英］艾瑞克·霍布斯鲍姆：《霍布斯鲍姆看 21 世纪》，吴莉君译，122—123 页，北京，中信出版社，2010。

18世纪80年代，除英国和一些较小的国家外，欧洲大陆正常运作的国家基本都实行君主专制制度，英法的全面战争实际上是"新旧体制之间的冲突"①，反映了英国的资本主义社会秩序相对于法国君主专制社会秩序的优越性。1789—1848年的战争对欧洲政治结构造成的影响包括政治疆界被重新划过几次，法国的征服行动导致体制变革和政治环境的变化。战争造成的国际后果比国内影响更为显著，由英国拥有全球政策的国际结构变成英国、俄国、德国、法国、美国、日本等民族国家的全球冲突。从19世纪50年代末期开始，民族国家的政治动荡由温和的自由中产阶级或较激进的民主主义者掀起，或被新兴工人阶级的力量激起。

1917—1918年，俄国布尔什维克党人夺得政权，新政权与德国等同盟国订立《布列斯特-立托夫斯克条约》，从此退出第一次世界大战。第一次世界大战胜利的民族国家签订《凡尔赛和约》，背景是：第一，欧洲许多政权垮台，苏联布尔什维克革命政权对民族国家的革命活动具有极大的影响力；第二，重新划分欧洲的版图，欧洲与中东的空白地区依民族原则建立的民族国家，为以后诸国冲突和民族分离埋下的隐患；第三，部分民族国家的政治影响促成和约，这使美国退出和约签订。

经验证明，大型战争和社会革命如影随形：第一，民族国家进行全球性的资本主义扩张，引起了世界的紧张对立；第二，民族国家把战争视为正当的政治工具；第三，民族国家采用新技术进行战争。1848—

---

① ［英］艾瑞克·霍布斯鲍姆：《革命的年代：1789—1848》，王章辉等译，29页，南京，江苏人民出版社，1999。

1870年，除了民族国家对落后国家的绝对优势没有改变外，国际体系在战争的影响下发生了根本转变，工业生产能力成为民族国家之间竞争的决定因素，但资产阶级民族国家却联合起来控制国际市场，实行垄断。受到苏联的帮助，民族国家赢得第二次世界大战的胜利。

(三)公共失序

本书的第二章中提到，霍布斯鲍姆认为，由于民族国家拥有武力的独占权，因此很好地履行了维持公共秩序的国家功能，但是其自由民主的政体所面临的最严重问题，是与民族国家并存的不同势力对其公民日常生活的影响力很大，超出民族国家的控制，直接导致了公共失序问题，突出表现在暴力政治现象上。现代性的暴力完全失去了传统暴力的规则，自由民主的个人主义价值基础使它不能解决当前的公共失序问题。传统暴力表现为局部性，现代性的暴力政治附着于民族国家，具有大规模化、非人化、机械化、反体制性、组织性、意识形态化等特征，旨在扩大某种政治的影响范围。霍布斯鲍姆认为，民族国家是理解暴力问题的根本因素，现代性作为民族国家的基本特征，曾是理性、进步和普遍性的代名词，现今为恐怖主义、大屠杀、酷刑等暴力提供了可能性。在政治哲学领域把暴力政治作为专门的议题研究比较鲜见，大多数学者是将其作为其他问题的补充观点进行简要介绍，篇幅也相对较小，但是霍布斯鲍姆不但把暴力政治作为研究专题，还关注暴力政治产生的时间、原因、规则和解决途径。

(四)暴力政治的发展

20世纪60年代末,暴力引起了政治领域的广泛关注,人们通过关于暴力的书来关注世界暴力,但是难以理解自身与暴力的关系。美国的暴力原因和防止委员会认为,1968年的《社会科学国际百科全书》没有涉及这个主题。大部分人没有经历身体伤害和财产损失的直接暴力,他们可以在无直接暴力体验的境况中度过人生,因此缺乏现实经验,学者们难以把暴力看作社会历史现象。直接的暴力方式,如交通意外,大多数遇难者是不可控制的;非直接的暴力方式是通过大众媒体来传播的,如炸弹、奥斯威辛集中营等大规模毁灭事件。霍布斯鲍姆这样形容非直接的暴力方式:"纳粹现象超乎理性范围所能分析。其领袖以上天之口吻谈世界霸权及毁灭;其政权,以最恶劣的种族仇恨意识为基础。"[1]

霍布斯鲍姆认为,19世纪西方文明的主体是民族国家,实行自由主义的立宪政体,统治阶级是资产阶级,其崩溃的起点是第一次世界大战,也是暴力政治普遍增强的开始。在民主政治的条件下,资产阶级民族国家开创了迄今最凶残的时代,开创了把无止境的伤亡强加到人民头上的恶毒先例。富兰克林·福特注意到了战争之后波涛汹涌的政治暴力事件。

霍布斯鲍姆认为,20世纪自由主义的价值和制度解体,民族国家内部的非官方暴力政治行为非常显著,主要原因是从20世纪60年代末期开始,资产阶级民族国家逐渐失去对权力和资源的独占权,失去令其

---

[1] [英]艾瑞克·霍布斯鲍姆:《极端的年代:1914—1991》,郑明萱译,128页,南京,江苏人民出版社,1998。

公民遵守法律的正当性。

霍布斯鲍姆认为,自20世纪60年代起资产阶级民族国家出现多次大规模的政治暴力和反暴力浪潮。甚至在拥有深厚宪法程序传统的民族国家,如大不列颠,也可见到暴力手段的运用。北爱尔兰曾出现过相当严重的状况。而最恶劣的例子则出现在拉丁美洲。

21世纪初政治暴力已发展成资本主义的有系统的行动,资本主义民族国家借由市场成长和军事干预所传播的新保守主义和新自由主义无法解决政治暴力问题。第二次世界大战后,资本主义民族国家在经济上的困境损害了自由民主政体的稳定,酷刑等在民族国家中再度复活。这种暴力的倒退与民族国家的法治制度背道而驰。

(五)暴力政治的解决途径

霍布斯鲍姆认为,自由主义思想不足以解释暴力政治,因为它假定"暴力"或"身体暴力"是坏的,"非暴力"或"道德力量"是好的。[①] 暴力政治的解决需要国际性的联合行动和集体合作。在以世界为背景的宏观层面来反思政治暴力,我们可以发现,政治暴力是推动国际体系走向终极状态的一种不可或缺的力量。把世界作为分析政治暴力的单位,意味着政治暴力是一个公共问题。因为在现代社会,公共问题是任何一个资本主义民族国家问题的必要约束条件,只有用全球结构才能解释日益发展的问题。当政治暴力问题扩大时,我们就有必要思考与之相关的制度。

---

① [英]艾瑞克·霍布斯鲍姆:《霍布斯鲍姆看21世纪》,吴莉君译,127页,北京,中信出版社,2010。

这种制度必须具有某种逻辑完备性，也就是它不仅要能够处理国内政治暴力问题，而且要能够处理国际政治暴力问题。因为仅仅在国家层次上获得成功的制度并不代表能实现或达到某种终极目的。①

(六)现代主义意识形态的危机

在民族国家遭遇一系列困境的基础上，其主流现代主义意识形态也面临危机。

重视意识形态因素在国家中的作用是西方马克思主义国家理论的共同特征，是对马克思国家理论的重构，尤其是早期葛兰西提出的国家意识形态领导权理论对西方马克思主义的国家理论产生了重要影响，葛兰西把领导权看作统治阶级对被统治阶级行使的文化、精神和道德等方面的意识形态的领导权，具体来说，就是资产阶级通过工会和学校等市民社会的团体、组织，以文化、教育等作为媒介，使被统治阶级接受资产阶级的世界观、意识形态和价值观念，从而实现人民对现代资本主义国家统治的同意。这种意识形态的领导权内在地掩盖了资本主义统治的实质，具有深层次的欺骗性，但是葛兰西并没有简单地把意识形态看作国家统治的工具，而是把意识形态看作社会结构中的有机组成部分，看作历史现实。正是这种独到而深刻的观点影响和启发了后来西方马克思主义者的国家理论，其中阿尔都塞直接提出了"意识形态国家机器"的概念，他认为，在马克思主义经典作家中，葛兰西是在这条路上走过一段距离的唯一的人，他有一个"值得注意的"想法，即国家不能归结为(镇

---

① 赵汀阳：《天下体系：世界制度哲学导论》，39页，南京，江苏教育出版社，2005。

压性)国家机器,而是像他说的包含有若干"市民社会"的机构:学校、工会等。阿尔都塞又认为葛兰西的这一思想仅仅停留在《狱中札记》的不成熟的状态,因此他要系统地阐述意识形态国家机器的学说,推进马克思国家理论的发展。阿尔都塞把政府、行政机关、军队、警察、法庭和监狱称为镇压性国家机器,把宗教、教育、家庭、政治、法律、工会、信息、文化称为意识形态国家机器,扩展了国家机器概念的外延。在不同的国家形态中,意识形态机器的作用都是以意识形态的方式来执行国家职能,保证国家的经济基础的稳定,但是发挥作用的方式不同。阿尔都塞强调,在资本主义国家形态中,普选权和党派政治相结合的议会民主制居于非常重要的地位,但是并不占主导地位,因为不是所有资本主义国家都采用议会民主制,所以在实际上,教育机器是资本主义国家形态中居于主导地位的意识形态机器。

　　西方马克思主义国家理论对意识形态因素的重视深深启发了霍布斯鲍姆,他认为现代性是民族国家的基本特征,现代主义是民族国家居于支配地位的意识形态,批判现代主义,就是批判民族国家,因此霍布斯鲍姆的民族国家思想成为西方马克思主义国家理论的重要组成部分。英国新马克思主义对资本主义的批判与"现代主义的批判密切关联在一起,因为他们认为现代主义是资本主义的思想基础,是它的意识形态"[①]。批判现代主义的意识形态就成为英国新马克思主义的一项特别重要的任务,霍布斯鲍姆是英国新马克思主义的重要代表,因此批判现代主义的意识形态也是其民族国家思想的重要内容。现代主义在与古代主义的斗

[①] 乔瑞金:《英国的新马克思主义》,17页,北京,人民出版社,2013。

争中起过非常积极的作用，但是随着民族国家作为国家经济的功能衰退，现代主义的意识形态已经终结，后现代主义成为具有深刻批判精神的意识形态。霍布斯鲍姆不是后现代主义者，因此虽然承认后现代主义的积极意义，但是不同意后现代主义把客观事实与先验概念相混同，认为后现代主义在本质上是相对主义，马克思主义才是现代主义的真正替代者。

霍布斯鲍姆坚持"经济基础—上层建筑"的基本框架，这一点在他关于现代主义的意识形态论述中得到充分体现。他认为，随着工业化形势的变化，意识形态领域也在或快或慢地发生着变化。前工业、工业化、后工业化等概念构成哲学反思的重要的核心术语。一方面，这些概念反映着社会发展的历程和特点；另一方面，它们也被赋予了表征特定社会的意识形态的意义。例如，前工业，意味着古代主义，工业化意味着现代主义，后工业化意味着后现代主义。古代主义、现代主义和后现代主义的这几个相异元素的发展并不是整齐划一的，它们之间互相依赖，融合，冲突和斗争。现代主义自18世纪初期出现以来，与古代主义发生冲突，并彻底击败它走向全面胜利，却于20世纪60年代开始陷入危机，20世纪人类生活精神领域的所有未经验过的新事物都被贴上后现代主义的标签。就对工业化社会的认识来说，通常有两种不同的认识路径，即逻辑的和历史的，其中，历史的认识方式提供了一种更为基础的和扎实可信的理性图式。法兰克福学派提供给我们的是一套逻辑严密的话语体系，然而，它却缺乏历史的厚重感，不仅经不起事实的反驳，而且稀见哲学的建构。不同于法兰克福学派的逻辑批判，英国新马克思主义的代表人物霍布斯鲍姆在民族国家的政治话语体系中展现古代主义、现代主义、后现代主义等哲学问题，也尝试在历史的描述中逻辑地做出解释，因而，更具有语言的深度和理解的广度，更具有解释力和理性的涵括力。

在霍布斯鲍姆看来，大众文化的变化更能说明古代主义与现代主义的共存与斗争。工业社会的变革，在19世纪40年代时，距离完全破坏古老文化的程序还很远，在西欧，手工业与制造业并存了几个世纪，发展出一种半工业的文化模式。古老的风俗在城市中继续保留，在1840年以后才随着古老的技艺凋敝。但是在此期间，还没有什么东西能大量代替古老文化，比如，英国的工业生活模式在19世纪七八十年代才充分显现，现代大城市大众生活方式在19世纪后半期才产生。古典自然科学并未发生革命性的变化，主要还处在牛顿建立的考察范围之内。

1848—1875年，知识继续进步，科学获得很大成就，科学发展中的民族因素从世界主义的衰落中反映出来。代表自然科学发展的关键性理论是达尔文的进化论，为物种起源提供的解释模式与自由经济的竞争概念相呼应，进化论打破了自然科学、人文科学和社会科学之间的界线，不仅把动物，而且把人纳入进化论的审视范围，首次刻意与传统势力、保守主义进行论战，并发生激烈冲突。达尔文主义的命运取决于政治和意识形态，进步的自由主义中产阶级欢迎和支持达尔文主义。另外，物理学、化学和天文学这类学科，都是与英、法资产阶级自由主义并肩发展的。19世纪面临的难题在于从自然规律出发，社会革命是否具有必要性。马克思是这个时代唯一提出社会结构和社会变化的综合理论思想家，阐释了从前资本主义社会向资本主义社会过渡的性质、动力、特殊的作用方式和未来的发展趋势问题。

霍布斯鲍姆认为民族国家的胜利促进了科学发展，却降低了文艺水准。此时艺术市场有两个特点：一是机械复制技术发展，使得传统工艺品贬值，引发了社会主义的美术和工艺运动，主要地点在英国，是对工业家和资本家的政治和意识形态的反对运动；二是艺术的欣赏者主要是贵族和资产阶级，范围小。资产阶级企图创造与民族国家精神相一致的艺术，也就是能体现其现实物质、自然科学和进步的艺术，但是艺术思维毕竟与科学的客观诉求不能相容。最终民族国家胜利的时代，复制技术和群众教育事业使艺术走向大众，但是占统治地位的资产阶级官方文化仍然凌驾于群众文化之上。

1875—1914年，现代主义成为口号，艺术革命以前所未有的速度向前推进，现代艺术出乎意料地发达起来，如电影。自19世纪80年代起，产生了描写现代文明衰亡的资产阶级文学形式，尼采认为前卫艺术的颓废、悲观和虚无主义不仅仅是一种时髦，更是资产阶级价值观和理想的必然结果。这种知识上的危机，霍布斯鲍姆认为是后现代主义出现的前兆。

1914—1945年，现代主义波及各个领域。商业电影显示出现代主义已经深入日常生活之中，至此现代主义在社会观念中大获全胜。具有现代气息的大众媒体已在许多民族国家中成为当然。在霍布斯鲍姆看来，现代主义是对19世纪资产阶级自由派趣味及旧习的反对。在资本主义国家中，现代主义曾在20世纪上半叶发挥过极大作用，在各种社会观念中占据支配地位，并且渗透到民族国家的经济、政治和文化中。在这一立场上，威廉斯充分肯定了现代主义在社会发展和文明进步中的作用，认为它具有社会导向和激发创造的功能，它批判资本主义，追求思想解放。

霍布斯鲍姆认为，从 20 世纪 60 年代末期起，后现代主义对现代主义反对的现象开始明显起来，到了 80 年代，后现代思潮在科学、思维方式、艺术及社会观念上代替了现代主义的主导地位，世界进入了与现代社会不同的后现代社会。每当人类遇到从未经验过的新事物时，虽然他们不能完全理解，更看不出其中的所以然来，但却想要为这未知现象找出一个名目。于是 20 世纪人类生活精神领域的各式各样的名词，纷纷被冠上一个"后"字。整个世界成为后工业、后帝国、后现代、后结构主义者、后马克思主义者，凡事皆有"后"。这些前缀，就像葬礼一般，正式承认了一个时代的死亡。人类历史上最富戏剧性、最迅速的一场社会大变革，便在这样的气氛中，进入了当代思维者的意识深处。威廉斯对现代主义与后现代主义之间的关系也表达了同样的观点，他认为现代主义的意识形态已经随着历史的发展终结了，丧失了批判资本主义的能力："现代主义很快丧失了它的反对资产阶级的姿态，达到了与新的国际资本主义轻松自在的结合。"[1]后现代主义开始兴起，并具有针砭时弊的现实意义。

"后现代"这个名词首先出现于艺术领域，其精神在于拒绝现有的任何艺术评价标准，事实上拒绝任何标准存在的可能。但是后现代主义主要是科学技术革命的产物，质疑的对象是以科技为出发点转型的世界，以及反映本质的所谓进步的意识形态。随着民族国家进入信息社会、知

---

[1] [英]雷蒙德·威廉斯：《现代主义的政治——反对新国教派》，阎嘉译，53 页，北京，商务印书馆，2002。

识社会与消费社会,后现代主义思潮日益发展,不仅在科技和艺术领域,到了20世纪90年代,还在其他领域出现了后现代哲学家、后现代社会科学家、后现代人类学家、后现代历史学家等,后现代成为一种复杂的、对人文和社会具有广阔涵盖面的理论。事实上,"后现代"这股时尚,在法语中曾以各种名目出现过,如解构主义、后结构主义等,然后一路深入美国院校的文学科系,最终打进人文和社会科学所有领域。[1]霍布斯鲍姆认为,后现代主义的共同特点是对客观性的存在怀疑,对以理性方法达成共识的可能性进行怀疑,倾向于一种激进的相对观点,对建立在相反假定之上的世界本质提出挑战。后现代主义重视被现代性所摈弃的一切,如不确定性、零碎性、非原则性、卑琐性、反讽性、异质性、虚构性等,拒绝被现代性所看重的事物,如权威、规则、崇高、真理、正题、圆满等。

霍布斯鲍姆在《极端的年代》中极为详尽地描述了后现代主义在艺术与科学领域的种种表现。19世纪70年代,现代派的高雅艺术发展到了顶峰,如蛛网般的旅馆连锁店,透明电梯载客,随处都是灯光。破坏这种艺术的更大因素是现代主义的死亡。20世纪60年代以来,后现代建筑缺乏严格的艺术标准,放眼望去,只有细节,没有形状。1950年后创作的新歌剧剧目,包括世界各地的歌剧,基本上都摈弃了传统风格。1950年至1990年的画家,很难找出一位举世公认的大师级人物。以横剖整个社会或整个时代为主题的作品及作者也有全面退却的迹象。但

---

[1] [英]艾瑞克·霍布斯鲍姆:《极端的年代:1914—1991》下,郑明萱译,767页,南京,江苏人民出版社,1998。

是，后现代在许多方面并没有完全改变原有艺术的规则，只是在另外一些地方特意推陈出新，比如，超越现代的棋论，只不过充分利用了证伪法，与传统一举占领的棋路唱反调，以不寻常的手法开棋，同时注意观察中央地带，其实并没有改变棋赛本身的规则。21世纪当代艺术所扮演的角色，将面目隐晦。在科学领域牛顿古典物理学坚实，连贯，讲究方法和定律法则，事物与现象间的分野一清二楚，明白可辨，具备确定性。但是相对论、量子力学，海森堡测不准原理和玻尔互补原理，把原来那种十足的肯定抛于脑后，事物与现象变得不可捉摸，从根本上动摇了古典物理学的根基。20世纪遗传学革命促成了后现代主义政治运动，沃森与克里克两人发现了脱氧核糖核酸的双螺旋结构，研究男性和女性的遗传因素是否相同。女权运动是要证明男女的智力在生物因素上没有什么差别，因此她们要争取文化社会中性别的平等。

霍布斯鲍姆认为，在后现代主义看来，所谓客观存在的"事实"只不过是各种各样的智性组合，只作为一个先验的概念和按照概念来阐释问题的功能而存在，历史学家研究的过去仅为他们内心的一种结构，因而客观实在性是不可能获得的。在事实和虚构之间根本没有截然区别。[①] 虽然后现代主义在史学研究中不如在文学、文化理论家和社会人类学中流行得那么广泛，但是，"它对事实与虚构、客观现实和概念性的话语之间的区别提出了疑问。这是一种十足的相对论"[②]。霍布斯鲍姆强调，研究民族国家的原则应该是社会存在决定社会意识，民族国家的历史是

[①] [英]埃里克·霍布斯鲍姆：《史学家——历史神话的终结者》，马俊亚、郭英剑译，6页，上海，上海人民出版社，2002。

[②] 同上书，314页。

客观存在的，在什么是事实和我认为什么是事实之间有着明确的区别，分辨事实和虚构是霍布斯鲍姆构建民族国家思想的基本能力。威廉斯在哲学立场上与霍布斯鲍姆是一致的，他坚持自己是马克思主义者，与后现代主义严格划清界限，认为后现代主义虽然对资本主义具有批判精神，但是却走向了相反的极端。威廉斯的学生伊格尔顿把意识形态批判看作马克思主义及其文化批判的核心主题，他认为"现代意识形态批判没有真正实现当代意识形态批判的价值和意义，甚至后现代主义的意识形态批判反而成了一种资本主义的意识形态"[①]。后现代主义的意识形态实际上是对资本主义社会的反映和辩护。

霍布斯鲍姆的论文《森林中的后现代主义》是对理查德·普赖斯《阿拉比的世界》的书评，探讨了后现代主义某些研究方法在历史学中的应用问题，认为后现代主义质疑客观知识或统一解释的可能性，质疑迄今所认识的研究的合理性，1990年左右撼动并削弱了人类学-人种论和历史学。

后现代主义与马克思主义产生于不同的世纪，在批判的路径与思维层面上迥异，甚至对立，如总体与微观、元叙事与反权力话语、普遍性与差异性等，但是二者具有"家族的相似性"，都有深刻的批判精神，都有颠覆与解构的意旨，都致力于改变人类生存处境和现实政治状况，最终指向资本主义现代性的特征。资本主义是现代性的名称之一，已经变成一个形而上学的符号，"马克思对此有深刻的理解，尤其在《共产党宣

[①] 薛稷：《伊格尔顿文化批判思想研究》，65页，山西大学，博士学位论文，2013。

言》之中"①。霍布斯鲍姆认为《共产党宣言》的强大力量体现在两个方面：一是即使在资本主义高歌猛进的开始阶段，资本主义生产方式也只是人类历史的一个短暂阶段，并不是永恒的，稳定的，或历史的终结；二是马克思和恩格斯着重描述的不是1848年已被资本主义改造的世界，而是逻辑上预言要被资本主义改变的世界的必然历史趋势。

与20世纪末人们对世界的前途充满信心形成鲜明对比的是，现今世界经济前途暗淡，世界政治动荡不安，更令人彷徨的是弥漫各处的社会道德危机。第二次世界大战后的现代化进程已经把世界的各个方面连成一个不可分割的整体，同时也产生了不可避免的危机：现代性的成就如此奇妙，它的进步如此无双，为什么在这个世纪结束之际，却不是对它的讴歌之声？相反，呈现的却是局促不安气氛？为什么如此众多的深思，都对这个世纪表示不满，对未来更缺乏信心？霍布斯鲍姆引用了《共产党宣言》中的一段话来说明：民族国家的价值观与社会关系已经随风飘散：

> 资产阶级在它已经取得了统治的地方把一切封建的、宗法的和田园诗般的关系都破坏了。它无情地斩断了把人们束缚于天然首长的形形色色的封建羁绊，它使人和人之间除了赤裸裸的利害关系，除了冷酷无情的"现金交易"，就再也没有任何别的联系了。②

---

① [法]利奥塔：《后现代性与公正游戏——利奥塔访谈、书信录》，谈瀛洲译，148页，上海，上海人民出版社，1997。
② 马克思、恩格斯：《共产党宣言》，24页，北京，人民出版社，1964。

他认为民族国家不能解决自身的矛盾，最终必将走向消亡。民族国家其实是一股不断革命的巨大力量，它将一切解体，甚至连它发展乃至生存所寄的前资本社会的部分也不放过。根据逻辑演绎，民族国家自己自然难逃一死。它自毁长城，锯断自己端坐的枝干，至少锯掉了其中一支。自 20 世纪中叶起，它就开始拉动它的锯子。黄金时代以来，世界经济出现惊人的扩张，在此冲击下，连同随之而来的社会文化变迁，也就是石器时代以来影响社会最为深远的重大革命，民族国家所赖以存在的枝干开始崩裂，最终断裂。社会结构本身，甚至包括民族国家的社会基石，正因此处在毁灭的转折点上。

小　结

霍布斯鲍姆对民族国家的特征与困境问题的研究丰富和完善了马克思主义的国家理论，形成了对民族国家的全面和系统的批判。民族国家具有自由民主的政体、以法治国的社会统治、个人主义的价值基础三个明显特征，民族国家存在着自由主义和民主主义的内在矛盾，导致了民族国家遭遇阶级矛盾与社会革命、冲突与战争、公共失序、现代主义意识形态危机的困境。

霍布斯鲍姆对民族国家的政体，即自由民主的本质进行了深入的揭露和批判。他认为自由民主的基本立场是资产阶级的自由主义，体现的是深刻的个人主义的价值基础和价值倾向，他以民族国家中具体的法治来揭示它实质上是为资产阶级的自由主义服务的，是虚伪的和欺骗的。

同时这一政体在人类社会的发展中起着重大作用，推动先进的民族国家代替封建国家，客观上促进了政治民主化的进程。

自由民主这种政体存在着自由主义和民主主义不可调和的内在矛盾，不可避免地导致了阶级矛盾和社会革命的发生。战争与社会革命如影随形，民族国家内部和之间的政治因素导致国际冲突，引起大型战争的爆发，两次世界大战进一步导致了暴力政治现象，破坏了民族国家维持公共秩序的重要功能，民族国家自身无力解决这些难题，因此社会主义提上了21世纪的议程。

霍布斯鲍姆认为，民族国家的基本特征是现代性，在民族国家的意识形态中，现代主义居于主导和支配地位。现代主义意识形态面临后现代主义的挑战，霍布斯鲍姆对现代主义和后现代主义进行了激烈的批判，指出它们在本质上都是资产阶级的意识形态，从而与英国新马克思主义的其他学者一同担负起批判现代主义、批判资本主义的重要任务。

第五章　　民族国家的历史使命

社会主义的实现是以成熟完备的民族国家为基础的，民族国家的历史使命就是为社会主义做充足的准备。霍布斯鲍姆认为，帝国主义曾经是经济全球化的重要推动力，但同时也是民族国家由兴盛转向衰退的转折点，当前新帝国主义试图成为 21 世纪的政治模式，推动经济全球化的政治进程，但是新帝国主义与旧帝国主义一样都是暂时的现象，今日的经济全球化不是由单一的民族国家所主导的。作为民族国家的发展方向，社会主义越来越成为根本和唯一的政治力量，是替代民族国家的现实性政治模式和方案。①

---

① ［英］艾瑞克·霍布斯鲍姆：《霍布斯鲍姆看 21 世纪》，吴莉君译，69—70 页，北京，中信出版社，2010。

一、民族国家和经济全球化

在21世纪，民族国家仍然占据着世界的主导地位，但是经济全球化的迅猛发展使民族国家面临力量衰退、民族分离、贫富差距加大、公共失序等诸多难题，处于重大的历史转折点上，这些超国家和超民族的问题需要全球性的解决方案。作为资本主义国家中人们政治想象基本依托的民族国家和经济全球化的关系成为国际社会科学中的焦点问题，威廉·罗伯逊、艾伦·伍德、熊彼德、杰索普、沃森、大前研一等学者对此争论不休，各持己见，甚至观点完全相左。如威廉·罗伯逊认为经济全球化已经破坏了民族国家的积累路径，世界已经成为单一的全球体系。艾伦·伍德认为，资本主义取代了民族国家的经济功能，但不会导致民族国家的消亡。熊彼德认为经济全球化不断挑战民族国家的传统地位，但也为民族国家实现超国家的合作和协调拓展了空间。杰索普认为民族国家的力量没有衰退，只有凯恩斯的福利民族国家遭遇困境，民族国家能够通过自我调整来回应经济全球化的挑战。大前研一认为，民族国家将被城市国家所取代，如纽约和伦敦等国际城市将在经济全球化中寻求自身认同。沃森认为国家主权的消失并没有引起民族的消亡，反而建立了新兴的主权国家，这些新兴的主权国家又在建立新兴民族。

英国新马克思主义的重要代表霍布斯鲍姆和吉登斯都对民族国家和经济全球化的关系进行了论述，并得出截然不同的结论。吉登斯认为，"全球时代尽管已经来临，民族国家却并没有消失，而且将来也不可能消失"①，相反，正在成为一种更加普遍的形式。霍布斯鲍姆与以上学者所持的观点有着根本区别和本质不同，他关于民族国家与经济全球化关系的看法更具有科学性和整体性，原因在于他坚持经典马克思主义关于民族和世界历史之间相互依存、相互分离的关系，以及国家消亡的基本观点，认为民族国家将会逐渐趋向消亡，融入经济全球化的历史进程。

马克思和恩格斯在《共产党宣言》中论述了民族和世界历史之间相互依存、相互分离的关系，他们对这种关系的观点是从经济基础的维度提出来的：

> 资产阶级，由于开拓了世界市场，使一切国家的生产和消费都成为世界性的了。使反动派大为惋惜的是，资产阶级挖掉了工业脚下的民族基础……过去那种地方的和民族的自给自足和闭关自守状态，被各民族的各方面的互相往来和各方面的互相依赖所代替了。物质的生产是如此，精神的生产也是如此。各民族的精神产品成了公共的财产。民族的片面性和局限性日益成为不可能，于是由许多种民族的和地方的文学形成了一种世界的文学。
>
> ……………
>
> 资产阶级日甚一日地消灭生产资料、财产和人口的分散状态。它使人口密集起来，使生产资料集中起来，使财产聚集在少数人的

---

① ［英］安东尼·吉登斯：《全球时代的民族国家：吉登斯讲演录》，郭忠华编，13页，南京，江苏人民出版社，2010。

手里。由此必然产生的结果就是政治的集中。各自独立的、几乎只有同盟关系的、各有不同利益、不同法律、不同政府、不同关税的各个地区，现在已经结合为一个拥有统一的政府、统一的法律、统一的民族阶级利益和统一的关税的统一的民族。①

列宁 1913 年在《关于民族问题的批评意见》中进一步发展了马克思和恩格斯的理论，明确提出了民族国家与世界历史之间相互依赖、相互背离的关系，不仅从经济维度，而且开始从政治维度提出自己的看法："发展中的资本主义在民族问题上有两种历史趋势。民族生活和民族运动的觉醒，反对一切民族压迫的斗争，民族国家的建立，这是其一。各民族彼此间各种交往的发展和日益频繁，民族隔阂的消除，资本、一般经济生活、政治、科学等等的国际统一的形成，这是其二。"②

霍布斯鲍姆正是在继承经典马克思主义者的基本观点上，着重从政治维度提出了自己的独特见解。他认为，从经济方面来看，自 20 世纪末期开始，民族国家就已经失去作为国家经济的功能，全球已经成为基本的经济运作单位，民族国家的排他性、独立性与经济全球化的统一性互相矛盾。经济全球化在政治和权力领域所遭遇的障碍是最强的，因为到目前为止，当今世界只存在所谓的民族国家，从根本来说，世界并不是作为统一的政治单元而存在的，如联合国除了其成员所赋予的权力

---

① 《马克思恩格斯文集》第 2 卷，35—36 页，北京，人民出版社，2009。
② 《列宁全集》第 24 卷，129 页，北京，人民出版社，2017。

外，本身没有任何权力，因而联合国的政策可以被成员所破坏。虽然有些民族国家能够制定有全球影响的政策，或者建立全球性机构，但是能够发挥全球影响力的国家体系并不包括所有拥有政治主权的国家，而是只包括少数拥有强大经济或军事实力的民族国家，"这类国家的存在正是通往更深远的全球化道路上的主要障碍"[1]。经济全球化的基本经济结构日益从政治结构中分离出去，形成了世界市场。世界在现实上处于双重体系之中：民族国家的政治单位和跨国家的经济单元。两个体系通过诸如国际货币基金组织和世界银行的跨国经济机构建立联系。国际货币基金组织和世界银行两者虽然依赖于民族国家，确切地说是依赖于少数实力强大的民族国家，特别是美国，但其经济范围是全球性的。

霍布斯鲍姆认为，民族国家的经济与政治、权力和领土不同，已经推动了科学技术、语言、大众文化和消费模式的广泛发展。科学技术已经脱离了单一民族国家的控制，英语已经成为广泛使用的语言，科学技术通过英语影响着世界上的国家，如世界上不存在美国数学、英国物理学、罗马尼亚化学、黑人语言学等，只存在统一的数学、物理学、化学和语言学。因此霍布斯鲍姆认为经济全球化在科学技术和语言中遇到的障碍最小。统一的大众文化和消费模式也以惊人的速度覆盖了全球。大众文化首先在美国形成，并通过娱乐界的工业革命传播到各地，也就是说，大众随时都能接触到电视、广播、磁带、唱片和录像。足球运动的发展表现了民族国家和其他国家在文化中的冲突与互动。"在'文化'即

---

[1] ［英］艾瑞克·霍布斯鲍姆：《国家与全球化》，载《国外社会科学文摘》，1999(8)。

一种生活方式的人类学意义上,消费社会的模式作为二战后经济运作的结果,也在日益全球化。"①

综上所述,霍布斯鲍姆实际上是继承了经典马克思主义学者关于民族与世界历史相互依存、相互背离的基本理论,把民族国家和经济全球化看作相互依存、相互背离的关系。

二、帝国主义的终结

民族国家与经济全球化之间形成相互依存、相互背离的关系是一个长期的过程,在这个过程中,帝国主义一方面推动了民族国家的经济和科技的发展,使民族国家与经济全球化在经济上达成一致,相互依存;另一方面推动了民族国家的政治民主化,使上层建筑获得独立发展,导致民族国家和经济全球化在政治上相互排斥、相互分离。这种矛盾的关系使帝国主义成为民族国家由兴盛转向衰退的转折点和临界点,为了解决这种矛盾关系,新帝国主义试图成为21世纪的政治模式,今日的经济全球化不是由单一的民族国家所主导的,帝国主义和新帝国主义已经终结。

霍布斯鲍姆与列宁、大卫·哈维、汉娜·阿伦特在民族国家与帝国主义之间存在着对立统一关系的观点上达成了高度一致。列宁认为,民族主义、帝国主义在资本主义国家之间的竞争中起着至关重要的作用。

---

① [英]艾瑞克·霍布斯鲍姆:《国家与全球化》,载《国外社会科学文摘》,1999(8)。

大卫·哈维认为，民族国家与帝国主义之间存在着内在矛盾，但是"民族资本占据首要地位的帝国，其计划的背后调动起民族主义、侵略主义、爱国主义，尤其是种族主义——在此资本主义企业的范围与民族国家发挥作用的范围基本上实现了一致"①。正如汉娜·阿伦特所论述的，从理论上看，民族主义和帝国主义之间存在着鸿沟，但是"从实践来看，这个鸿沟可以并且已经被部落式的民族主义和彻底的种族主义所填满"②。霍布斯鲍姆在同意以上马克思主义学者的基本看法上，提出了自己独特的见解，他认为民族国家与帝国主义在经济上相互统一，并推动了民族国家的经济全球化进程，与此相反的是，帝国主义在政治上不但促使民族国家以"民族自决"的政治线索追求主权独立，成为经济全球化在政治方面的障碍，还成为社会主义政党的发展和政治运动的催化剂，表明民族国家的发展具有相对自主性，具体体现为上层建筑获得独立发展，与经济基础不相一致。

霍布斯鲍姆从经济层面分析帝国主义产生的根本原因，与马歇尔、汉娜·阿伦特、罗莎·卢森堡等学者相一致，但是在究竟资本主义经济领域的哪一方面是帝国主义的内驱力上，却各执一词，甚至意见完全相反。汉娜·阿伦特认为，资本主义国家的经济危机促使它采取了帝国主义的扩张方式，马克思所说的原始积累过程是帝国主义扩张的重要力量、持续力量。罗莎·卢森堡认为，工人阶级的消费能力大大低于资本主义的生产增长，这种消费不足使得帝国主义通过武力与非资本主义世

---

① [英]大卫·哈维：《新帝国主义》，初立忠、沈晓雷译，38页，北京，社会科学文献出版社，2009。

② H. Arendt, *Imperialism*, New York, Harcourt Brace Jovanovich, 1968, p. 32.

界进行贸易，与此相反，过度积累理论认为，营利性投资机会的缺乏才是帝国主义产生的根本原因所在。霍布斯鲍姆认为，尽管民族国家的全球性征服"愈来愈倚重科学与技术的向前推进"①，但是不会如穆勒所说会带来文明的跃升，实际上在这个时期，"文明进步的经济基础已经开始动摇"②，民族国家出现了经济危机，经济理论宗师马歇尔提出，经济危机产生的原因不是生产而是利润。如农业是受到利润下降的最显著行业，农产品价格暴跌引起了农民的反叛，商业面临通货紧缩、生产成本难以下降的困难。霍布斯鲍姆反驳这一观点，认为民族国家出现经济危机的原因不是利润，而是生产，帝国主义并不是为民族国家寻求资本利润的投资环境，而是寻求资本生产的扩张市场。民族国家发展所需要的原料在落后地区才能大量获取，如内燃机依靠的是石油和橡胶，石油的主要生产地是中东，橡胶主要出产在热带地区，锡主要出产在亚洲和南美洲，咖啡主要出产在巴西，硝酸盐主要出产在智利，肉类主要出产在乌拉圭，糖和雪茄主要出产在古巴，铜主要出产在智利、秘鲁、扎伊尔和赞比亚，黄金和钻石主要出产在南非。全球经济通过货物、金钱和人口的流动建立起来。民族国家的经济通过帝国主义渗透到各地，开始出现先进地区和落后地区的巨大差距，"工业技术是造成这种差距的主要原因，并在经济上和政治上得到强化"③。

霍布斯鲍姆认为，经济的全球化的关键在于民族国家的核心地带，

---

① ［英］艾瑞克・霍布斯鲍姆：《帝国的年代：1875—1914》，贾士蘅译，27页，南京，江苏人民出版社，1999。
② 同上书，28页。
③ 同上书，5页。

而且"愈来愈倾向于由'国家经济'所构成"①，如英国、德国、美国、法国、比利时、瑞士和捷克等。民族国家是国家经济存在的前提，即便是超国家的企业如国际金融，也都附属于国家经济。先进地区是国家经济的集合，推动了全球经济和技术的迅速发展，如汽车、计算机等，出现了分期付款的销售方式。先进地区也是国家经济的竞争地区。

从19世纪至20世纪中期，先进地区与落后地区的划分突出表现在欧洲和美洲以外的地区被瓜分成英国等资本主义国家的殖民地。它们在经济上存在着严重的不平等和不对称关系，先进地区对落后地区具有决定意义，后者对前者无足轻重，比如，美国对糖的进口及糖价能够决定古巴的经济，但是古巴把糖从市场上全部撤走，也不能影响美国的经济。在先进地区中，英国对殖民地的经济依存性最大，因为其经济霸权建立在海外市场和农产品基础之上，殖民地决定着英国的经济。但是霍布斯鲍姆认为，殖民地只是民族国家通过帝国主义进行全球性经济扩张的一个方面，殖民地对于英国具有重要性，对于其他国家则不同，如殖民地对于美国、德国和法国的经济意义不占主要方面，多数殖民地没有吸收民族国家的资本，也没有获得实际的经济效益。

在霍布斯鲍姆看来，列宁派的帝国主义观点是这样的："新兴帝国主义的经济乃是根植于资本主义的一个特殊新阶段，在这个新阶段中，

---

① [英]艾瑞克·霍布斯鲍姆：《帝国的年代：1875—1914》，贾士蘅译，38页，南京，江苏人民出版社，1999。

伟大的资本主义强权将世界瓜分成正式的殖民地和非正式的势力范围。而列强在瓜分过程中的竞争，便是酿成第一次世界大战的原因。"① 反列宁主义者排斥帝国主义的经济解释，致力于心理、意识形态、文化和政治解释。汉娜·阿伦特认为，19世纪末的帝国主义是"资产阶级取得政治统治权的第一个阶段，而非资本主义的最终阶段"②。霍布森认为，帝国主义是由经济和政治两个因素促成的，并且需要实施社会民主政策来解决。大卫·哈维认为，研究帝国主义必须考虑资本主义国家的政治因素，如阶级斗争和阶级联盟。霍布斯鲍姆认同经济对于帝国主义具有重要意义，但是经济并不能解释帝国主义的所有关系，与帝国主义紧密相关的还有政治和文化因素，帝国主义占取殖民地的经济动机必须在民族国家的政治协助下运作，比如，由于政治原因，亚洲和美洲存在已被美国门罗主义冻结的殖民地，其他民族国家则不能瓜分。

罗莎·卢森堡和大卫·哈维认为，帝国主义的殖民地扩张有助于资本主义体系的稳定。霍布斯鲍姆却持有完全相反的观点，他认为帝国主义的殖民地扩张推动了民族国家的政治民主化，而政治民主化使民族国家的上层建筑获得独立发展，对经济基础产生了强大的反作用，从根本上动摇了民族国家的资本主义秩序和体系，民族国家开始由兴盛转向衰退。帝国主义的殖民地扩张给民族国家的工人阶级带来的并不是经济利益，而是政治利益，民族国家通过政治民主化使工人阶级认同帝国主义的合理性与合法性，换句话说，帝国主义就是将民族国家的资产阶级和

---

① [英]艾瑞克·霍布斯鲍姆：《帝国的年代：1875—1914》，贾士蘅译，66页，南京，江苏人民出版社，1999。

② H. Arendt, *Imperialism*, New York, Harcourt Brace Jovanovich, 1968, p. 22.

工人阶级共同作为殖民地的统治者，是他们团结在一起的政治黏合剂，因帝国主义的殖民地扩张而产生的社会改革能够减轻工人阶级的不满情绪。

霍布斯鲍姆认为，政治民主化的两个重要后果就是民族国家和社会主义相对于经济基础开始独立发展，民族国家推动了经济全球化的经济发展，却逐渐成为经济全球化的最大障碍，而社会主义作为民族国家的发展方向，越来越成为唯一和根本的政治力量。

1789年法国大革命的《人权宣言》和1793年雅各宾共和国的第一部民主宪法成为当时建立民族国家的两个民族原则，依据人民（民族）的利益和意愿建立民族国家，但是实际上依此原则建立起来的民族国家实行的是自由主义的立宪政体，而不是民主政体，从根本上说代表着资产阶级的利益。帝国主义推动的政治民主化使选举能够充分动员人民的民族情绪，民族国家在1880—1914年的内涵发生了很大的转变，表现为民族自决代替民族原则成为建立独立国家的政治观念。依据民族自决观念建立的民族国家与依据民族原则建立的民族国家不同，实行的是自由主义和民主主义相结合的代议民主制（直接民主制在拥有领土的民族国家实际上行不通）。19世纪80年代大多数民族国家实行的是君主立宪政体，只有瑞士、法国、美国和丹麦实行代议民主制的政体。实行自由主义和民主主义相结合的代议民主制政体的民族国家，是独立和统一的政治实体，具有明确的领土范围，由公民组成（公民指在领土之内享有基本法律和政治权利的居民集合体），对公民进行直接和全面的政治控制。在这个时期资产阶级发现非理性因素在统治中的重要作用，民族国家作为"被发明的传统"开始大规模出现，通过自上而下的方式来灌输资产阶级的意识形态，使公民以同意的方式来接受统治，如以国庆假日、国歌、国旗等来传播民族的政治意义，并推行官方语言，扩大小学教育，使语言成为界定民族的重要条件。1914—1950年，民族国家的发展达到高潮，民族认同等于国家认同的观念在欧洲普遍存在，欧洲基本上是由实行自由民主的民族国家构成的。民族国家的上层建筑相对于经济基础来说获得独立发展，逐渐成为经济全球化在政治上的强大障碍，经济全球化本质上是政治问题。

霍布斯鲍姆认为，政治民主化的发展是自由主义进步不可避免的产物，范围扩大到民族国家的工人阶级，包括女性，动摇了资产阶级的政治权力和政治地位。资产阶级的政治支配力量开始崩溃，工人阶级作为选民的主体迅速发展，已经在明确的阶级意识上进行大规模和有组织的社会主义运动，以马克思主义作为指导思想对抗资本主义，威胁到民族国家的资本主义秩序和体系。资产阶级针对社会主义运动进行社会改革和增加福利，以此来缓解人民群众的不满情绪。

马克思告诉社会主义者，工人无祖国，只有一个阶级，在霍布斯鲍姆看来，通过阶级意识来团结工人阶级是有效方法，民族国家的政治、法律和领土等决定了阶级意识形成的具体条件，是社会主义运动的根据地。阶级意识的形成不仅表现为有组织的工人运动，包括工会等，还表现在非政治性的阶级认同上，比如生活经验、生活方式和社会活动，具体来说就是足球运动等。霍布斯鲍姆认为，工人阶级只有进入阶级组织才能成为历史的创造者，反过来，阶级组织的生活方式、行为模式所表现的阶级意识就是工人阶级的历史。女性解放是人类普遍解放运动中的一部分，是社会主义运动的诉求之一，社会主义吸引了女性，女性开始追求平等。虽然女性解放运动仅限于资产阶级，女性参政也没有重大发展，但是得到新兴工人阶级政党的强烈支持。社会主义逐渐成为唯一和根本的政治力量，成为代替民族国家的全球政治模式。

霍布斯鲍姆认为，帝国主义不仅是经济和政治现象，也是文化现象。民族国家以征服的形式改变了殖民地统治阶级的意识形态，使他们接受西式教育，影响了殖民地。殖民地的人民同时探究自己与民族国家的差异。帝国主义时代的文化包含了民族国家和社会主义两种政治因素。比如，维尔德将民族国家的主流意识形态，即现代主义带入德国建筑，尼采成为现代主义的代表等。左翼政治革命分子萧伯纳、奥地利社会主义领袖阿德勒、俄国马克思主义先驱普列汉诺夫认为文化现象包含社会主义因素。霍布斯鲍姆认为这个时期的文化现象与社会主义紧密相连，尤其是大众文化通过科技手段迅速发展，如电影。政治因素对于自然科学的发展很重要，如细菌学和免疫学发展的原动力来自帝国主义，因为热带疾病抑制了殖民地的扩张活动。资产阶级文化受到大众文化的冲击，呈现出普遍的悲观主义倾向，大众文化的普遍存在说明经济全球化在文化方面的障碍较小。

20世纪上半叶的马克思主义者，大力抨击帝国主义积极强化民族国家的工业垄断地位，刻意延续殖民地落后状态的做法。但是霍布斯鲍姆认为，帝国主义主观上要促进其殖民地的工业化进程，客观上却受到民族国家的经济，尤其是交通和通信技术发展不成熟的制约，因此真正应该谴责和批评的是帝国主义在民族国家内部实行政治民主化，在殖民地实行独裁统治，加深了两者之间的对抗，最重要的后果是，帝国主义的殖民地扩张遭遇了十月革命的障碍，因此1929—1933年的经济危机成为反帝国主义及第三世界争取解放运动的一个重要分水岭，各殖民地纷纷争取主权独立。旧有殖民体系在亚洲首先宣告破产，到了1950年，除印度尼西亚外，亚洲各国的殖民地统治已宣告结束。到了1970年，除非洲中部和南部外已经没有殖民地的存在，以有形殖民统治为特征的帝国主义已经终结。大卫·哈维和汉娜·阿伦特在帝国终结的论断上与霍布斯鲍姆的看法相同：1870—1945年，通过民族主义在国内推行法西斯主义，在国外推行军国主义的以国家为基础的帝国主义已经逐步消亡。

霍布斯鲍姆认为，帝国主义是民族国家发展的最高点和转折点，已经为社会主义做好了充足准备，民族国家已经属于历史的陈迹，正如他在《帝国的年代》这本书的序言中说："要了解和解释19世纪以及其在历史上的地位，了解和解释一个在革命性转型过程中的世界，在过去的土壤上追溯我们现代的根源；或者更为重要的，视过去为一个凝聚的整体，而非许多单独题目的集合，如国别史、政治史、经济史、文化史等等的集合。"[①]

迈克尔·哈特与安东尼奥·奈格里合著的《帝国》的出版以及引发的争论，表明新帝国主义具有完全不同于传统左翼霍布森、希法亨、列宁、卢森堡等学者所论述的帝国主义，霍布斯鲍姆同意这一观点，认为以美国霸权为代表的新帝国主义与以英国霸权为代表的帝国主义完全不同，美国比英国拥有更为庞大的领土，英国以民族利益建立霸权，美国

---

① ［英］艾瑞克·霍布斯鲍姆：《帝国的年代：1875—1914》，贾士蘅译，序言2页，南京，江苏人民出版社，1999。

以"普世"价值建立霸权。英国与美国最根本的差异是，英国追求的是经济利益，其全球征服依赖的是经济霸权，美国则试图依赖政治霸权建立全球秩序，而且它对20世纪全球经济发展的影响都是由其政治所支撑的，如欧洲的马歇尔计划，占领日本期间的土地改革等。《纽约时报》的专栏作家迈克尔·伊格纳季耶夫断言："美国所有的反恐战争都是帝国主义的演习。这或许会让美国人震惊，因为他们不愿意将他们的国家看成是一个帝国。但是在美国将大批士兵、间谍和特种部队派驻世界各地的情况下，你还能称它为什么呢？"[1]亨利·卢斯1941年在《生活》杂志发表了著名的《美国世纪》的文章，认为文化帝国主义是美国维护霸权的有效武器，比如，流行音乐、电影、文化形态等。霍布斯鲍姆认为今日的复杂世界不是由单一民族国家所能主导的，美国只具备高科技武器方面的军事优势，政治优势也只剩下文化的世界主导权和英语的强势地位。

《华尔街日报》的编辑马克斯·布特声称："美帝国主义可能是对付恐怖主义最好的一剂良药。"[2]保守派历史学家尼尔·弗格森认为美国应该开展金元外交，完成从非正式帝国向正式帝国的转变。美国总统布什在《纽约时报》发表专门阐述新帝国主义的文章，表明希望美国成为新的帝国："我们将以无与伦比的力量和影响，建立国际秩序和开放的环境，使众多的国家能在这种环境中蓬勃向前，实现自由的繁荣。一个自由与日俱增的和平世界符合美国的长远利益，反映了美国经久不衰的理想，

---

[1] M. Ignatieff,"The Burden,"*New York Times*，2003(5).

[2] 转引自[英]大卫·哈维：《新帝国主义》，初立忠、沈晓雷译，3页，北京，社会科学文献出版社，2009。

使美国的盟友团结一致……我们追求公正的和平。"①霍布斯鲍姆认为对于国际政治而言，美国依然是帝国主义的强权，但是美国霸权带来的不是全球秩序而是失序，不是和平而是冲突，因此应该恢复合理的外交政策。美国霸权不符合社会历史发展的客观趋势，不具有强大的生命力和远大的发展前途，它与以往所有的帝国主义一样都是短暂的历史现象，其本质原因在于大多数美国人民对经营全球霸权没有兴趣，他们更为关注美国的经济衰落。

列宁的民族主义理论主张把革命运动和民族主义运动联系起来，把马克思主义者转变为民族主义运动的领导，这扩大了民族主义的范围，促进了革命运动的发展。②但是霍布斯鲍姆认为，这种理论存在着事实上的弊端，马克思主义者在民族主义运动中通常附属于非马克思主义者，甚至遭到排斥，只在少数情况下成为民族主义运动的领导力量。他还认为列宁的民族主义理论不能够解决当前的问题，首先，民族国家面临的是民族分离问题，而不是民族创建问题，包括最早的民族国家，如英国、法国、西班牙和瑞士。其次，民族国家具有领土，因此新民族主义的目标不是建立独立的政治国家。最后，民族国家与社会主义的关系发生了深刻的变化，民族国家的力量衰退，社会主义成为民族国家的现实性替代方案。

---

① 转引自[英]大卫·哈维：《新帝国主义》，初立忠、沈晓雷译，4页，北京，社会科学文献出版社，2009。

② Eric Hobsbawm, *Politics for a Rational Left*, New York, Verso, 1989, pp. 126-168.

三、社会主义的旨归

"哲学家们只是用不同的方式解释世界,问题在于改变世界。"①霍布斯鲍姆的民族国家思想不仅仅在于解释民族国家,还要改变民族国家。虽然霍布斯鲍姆自己没有对社会主义进行体系化、专门化的论述,但是从他对民族国家的分析和批判来看,社会主义是民族国家发展的方向,因此霍布斯鲍姆的民族国家思想内在地蕴含着他对社会主义的观点。霍布斯鲍姆还通过对民族国家中的英国、法国、意大利和德国的社会主义运动的分析,对苏联社会主义的辩证看待及对中国特色社会主义的长期存在和改革开放的认可,严肃和重新考虑了社会主义的基本原则、价值基础、实现途径、人民主权和最终目标的问题,形成了现实性的社会主义方案。

在霍布斯鲍姆看来,社会主义的基本原则是正义、平等和自由,正义的准则就是要优先观照普通人民,平等意味着社会权力的重新分配,尽管普遍平等可能会由于缺少刺激而导致经济增长缓慢,但是对于社会主义发展的作用仍然是无可争议的。②马克思认为在社会主义中,每个人的自由发展是一切人的自由发展的条件,③霍布斯鲍姆完全赞同马克思的观点:"在'现在'和无法预测的'发展过程中',存在一种联合体,'在那里,每个人的自由发展是一切人的自由发展的条件',这种联合体

---

① 《马克思恩格斯文集》第 1 卷,502 页,北京,人民出版社,2009。
② Eric Hobsbawm, *Politics for a Rational Left*, New York, Verso, 1989, pp. 218-226.
③ 《马克思恩格斯文集》第 2 卷,56 页,北京,人民出版社,2009。

存在于政治活动领域。"①

(一)集体主义的价值观

民族国家实行自由主义和民主主义相结合的政体,其基本立场是自由主义,自由主义的价值基础是个人主义,社会主义的本义就是与个人主义相对立的集体主义,那么由此可以看出,在霍布斯鲍姆的现实性社会主义方案中,实现社会主义就要回归集体主义的价值观。

社会主义是智力的产物,是人类自18世纪末以来标明改变社会的名称、模式和标记。霍布斯鲍姆认为,社会主义的原初意义既没有政治蕴含,也不指社会组织生产、分配和交换的特定方式。它的对立面不是民族国家,而是个人主义。个人主义社会的基础是竞争、市场,社会主义社会的核心则是合作、团结。社会主义所涉范围非常广泛,从为了社会安全利益而对自由放任政策稍加限制,到完全没有私有制或货币的共产主义社会。1917年的十月革命,使社会主义成为颠倒的民族国家,成为社会组织生产、分配和交换的特定方式。现在个人主义的价值基础与民族国家的逻辑完全相适应,但它并不符合经济全球化的发展需要,民族国家追求极端的个人主义,"损害和败坏了组成社会的人与人之间的关系,造成了道德真空,除了眼前的个人需要之外,一切都微不足道"②,

---

① [英]埃里克·霍布斯鲍姆:《史学家——历史神话的终结者》,马俊亚、郭英剑译,341页,上海,上海人民出版社,2002。
② [英]艾瑞克·霍布斯鲍姆:《摆脱困境——社会主义仍然富有生命力》,载《现代外国哲学社会科学文摘》,1992(1)。

"个人主义社会的高度发展,影响到集体价值观的衰落"①。因此,应该使社会主义回归到原初的集体价值观的本义上,与极端的个人主义截然对立。

在霍布斯鲍姆看来,马克思阐述的社会主义理论,应了 18 世纪末欧洲社会与政治的变化,而"社会主义批判的世界,即资本主义世界,是会转化的"②,社会主义处于形成政治力量的动态过程中,因此,判断社会主义理论成败的标准是能否顺应当代世界的事实,如同恩格斯所说,"所谓'社会主义社会'不是一种一成不变的东西,而应当和任何其他社会制度一样,把它看成是经常变化和改革的社会"③。社会主义最初只是派生于"社会"一词,表征人在本性上是社会和群居的生物,19 世纪 30 年代,社会主义从英国和法国(双元革命的发生地)向外传播,在英国被称为"合作"或"合作社";在法国被称为"集体"或"集产",后来成为"集体主义",并以"互助论"而知名。与共产主义不同,社会主义在此时没有政治的含义,它主要是自愿建立的团体。因此,20 世纪之前,社会主义就是集体主义的这种原始含义始终保持着中心地位。19 世纪 80 年代,社会主义通过合作社或自愿联合、集体行动的形式而建立,工人运动追随了雅各宾派的民主传统,马克思主义者走上了集体政治行动的道路。自此,社会主义与夺取国家政权联系了起来,但是它仍然不

---

① [英]艾瑞克·霍布斯鲍姆、[意]安东尼奥·波立陶:《霍布斯鲍姆:新千年访谈录》,殷雄、田培义译,177 页,北京,新华出版社,2001。
② [美]约翰·麦克里兰:《西方政治思想史》,彭淮栋译,594 页,海口,海南出版社,2003。
③ 《马克思恩格斯文集》第 10 卷,588 页,北京,人民出版社,2009。

是社会组织的特定方式。

　　第一次世界大战之前的社会主义思想主要是对资本主义的批评，社会主义发展的历史新纪元开始于1917年10月苏联布尔什维克的胜利，至此社会主义的真正内容成为颠倒的民族国家，成为社会组织生产、分配和交换的特定方式。十月革命的重大意义在于，它第一次在历史上建立社会主义秩序，第一个拥有共产党的政权，霍布斯鲍姆在《极端的年代》中提出："十月革命，建立了人类史上第一个社会主义国度与社会，不但为世界带来历史性的分野，而且也在马克思学说与社会主义的政治之间，划下一道界线。……十月革命之后，社会主义人士的策略与视野改变了，开始着眼于政治实践，而非徒穷于对资本主义的研究。"①

　　苏联吸取了两次世界大战的经验，发展了适用于落后国家的国有化和快速工业化计划，其他国家的社会主义政权纷纷效仿。20世纪30年代后，苏联类型的经济、早期工业化时期的社会主义模式，已经显示出重大缺点。因此出现了大量对社会主义的重新思考：社会主义不应该等同于完全的国家计划经济，国家控制和中央计划也不是社会主义的专有性质。恩格斯曾指出："如果我们从股份公司进而来看那支配着和垄断着整个工业部门的托拉斯，那末，那里不仅私人生产停止了，而且无计划性也没有了。"②1917年，列宁再次强调了恩格斯的这个观点，并指出："现在资本主义正直接向它更高的、有计划的形式转变。"③社会主

---

　　① ［英］艾瑞克·霍布斯鲍姆：《极端的年代：1914—1991》下，郑明萱译，457页，南京，江苏人民出版社，1998。
　　② 《马克思恩格斯全集》第22卷，270页，北京，人民出版社，1965。
　　③ 《列宁全集》第29卷，436页，北京，人民出版社，1985。

义开始允许其他所有制形式、集体所有制企业及私人所有制企业并存，霍布斯鲍姆认为，从社会主义国家的经验看来，完全无市场的社会主义是荒谬的，甚至是一个灾难，只能作为非常时刻的暂时策略。①

在20世纪工业化取得重大成功的日本、韩国和中国，并不是基于割断公司与工人之间的纽带而取得的。霍布斯鲍姆认为，只要生产过程还需要人力，就不可能消除人们的满足感与动机的重要性，就会具有忠于家庭、社会、公司与国家的集体荣誉感。但是左翼的统一价值观不再是集体主义而是个人主义，让人们参与集体行动越来越难了。要实现社会主义，就必须使左翼的价值观回归集体主义，增强人民群众的集体观念，进行集体行动，追求集体利益。

(二)适合生产力发展的社会制度

利格曼对历史的经济解释仅仅是关于已经发生的事情的理论，把社会主义看作应该如此的理论。霍布斯鲍姆对民族国家不仅仅是从经济上进行解释，更重要的是证明了社会主义是适合生产力发展的社会制度，实现社会主义就要发展现实的生产力。

马克思主义的强大生命力"在于既始终坚持社会结构的实际存在，又坚持社会结构的历史性，亦即重视社会变迁的内在动力"②。社会发展理论必须以生产方式的分析为起点，社会物质生产力具有向前发展的

---

① Eric Hobsbawm, *Politics for a Rational Left*, New York, Verso, 1989, pp. 218-226.

② [英]埃里克·霍布斯鲍姆：《史学家——历史神话的终结者》，马俊亚、郭英剑译，170页，上海，上海人民出版社，2002。

必然进步的趋势,与现存的生产关系及其相对固定的上层建筑发生矛盾,使生产关系和上层建筑让步。霍布斯鲍姆在《史学家——历史神话的终结者》的序言中说:"仅仅因为我们赞成社会主义而欣然拥戴这种预测是毫无助益的,但科学社会主义并非虚无缥缈的主观臆想,而是马克思以深邃的洞察力发现的某些人类基本的发展趋势。"①社会主义的经济体制并不只是应该比民族国家运行得更好,霍布斯鲍姆认为自1918年君主制覆灭以来,在某种程度上,"布尔什维克主义将一个庞大而落后的国家政权,转变成超级强国"②,并把苏联带上了国际强国的地位及其威望的顶峰。

霍布斯鲍姆认为,苏联的经济发展方案,即国家统筹、中央计划之下,超高速发展现代化工业社会的各项基本建设,尤其适合缺乏私有资本和私人企业的国家。苏联经济增长迅速,胜过日本以外的所有国家,经济发展使苏联的社会主义体制赐予大众教育,使文盲普遍的国家向现代化转变。

霍布斯鲍姆认为,由于苏联的社会主义实践是用以解决落后国家的特殊状况,是特定历史场合下的特定反应,并非取代民族国家,尤其是苏联社会主义的困境,并不表示其他形式的社会主义便不可行。中国的社会主义,事实上绝不是苏联社会主义的卫星集团,经过毛泽东时期的经济建设,中国人民的平均寿命上升,死亡率则持续下降。20世纪七

---

① [英]埃里克·霍布斯鲍姆:《史学家——历史神话的终结者》,马俊亚、郭英剑译,序言6页,上海,上海人民出版社,2002。
② [英]艾瑞克·霍布斯鲍姆:《趣味横生的时光——我的20世纪人生》,周全译,245页,北京,中信出版社,2010。

八十年代，邓小平实行改革开放的政策，取得举世瞩目的经济成果。霍布斯鲍姆在接受 2010 年《新左翼评论》的采访时认为，中国现在处于社会主义经济发展的初级阶段，但具有巨大的发展空间，二三十年后在政治和经济上会拥有更加重要的国际地位，共产主义思潮将来会再度兴起；在 2012 年接受《环球时报》的采访时指出，中国的崛起降低了 21 世纪全球战争的风险，具有重要的经济和政治意义，在接受张维为、陈平的采访时把中国视为解决贫困问题的正面例子，工业化发展迅速，经济增长模式独特，生产力尤其是农业生产力高得惊人。

20 世纪全面实行中央计划经济的社会主义，并不是社会主义成功的良方，资本主义市场有种种不公，且无法对经济增长做出贡献，[①] 社会主义市场经济优于资本主义市场经济，但这种优越性只是相对的，不能完全满足马克思的分配正义的需求，因为市场即使是社会主义性质的市场也是一种掠夺机制，正如阿尔伯特·爱因斯坦所说，社会主义是克服和超越人类发展的掠夺企图的阶段。霍布斯鲍姆认为，世界的问题不能由自由市场来解决，也不能由社会民主主义（如瑞典和奥地利）和市场经济来解决。

从第二次世界大战中产生并且保持历史上最高增长速度的民族国家的经济，并不是纯粹的市场经济，而是带有大量公有成分和相当程度的政府计划的混合经济，作为社会主义经济典范的计划经济和公有制经济被民族国家体制所同化和吸收，社会主义则试图采用被视作典型的资本

---

① ［英］艾瑞克·霍布斯鲍姆：《极端的年代：1914—1991》下，郑明萱译，614 页，南京，江苏人民出版社，1998。

主义因素的市场经济。社会主义的结构标准削弱，与民族国家的界限日益模糊。霍布斯鲍姆认为两种制度的本质区别在于市场是作为经济效率的指南还是作为经济资源分配的唯一机制，后者必然产生人和人之间的不平等，恶化生产关系，扩大民族国家和落后国家之间的差距。这种民族国家发展的后果有助于我们说明21世纪的社会主义议程。民族国家把自由市场作为分配经济资源的唯一机制，是造成世界不平等的主要原因，社会主义不能完全没有市场，而应把市场作为经济效率的指南，从而实现社会主义的公平，"今天，这一目标意味着经济发展所产生的巨大财富被国家与公共权力机构重新分配"[①]。

(三)社会主义民主的发展趋势

民族国家的国体是资产阶级掌握政权，居于统治地位，政体是自由民主，具体的表现形式是代议民主制，自由民主发展的必然趋势是社会主义民主。社会主义的国体就是人民群众掌握政权，居于统治地位，具体来说，社会主义民主就是要实现人民主权。

马克思重视普选权的重要作用，但是没有把普选权视为能够改变政治制度的根本原因。马克思对于资产阶级民主的批判主要指向其阶级性质，但是也没有进行全面的否定，他指出，资产阶级民主的高度发展为民主的进一步发展提供了可能性和必要性。民主共和国、普选权和代议制并没有完全等同于资产阶级民主，也可以视为社会主义民主的范畴。

---

① [英]艾瑞克·霍布斯鲍姆、[意]安东尼奥·波立陶：《霍布斯鲍姆：新千年访谈录》，殷雄、田培义译，序言4页，北京，新华出版社，2001。

恩格斯在阐述无产阶级平等观时说道："无产阶级抓住了资产阶级的话柄：平等应当不仅是表面的，不仅在国家的领域中实行，它还应当是实际的，还应当在社会的、经济的领域中实行。"[1]平等的政治原则必然导向对政治民主化的追求，但在现实的民族国家中不可能实行真正意义上的直接民主制。基于此，自由主义者认为代议民主制是在民主体制下保证资产阶级统治地位的最佳选择，但是平等和自由之间存在难以调和的矛盾："政治上的平等必然要求民主，经济上的平等则将导致社会主义。真正要求平等和民主的，实际上是社会主义者。"[2]霍布斯鲍姆的民族国家思想在继承经典马克思主义学者这一基本观点的基础上，运用经验主义的证明法，以双元革命为起点，描述了民族国家的自由民主为社会主义民主提供必要性与可能性的历史过程，并进一步认为现在的自由民主遭遇困境，其理性与人性的设定陷入危机，这更加证明社会主义民主才是具有平等性的民主，也是自由民主向前发展的必然趋势。

在霍布斯鲍姆看来，法国（民族国家的政治模式）大革命的关键时段和独特之处是雅各宾时期，雅各宾派愿意继续革命，直至或真正濒临反资产阶级革命之时止。法国大革命给予人民的抱负、经验、方法和道德观念被称为雅各宾意识，与无产阶级意识（发生双元革命的英法两国在1815—1848年形成了全面改造社会的集体意识）强有力地结合在一起，并且互相补充。霍布斯鲍姆认为雅各宾时期与民族国家的关系是模棱两可的，一方面，热月政变以后，首先出现的是资产阶级社会，雅各宾时

---

[1] 《马克思恩格斯选集》第3卷，448页，北京，人民出版社，1995。
[2] 唐士其：《西方政治思想史》，273页，北京，北京大学出版社，2008。

期为民族国家(市民国家)的运行提供了自由领域;另一方面,随着资产阶级革命的到来,在雅各宾时期后,提供了一个超越民族国家政权的可能性,即无产阶级专政。①

法国大革命是真正的群众性革命,引进了左翼的、反民族国家的思想,是所有革命运动的榜样,其教训融入了现代社会主义之中,社会主义则以理性、科学和进步为基础,再造了法国大革命的真理。19世纪30年代早期,在双元革命的英国和法国这两个民族国家中,已经形成了工人阶级的阶级意识,民族国家有了社会主义民主革命的基础。

霍布斯鲍姆认为1848—1875年,从英国工业垄断的单一民族国家的自由时代进入各民族国家工业经济竞争的后自由主义时代,新的政治格局正在形成:一是独立的工人阶级政党和运动带有社会主义倾向;二是反自由主义政党出现;三是民族独立运动出现从自由主义转向社会主义的倾向。从总体上说,民族国家还是会以自由主义的形式继续下去。新生无产阶级在政治领域异军突起,作为民族国家基本政治意识的自由主义无力从理论上防止群众信念的传播成为无产阶级发展的政治必要条件。

19世纪60年代,民主主义进一步发展,使人民参政权的范围明显扩张,民族国家应允人民群众的部分要求,实行议会制度的英国等民族国家的选举权进一步发展,如1867年英国的《改革法案》使工人阶级拥有了实际上的选举权,非议会制的君主国家如法国的拿破仑三世政府加快了管理制度的自由化。自由主义与民族主义、民主主义紧密相连,由

---

① Eric Hobsbawm, *The History of Marxism*, Brighton, The Harvester Press, 1982, p. 233.

于民族主义发展成群众运动，激进的民族主义者认为民族主义和民主主义是同一种历史力量，但是霍布斯鲍姆认为尽管新兴工人阶级引发高于民族利益的运动，但由农民等普通人民组成的社会团体实际上仍未受民族主义的影响。工人阶级与社会主义的国际团结密不可分，马克思在伦敦成立了国际工人协会即第一国际，这是选举改革和国际团结运动相结合的产物，是英法工会领导人和欧洲大陆革命成员相结合的结果，他们在思想领域的斗争瓦解了第一国际，但马克思的思想取得了事实上的胜利。

民族国家开始注意到工人阶级兴起的问题，认真考虑社会改革的必要性。1872年的社会政策学会提倡用社会改革代替马克思主义的阶级斗争，因为社会主义与共产主义不一样，国有经济和社会改革都可以是社会主义。从政治角度来看，工人运动、社会主义和马克思主义一致，国际工人协会最具意义的成就是使工人阶级具有独立性和社会主义性质。马克思和国际工人协会没有把即刻革命列入议程，而是为长远目标进行工作。从1870年起，马克思开始把希望寄托在俄国身上。霍布斯鲍姆认为19世纪60年代的革命具有两个重要的意义：一是从此以后，世界上出现了有组织的、独立的、社会主义的群众性工人运动；二是前马克思主义的社会主义左派影响力，已经大大削弱了，结果是使日后的政治结构发生了永久性的变革。比如，德国社会主义者的选票在短期挫折后不可抗拒的上升，使资产阶级难以应付这种政治结构。19世纪70年代初期，民族国家的经济和社会秩序的发展推动了自由主义理论的发展，但到了70年代末期，经济和社会发展已不再一帆风顺。

自由主义的理论和价值观点在整个19世纪不断进步，新兴的民主主义运动和社会主义的劳工运动对此有着同样的热情。1914—1918年，第一次世界大战爆发，民主主义进一步发展，但是霍布斯鲍姆认为，1880—1914年的民族国家的政治民主化是迈向社会主义民主的关节点。自第一次世界大战以后，民主主义发展的步伐加快，开始挑战自由主义价值观。自由主义的政治制度开始快速消退，1918—1931年唯一不间断并有效行使自由民主政体的民族国家只有英国、芬兰、爱尔兰、瑞典和瑞士。共产主义被视作1945—1989年自由主义的最大对立面，霍布斯鲍姆则认为自由主义的敌人是：老派的独裁者或保守人士、国家统治组织化的保守政权、法西斯主义。霍布斯鲍姆认为自由民主的政体出现衰退现象的最根本原因在于，民族国家的经济情况无法保证自由民主存在的条件，更无法发挥其功效。

霍布斯鲍姆认为民主政治是人民群众的政治，人民群众是非特权阶级，特权阶级和非特权阶级的利害关系不同，这是19世纪自由主义的基本困境。自1870年后，民族国家的政治民主化趋势在所难免，人民群众走向政治舞台，必然主张人民主权的社会主义民主。政治的民主与资本主义结合的稳定性局限在西方少数几个发达的民族国家中。20世纪是民族国家的自由主义价值和制度解体的年代。

(四)根本的政治力量

马克思把社会看作一种人与人之间关系的体系，也就是以"生产和再生产的目的为主的关系体系对马克思来说至关重要"[1]。民族国家的

---

[1] [英]埃里克·霍布斯鲍姆：《史学家——历史神话的终结者》，马俊亚、郭英剑译，170页，上海，上海人民出版社，2002。

经济实现了全球性的增长，扩大了工业化的范围，但是由于没有考虑道德、伦理和社会正义，不能合理配置资源，造成了严重的经济和政治问题，因为融到民族国家发展中的不平等既有经济利益的不平等，也有政治权力的不平等。社会主义对资产阶级的经济和政治地位的威胁令其感到害怕。如马克思笔下所述，在社会、制度及意识形态的超结构下，"原本是生产力的力量，反而转变成生产力的桎梏——再也没有比社会主义革命更清楚明白的实例了。于是依此理论发动的'社会革命时期'，它的第一项结局便是旧系统的解体"①。

民族国家的社会主义革命道路障碍重重，两次世界大战和经济衰落，都没有从根本上撼动民族国家政权的社会基础，其劳工运动总是处于倾覆的危险中。但是霍布斯鲍姆认为共产党作为社会主义革命的引擎，是马克思主义的先锋政党，是训练有素的职业革命者，是20世纪最强大的政治发明，在民族国家具有远远超越自身规模的影响下，社会主义统治着世界上三分之一的人口，使民族国家不可能强迫所有国家都走资本主义道路。

民族国家的共产党员规模小，他们的劳力和心理在社会中处于劣势，受教育程度不容乐观。

但是，霍布斯鲍姆认为民族国家的共产党产生了远远超越自身规模的非凡影响力，布尔什维克制度使民族国家的共产党成为最有效的革命组织。法国具有欧洲革命的传统，其共产党在民族国家中规模较大，是

---

① ［英］艾瑞克·霍布斯鲍姆：《极端的年代：1914—1991》下，郑明萱译，737页，南京，江苏人民出版社，1998。

左派的主要力量。但是法国的社会主义运动没有完全进入政治领域，与英国相比，1917年对苏联革命的反应非常弱，其劳工运动在1914年到1920年遭遇重大失败。社会主义者致力于社会主义政府的选举，但是社会主义从来没有争取到大多数人民的支持，通过选举建立社会主义的可能性很小，极端左派在民族国家进行社会主义革命遭遇困境，社会主义改革的道路暂时受到阻碍。克里格尔认为，早期法国社会主义潮流和规划的破产是不可避免的。① 但是霍布斯鲍姆认为，法国的社会主义政党所具有的独特品质启示了新的社会主义道路：既不能通过选举和逐渐改革走向社会主义，也不能退化到社会和经济的保守主义。

1914年第一次世界大战爆发，社会主义者认定"不断爆发的战争和衰退必定会渐渐削弱资本主义的力量"②，不支持本国战争，想变帝国主义战争为社会主义革命。共产国际在1927—1934年主张法西斯是邪恶民族国家的穷途末路，是资本主义秩序的崩溃，让其走完短暂之路，然后在苏维埃领导之下收拾残局，在此期间民族国家的社会主义运动跌入低潮。

1934年7月，共产国际接受新的反法西斯团体战线，推动社会主义运动。意大利共产党在反法西斯组织的移民中发挥了最积极的作用，如在1936年的移民中，4000—5000人的有组织的社会主义者，600苏联共产党成员和大约100人的无政府主义者，还有大约50万意大利工人，

---

① Eric Hobsbawm, *Revolutionaries*, New York, Pantheon Books, pp. 16-24.
② ［美］乔治·萨拜因：《政治学说史》下卷，邓正来译，524页，上海，上海人民出版社，2010。

他们是共产党的基础。①

1918年，德国共产党对抗正统的民族国家。1920年德国共产党同独立社会民主党左翼联合为德国统一共产党。1923年之前德国共产党具有进行社会主义革命的可能性。

1923年德国工人运动掀起新高潮。德国共产党在1923年致力于成为布尔什维克。法西斯上台后，德国共产党再没有从打击中恢复过来。

苏联在布尔什维克政权的统治之下决心建立与资本主义迥异、坚决反对资本主义的社会主义社会。其他的欧洲社会主义国家都出现在"二战"之后，其内部执政的共产党效法苏联模式。霍布斯鲍姆认为苏联的社会主义对于民族国家的影响在于：20世纪前50年，民族国家把它视为解放的力量；后50年，民族国家仍能看到社会主义发展的曙光。部分社会主义国家遭遇挫折和困境，但是社会主义是新生事物，符合最广大人民的根本利益和历史发展的客观趋势，具有强大的生命力和远大的发展前途，道路的复杂曲折并不能阻挡必然的发展趋向。

经济全球化带来了经济结构的调整，民族国家的经济、技术处于主导地位，它把第三世界的人民作为廉价劳动力，以此来提高自己国家工人阶级的福利待遇，在很大程度上缓和了社会矛盾。民族国家提高了工人阶级的生活水平，没有阶级对抗尖锐化的迹象，也没有阶级斗争的趋势。霍布斯鲍姆认为20世纪50年代以来，大部分英国工人都能过上很好的生活，在物质方面获得了极大满足，然而在非物质方面，工人阶级

---

① Eric Hobsbawm, *Revolutionaries*, New York, Pantheon Books, pp. 31-34.

的阶级意识正在弱化，工人阶级的文化正处于失去自己方向的危险中。① 阶级意识是阶级组织化的集中表现，人民群众进入阶级组织才能真正成为社会主义的创造者。

霍布斯鲍姆以整体性来研究社会主义，对整体性社会主义与特定性社会主义做了区分，要正确看待社会主义本身与民族国家的社会主义运动、社会主义国家之间的关系，认为社会主义作为政治力量是人类社会发展的必然，具有无可比拟的优越性，其目标是结束民族国家的资产阶级政治力量。民族国家的社会主义运动和社会主义国家的实践、经验表明，全球性社会主义必须通过强化共产党的领导、凝聚阶级意识等来实现，以跨越民族国家这个通往全球性社会主义的最大障碍。

霍布斯鲍姆生前整理出版的最后一部专著《如何改变世界》通过研究马克思主义发展的历史，来阐明马克思主义在改变世界中所起的作用，更重要的是，霍布斯鲍姆通过马克思主义改变世界的方式方法来探求21世纪的社会主义如何成为现实的唯一根本的政治力量。《如何改变世界》实际上是一部论文集，收录了霍布斯鲍姆1956年到2009年研究马克思主义的学术成果，2011年由英国利特尔和布朗出版社出版，2012年由美国耶鲁大学出版社再版，2014年由中央编译出版社出版中文版。从实质上看，《如何改变世界》是一部马克思主义史，是马克思主义的文本史、思想史、传播史与国际社会主义运动史、工人运动史的综合史，

---

① Eric Hobsbawm, *Worlds of Labour: Further Studies in the History of Labour*, London, Weidenfeld and Nicolson, pp. 177-193.

但正如霍布斯鲍姆自己所说，这并"不是传统意义上的马克思主义史"①，而是马克思主义政治理论的创立及发展的历史。《如何改变世界》分为两大部分，共计十六章，各章之间的逻辑结构是通过马克思主义的政治理论建立起来的，这就需要从政治哲学的维度来梳理它的学术脉络和学术特征，揭示其深层次的马克思主义政治哲学的立场和方法论，探求其蕴含的价值观和价值诉求。诚如许华卿在《一部马克思主义发展史的匠心独运之作》一文中所说的，《如何改变世界》确实是文本史和思想史交相辉映的马克思主义发展史，更是文本史和思想史交相辉映的马克思主义政治理论的创立史和发展史。史罗墨·阿维尼里对这本书的评论正好可以佐证这一点，他认为欧洲的政治演变使马克思主义的命运得以翻转，《如何改变世界》正是以编年史的方式和国际性的视野把马克思主义与当代世界相联系，熟练运用传统的马克思主义方法去研究工业化、当代工人阶级、革命运动、帝国，同时避免了教条主义和狭隘视界。

《如何改变世界》分为两大部分：第一部分是马克思和恩格斯，第二部分是马克思主义。从政治哲学的视角来看，第一部分实际上是马克思主义政治理论的创立史，而第二部分是马克思主义政治理论的发展史。我们惯常所见的马克思主义史的主线大都是无产阶级政党领导下的社会主义革命史和建设史，如马克思、恩格斯，以苏联为代表的社会主义阵营，以中国为代表的社会主义国家的探索等都是如此。霍布斯鲍姆则另

---

① [英]埃里克·霍布斯鲍姆：《如何改变世界——马克思和马克思主义的传奇》，吕增奎译，前言1页，北京，中央编译出版社，2014。

辟蹊径，以政治理论作为主线来组织马克思主义的历史。

霍布斯鲍姆在《如何改变世界》第一部分的开头就鲜明地提出了马克思再次成为 21 世纪思想家的两个原因：一是苏联马克思主义的终结（这种看法是不够全面的），二是资本主义世界当前面临的经济全球化问题实际上是政治问题。也就是说，民族国家成了经济全球化道路上最强大的障碍，而解决这个问题的答案和钥匙就需要在马克思主义的政治理论中寻找。换句话说，社会主义就是一种政治力量，是一种解决资本主义当前困境的现实选择，这同时表达了霍布斯鲍姆追求社会解放的理论旨归和人类解放的价值诉求。接下来霍布斯鲍姆开始讨论马克思、恩格斯与他们之前的社会主义之间的关系。他认为卢梭的平等主义对 19 世纪 40 年代初期的社会主义和共产主义，也就是法国的社会主义和共产主义，产生了不可否认的政治影响。巴贝夫和新巴贝夫主义的共产主义与多数空想社会主义不同，前者不仅是一种革命理论，而且是政治实践、组织、战略和战术的理论，这间接成为马克思和恩格斯思想形成的基础。然后霍布斯鲍姆专门讨论了马克思和恩格斯的政治思想和观点，包括国家、国家机构、阶级斗争、革命及社会主义的组织方式、战略和策略，他认为马克思和恩格斯的政治思想需要补充的余地是非常大的，尤其是关于民族国家的理论，为了补充这方面的政治理论，他出版了《民族与民族主义》这本著作，并且在他著名的 19 世纪三部曲中以民族国家作为历史发展的一条主线。在卷帙浩繁的马克思和恩格斯的经典著作中，霍布斯鲍姆把《英国工人阶级状况》《共产党宣言》《政治经济学批判大纲》选择出来进行专门的研究、分析和评论，他认为《英国工人阶级状况》是第一本研究整个工人阶级的著作，更重要的是这本著作把马克思主义方法应用于社会具体研究，具有重大价值和意义，它研究和分析了工业化的政治影响和后果，包括工人运动的发展状况。《共产党宣言》敏锐地预见了资本主义的发展问题，按照马克思的观点，"资本主义私有制的丧钟就要响了"的后资本主义社会，既不是苏联模式的社会主义，也不是传统的社会主义，而是取决于社会历史变革的政治行动，也就是说，政治是社会主义取代资本主义的核心和实质性因素。《政治经济学批判大纲》不仅为《资本论》提供了指南，更提出了成熟的方法论，在某种程度上超越了《德意志意识形态》对社会主义和共产主义的描述。在霍布斯鲍姆看来，《政治经济学批判大纲》，尤其是其中的"资本主义生产以前的各种形式"部分长期以来没有得到足够的重视，因此专门列出一章来探讨资本主义生产以前的各种形式，他认为马克思在尝试解决资本主义生产以前的历史演变问题时，运用了唯物辩证法来阐明进步的历史观。最后，霍布斯鲍姆对马克思和恩格斯的著作在各个国家的传播和影响以翔实的数据进行了全面的分析，信息量之大令人惊叹。

霍布斯鲍姆在《如何改变世界》的第二部分对马克思去世以后，对马克思主义在世界范围发展的历史划阶段进行研究和分析（1880—1914年，1929—1945年，1945—1983年，1983—2000年），并且专门讨论了葛兰西。霍布斯鲍姆认为，马克思主义者和反马克思主义者往往尽可能在意识形态和政治领域扩大马克思主义历史的范围，马克思主义者倾向于明确区分马克思主义者和非马克思主义者，并书写马克思主义的运动史，或者把马克思主义作为一种理论的发展史和内部争论史。他们都忽视了马克思主义的传播史。马克思主义的传播对于欧洲国家具有特别重要和普遍的意义，在这些国家尤其在俄国，马克思不仅是资本主义的挑战者，而且是社会变革分析的创始人，所有的社会思想，无论是否与社会主义运动和工人运动存在政治上的联系，都受到马克思主义的影响。霍布斯鲍姆从两个方面，一是政党自身的马克思主义化的程度，二是马克思主义对知识分子之外的社会阶层的吸引力，详细分析了马克思主义在俄国、英国、美国、澳大利亚、法国、德国、比利时、斯堪的纳维亚、荷兰、奥地利、匈牙利、意大利、波兰的传播及影响。在霍布斯鲍姆看来，苏联正统的马克思主义并没有影响到西方马克思主义者，英国、美国、中国等国家都发展了自己的马克思主义。在反法西斯时期，马克思主义的中心转移到苏联、中国、法国和英国，反法西斯主义从根本上说不是学术理论，而是政治行动、政策和战略问题，这使得马克思主义者更加注重政治分析。霍布斯鲍姆认为马克思主义的政治影响无疑是马克思的最重要的成就，即使是他的思想影响也脱离不了他的政治影响。20世纪50年代以来，影响马克思主义发展的两个因素是马克思主义作为政治意识形态的社会基础的变化与世界资本主义的变革。俞吾金在为《如何改变世界》作序时认为，霍布斯鲍姆把葛兰西作为西方马克思主义丰富思想遗产的概括，单独抉出来专门论述是以偏概全的行为，以葛兰西一家之言作为西方马克思主义的代表。实际上霍布斯鲍姆把葛兰西作为唯一一位单独讨论的马克思主义者，是要强调葛兰西的原创性贡献在于"创立了马克思主义的政治理论"[1]，这恰好是《如何改变世界》的政治理论的中心线索，但是仅仅研究葛兰西的理论确实是一叶障目了，

---

[1] [英]埃里克·霍布斯鲍姆：《如何改变世界——马克思和马克思主义的传奇》，吕增奎译，299页，北京，中央编译出版社，2014。

因为马克思主义是一脉相承、与时俱进的理论。他认为葛兰西在《狱中札记》中把政治当作历史发展的"自主活动",专门考察了政治科学在系统的马克思主义世界观中占据或者应当占据的地位,把马基雅维利引入马克思主义中,对于葛兰西来说,"政治不仅是社会主义胜利战略的核心,而且是社会主义本身的核心"①。葛兰西把政治定义为"一个实践规则体系,不仅适用于研究和详细的观察,从而有助于唤起对真正现实的兴趣,而且能够促进更严格、更有生机的政治洞见"②。也就是说,政治不仅仅涉及政权,而且还具有重大的实践意义,葛兰西是在马克思主义理论家中最清楚地认识到政治作为社会具体维度的重要性的理论家,为非革命环境下的社会主义运动提供了马克思主义的战略。自 20 世纪 60 年代末以来,马克思主义在与教育和传播相关的机构中获得了比以往更为稳定的地位和影响,知识分子皈依马克思主义的规模和数量急剧扩张。

自《如何改变世界》出版以来,不断有国内外的学者进行评论,大都高度肯定了霍布斯鲍姆对马克思主义史所作的理论贡献。史罗墨·阿维尼里在欧洲的政治演变中凸显出马克思主义命运转变的原因,以及霍布斯鲍姆在《如何改变世界》中对此所作的理论贡献。詹姆斯·莫伦认为《如何改变世界》是一本严肃、详细和通俗易懂的论文合集,引起了读者对马克思主义的严肃思考,即使是非常熟悉马克思主义中心思想的人也会对霍布斯鲍姆的观点印象深刻。俞吾金认为霍布斯鲍姆以具体而微的

---

① [英]埃里克·霍布斯鲍姆:《如何改变世界——马克思和马克思主义的传奇》,吕增奎译,301 页,北京,中央编译出版社,2014。
② 同上书,302 页。

方式阐明了马克思主义的当代意义，思考了马克思主义的历史命运和未来走向，值得认真阅读。许华卿把《如何改变世界》称为一部马克思主义发展史的匠心独运之作，是学术史与思想史交相辉映的马克思主义发展史，是一家之言的世界社会主义简史，对"什么是马克思主义，怎样坚持和发展马克思主义"的问题做出了独特回答。在梅岚看来，霍布斯鲍姆以其独特的历史视角从时代的喧嚣碎响之中捕捉到现实内部脉动的动力。与此同时，学者们也指出这本书的不足之处，比如，俞吾金认为霍布斯鲍姆没有注意到马克思思想在其青年、中年和晚年不同阶段上的差异和关联，也没有深入解析马克思和恩格斯思想之间的差异；梅岚认为霍布斯鲍姆缺乏对马克思学说的整体把握和理论反思；许华卿认为《如何改变世界》对科学社会主义运动的实践、以苏联为代表的社会主义阵营，特别是对中国改革开放后的实践关注较少，这成为他刻画世界社会主义运动的盲点。从马克思主义政治哲学的维度来看，霍布斯鲍姆的《如何改变世界》既是对马克思主义政治哲学的补充和发展，又不可避免地存在着不足之处。

霍布斯鲍姆的马克思主义史并不是单纯的马克思主义文本史、思想史和运动史，而是侧重于从政治理论和政治影响方面来构建马克思主义的历史，丰富了马克思主义的政治哲学，对民族国家等政治方面的理论做出了补充。不同于把苏联和中国当作马克思主义发展史的主线的传统马克思主义者，霍布斯鲍姆在《如何改变世界》中把马克思主义的历史扩展至整个世界，尤其是对马克思主义在西方国家的传播和影响进行了大量翔实的分析，包含的信息量非常巨大；不同于其他马克思主义者在写作马克思主义史时，以社会主义运动和马克思主义理论自身发展的历史作为主线,霍布斯鲍姆注重马克思主义的传播史,这令人耳目一新。最为可贵的是,霍布斯鲍姆对当前资本主义面临的政治困境,也就是对经济全球化问题做了准确的分析,切中时代的脉搏,并对实现社会主义的政治路径进行了探索。

霍布斯鲍姆的西方社会背景和理论背景使《如何改变世界》不可避免地存在着不足之处。他认为马克思主义的政治理论存在着相当的空白和模棱两可之处,说明他对马克思主义的政治哲学没有深刻的理解,没有认识到马克思主义实际上具有全面、成熟的政治哲学。霍布斯鲍姆在运用大量翔实的数据来分析马克思主义在世界范围的传播和影响时,表现出明显的西方中心主义倾向,对苏联的社会主义阵营缺乏相应的实证分析。霍布斯鲍姆对中国的现实政治制度和情况缺乏深入的了解,比如,人民代表大会制度,所以在谈到中国的政治问题时,他的观点和看法带有明显的偏见,显示出他作为西方马克思主义者的局限性,他将人民群众排斥在政治之外,对公共事务冷漠。霍布斯鲍姆探求实现社会主义的政治变革方式,却不同意马克思"剥夺'剥夺者'"的观点,从国家政权之外寻求社会主义之路,最终只能使自己的社会主义理论落入乌托邦的窠臼。

四、人类解放的价值诉求

追求人类解放是马克思主义的价值诉求和理论主题,社会主义实现人民主权,代替民族国家成为唯一和根本的政治力量,属于政治解放,政治解放本身还不是人类解放。① 人类解放必须超越政治解放，马克思认为：

> 只有当现实的个人同时也是抽象的公民，并且作为个人，在自己的经验生活、自己的个人劳动、自己的个人关系中间，成为类存在物的时候，只有当人认识到自己的"原有力量"并把这种力量组织成为社会力量因而不再把社会力量当做政治力量跟自己分开的时候，只有到了那个时候，人类解放才能完成。②

这告诉我们只要存在着与人类自身相对立的政治力量，人类解放就不会完成，人类解放的完成就是人自己成为自己，实现自己，摆脱异己力量的束缚，因此只有国家走向消亡，才能真正实现人类解放。

霍布斯鲍姆正是在马克思的这一经典论述中看待社会主义的政治解放的，他在关于社会主义的基本观点中内在地蕴含了人类解放的价值诉求。霍布斯鲍姆认为，社会主义的基本原则是正义、平等和自由，是文明社会根本和唯一的政治力量，因此，它应该承担起为普通人民谋求利益的使命，这正是当代左派所忽略的。③ 人民不仅要求一个能从失去控制的生产体制中挽救人类的社会，而且要求一个人民在其中能过合乎人的身份的生活的社会，"这就是为什么在马克思和恩格斯的《共产党宣

---

① 《马克思恩格斯全集》第1卷，435页，北京，人民出版社，1956。
② 同上书，443页。
③ [英]艾瑞克·霍布斯鲍姆：《摆脱困境——社会主义仍然富有生命力》，载《现代外国哲学社会科学文摘》，1992(1)。

言》发表150周年之后，社会主义仍是一项议程的原因"①。从霍布斯鲍姆的这段表述来看，他在社会主义的使命中蕴含着人要成为自己，要实现自己，也就是人类解放的价值诉求。

霍布斯鲍姆对民族国家的基本态度是批判的，并认为它只是人类社会发展中的一个过程，一个阶段，在完成自己的历史使命之后就会退出历史。20世纪30年代之后的民族国家面临的主要问题，并不是产生财富和购物选择的增长，而是其基本制度无法做到平等地分配，社会不会真正实现正义，人民也不会自由全面地发展。他看到了民族国家产生的经济和科技力量，已经巨大到足以摧毁人类生存所依赖的物质世界，基础环境和全球生态已经恶化到了临界点。基于此，他预言：民族国家的社会结构，甚至包括经济结构的社会基石，正在毁灭的转折点上。民族国家将会在新兴的超民族主义重建过程中，被淘汰或整合到跨国的世界体系中。社会主义不仅指的是社会主义革命，而且还意味着让资产阶级的经济和政治权力失去绝对权。霍布斯鲍姆对民族国家与社会主义的这一看法蕴含在社会主义中，人民居于统治地位，掌握政治权力，还需要进一步消解政治权力，从而达到人类解放。

法国大革命打出了自由、平等、博爱的旗帜，博爱被视为个人性质的价值，逐渐退出了社会科学研究的中心，但是自由和平等作为政治价值越来越成为哲学、政治哲学研究的重要议题。在西方政治哲学的发展脉络中，洛克和密尔是自由主义的重要代表人物，洛克政治哲学的主题

---

① ［英］艾瑞克·霍布斯鲍姆：《摆脱困境——社会主义仍然富有生命力》，载《现代外国哲学社会科学文摘》，1992(1)。

是自由，在自由中强调权利，密尔的《论自由》和《代议制政府》两部著作的主题也都是自由；霍布斯的契约论自产生以来，一直居于政治哲学的中心地带，直到19世纪被功利主义取代。之后罗尔斯发表《正义论》，把政治哲学的主题由自由转变为正义，而正义的首要原则是平等，因此自由和平等就成为最重要的政治价值，没有平等的自由是不具备实质内容的。《正义论》引起了巨大的反响，把政治哲学从哲学的边缘地带提升到了核心地位，故而罗尔斯关于正义、平等和自由的理论同时遭遇了来自不同领域、不同学者的质疑和争论，如平等主义者德沃金、自由主义者诺奇克，以及社群主义者、后现代主义者和共和主义者等。罗尔斯认为当代资本主义社会的分配领域中存在着严重的不平等，正义意味着平等，因此应该通过再分配的方式来解决处境最差者的问题，正义的原则是差别原则，诺奇克的基本观点与罗尔斯是对立的，承认社会分配领域的不平等问题，但是他认为正义的原则是获取原则和转让原则，平等的原则应该服从权利的约束。德沃金虽然与诺奇克相同，都强调权利的重要性，但是不同于诺奇克的极端自由主义，也不同于罗尔斯的传统自由，他认为平等优先于自由。德沃金批评罗尔斯的契约论是假设的，无知之幕屏蔽了自由选择的信息和知识，只关心处境最差者，而忽略了社会环境和个体差异的作用。20世纪80年代，以桑德尔、麦金太尔和沃尔策为主要代表的社群主义猛烈批判罗尔斯的正义论，桑德尔坚决反对罗尔斯所说的"权利优先于善"，他使用道德与基础，或者意志与认知来解构罗尔斯的正义、主体、契约、自我等基本概念，认为自由主义没有正确的共同体观念，其正义理论存在着局限性。麦金太尔使用亚里士多德主义和托马斯主义，试图动摇自由主义的理论根基，从历史背景来看待政治价值，反对自由主义的普遍的政治价值。沃尔策认为罗尔斯和自由主义的政治价值是普遍的，是抽象的，没有考虑到现实的社会环境和具体的历史背景，正义是分配善的方式，但是是特殊的，是由社会意义决定的。在西方政治哲学中，后现代主义的主要代表有利奥塔、罗蒂、福柯，共和主义最重要的代表是哈贝马斯。现代主义政治哲学关切的是政治价值、政治制度和政治理想，是证明的哲学。后现代主义政治哲学是反对的哲学，反对某种政治价值，批判某种政治制度，拒绝伟大的理想。利奥塔的异教主义反正统，反权威，反特权，不设定任何政治的标准，如正义没有抽象的概念，只能是具体的，没有正义的权威，每个人都有判断正义的自由，这种判断也没有任何根据，是超越性的。罗蒂具有后现代主义和自由主义两种身份，他基于后现代主义的观点批评启蒙哲学，基于自由主义的观点赞成启蒙哲学，并试图融合后现代主义与自由主义，但是他更倾向于后现代主义。福柯的政治哲学涵括了自由主义、马克思主义和后现代主义的多种元素，在自由主义体系中，与以权利为核心，自由和平等为最高政治价值的派别不同，福柯则以权力为核心，研究真理、身体、权力等关系。福柯运用马克思主义的实践、阶级等观点进行学术研究，但是与马克思主义也有不同之处，马克思主义是一种宏观叙事，福柯则擅长对权力进行微观分析，马克思主义是进步论，福柯则不承认历史的连续性和进步观。福柯的后现代主义与利奥塔、罗蒂相比，更加极端，利奥塔是在正统的政治哲学视域内阐释他的异教主义的，而福柯则根本拒斥正统的政治哲学，罗蒂区分了社会领域和私人领域，而福柯将私人领域的东西，如健康、教育、犯罪等转化为公共的东西。哈贝马斯的理论则处于自由主义与社群主义的中间地带，哈贝马斯与自由主义都重视权利体系，坚持契约论思想，但是哈贝马斯与自由主义的消极自由和重视人权不同，他的理论更重视积极自由和人民主权。哈贝马斯与社群主义都重视共同体，具有积极自由和民主政治的观念。但是哈贝马斯与社群主义不同，社群主义是普遍主义的，其理论基点是共同体，把善作为先定的目的，哈贝马斯的理论则是特殊主义的，其理论基点是人和人的交往，把善作为程序的结果。政治哲学关切的正义在共同体、国家、国际三个范围发挥作用，一般来说，我们讨论最多的正义是国家的正义，正义作为社会和国家的首要美德，要求社会和国家的制度体现平等和自由的政治价值。反过来说，社会和国家的制度只有体现了自由和平等的政治价值，才能被认为是正义的。伯林认为自由包括积极自由和消极自由，消极自由就是一个人的行动不受阻碍，是"免于什么"的自由，积极自由就是一个人做自己愿意的事情，是"去做什么"的自由。与积极自由相比，消极自由更为基本和重要，居于更为优先的地位。从制度的方面来理解消极自由，其关键问题在于人权，无论把人权视为自然权利还是道德权利，都必须是宪法权利，是神圣不可侵犯的。"如果自由的关键是人权，那么平等的关键是分配正义。"[①]罗尔斯的差别原则以最不利者为基准来安排社会经济制度，缩小他们与别人的根本差距，改善他们的生活境况。正义不仅是理论，而且是实践，需要切实有效地帮助最需要帮助的人。[②]

罗尔斯《正义论》的发表使得长期以来陷入沉寂的西方政治哲学崛

[①] 姚大志：《何谓正义——当代西方政治哲学研究》，16页，北京，人民出版社，2007。

[②] 同上书，1—17页。

起，成为显学，一些马克思主义研究者试图将马克思和恩格斯的正义理论纳入西方政治哲学的框架，构建规范性的马克思主义的正义理论。实际上，虽然马克思和恩格斯没有刻意建构系统和专门的正义理论，但是也不能就此认为他们没有自己的正义思想，马克思主义的继承者通过不断的努力，涌现出很多关于马克思正义理论的学术成果，如王广的《正义之后——马克思恩格斯正义观研究》，张兆民的《马克思分配正义思想研究》，R.G.佩弗的《马克思主义、道德与社会正义》（吕梁山等译），李惠斌、李义天的《马克思与正义理论》，李佃来的《马克思与正义》，段忠桥的《马克思的分配正义观念》，张文喜、臧峰宇的《马克思主义政治哲学史》，涂良川的《在正义与解放之间》，艾伦·布坎南的《马克思与正义》（林进平译），林进平的《马克思的"正义"解读》等，充分说明了马克思主义本身具有完整的政治哲学和全面的正义理论。马克思主义的正义理论与自由主义的正义观是完全不同的研究路径和方法，没有必要强行使用自由主义的政治哲学术语套在马克思主义的正义理论之上。我们通常从唯物史观和规范性两个维度来研究马克思主义的正义理论，从唯物史观的维度来看，马克思和恩格斯把正义看作社会生产方式的产物，开辟了研究正义问题的新道路，马克思在1848年的《巴黎"改革报"论法国状况》一文中有过经典表述，"改革报"最后写道：

> 显然，法国在遭受一种根深蒂固的祸害的折磨，但是，这种祸害并不是不可救药的。它的根源是思想和道德的混乱，是忘记了社会关系中的公正和平等，是受了利己教育的有害影响。应当在这方

面寻找改造的手段。然而人们不这样做,却诉诸物质手段。①

马克思反驳道:

"改革报"把问题转移到"良心"方面去,而关于道德的空谈现在就成为根除一切祸害的手段了。由此看来,资产阶级同无产阶级之间的对立是由这两个阶级的思想产生的了。但这种思想是从哪里产生的呢?是从社会关系中产生的。而这种关系又是从哪里产生的呢?是从敌对阶级的物质的、经济的生活条件中产生的。在"改革报"看来,如果这两个阶级不再意识到自己的真正状况和自己的真正对立,并用1793年那种"爱国的"情感和漂亮话做鸦片来麻醉自己,对它们会有好处的。多么软弱无力呵!②

从这段话来看,马克思现实的正义和平等必须用物质的手段来实现,希望通过道德和良心来获得只是不切实际的幻想,恩格斯在批判杜林的观点时也表达了同样的思想:"这种诉诸道德和法的做法,在科学上丝毫不能把我们推向前进;道义上的愤怒,无论多么入情入理,经济科学总不能把它看作证据,而只能看作象征。"③这段话与马克思的意思是一样的,在正义问题上反对在道德领域内做文章,而是主张把正义和平等视为社会物质生产发展的产物,正义、平等和自由的观念是现实物

---

① 《马克思恩格斯全集》第5卷,533页,北京,人民出版社,1958。
② 同上书,534页。
③ 《马克思恩格斯选集》第3卷,492页,北京,人民出版社,1995。

质生产条件的反映,是由人类社会的客观规律所决定的。总的来说,马克思和恩格斯认为正义和平等观念的嬗变根源于人类社会生产方式的变迁,随着生产力水平的提高,生产关系和上层建筑也会发生根本的变革,观念的上层建筑发生剧烈的变化。在阶级社会里,经济利益上对立的阶级在正义和平等的观念上也是对立的,因此实现社会主义的正义、平等和自由就必须彻底消灭阶级:"在阶级斗争被当做一种不快意的'粗野的'事情放到一边去的地方,当做社会主义的基础留下来的就只是'真正的博爱'和关于'正义'的空话。"[①]马克思认为不存在超阶级的正义观念,如果要谈论正义,就必须先消灭资本主义社会,消灭阶级。从规范性的维度来看,马克思和恩格斯在社会生产方式的框架下谈论正义、平等和自由,并不意味着他们对资本主义社会不作任何道德的谴责和批判。马克思在《国际工人协会成立宣言》中谴责资本主义制度:"使工人阶级健康损坏,道德堕落和智力衰退。"[②]他在《资本论》中这样嘲讽资本主义所谓的正义:

> 让我们来赞美资本主义的公正吧!土地所有者、房主、实业家,在他们的财产由于进行"改良",如修铁路、修新街道等等而被征用时,不仅可以得到充分的赔偿,而且按照上帝的意旨和人间的法律,他们还要得到一大笔利润,作为对他们迫不得已实行"禁欲"的安慰。而工人及其妻子儿女连同全部家当却被抛到大街上来,如

[①] 《马克思恩格斯全集》第34卷,382页,北京,人民出版社,1972。
[②] 《马克思恩格斯选集》第2卷,601页,北京,人民出版社,1995。

果他们过于大量地拥到那些市政当局要维持市容的市区,他们还要遭到卫生警察的起诉!①

在恩格斯看来,正义是人们对现实的利益分配的价值评价:"按照资产阶级经济学的规律,产品的绝大部分不是属于生产这些产品的工人,如果我们说:这是不公平的,不应该这样,那末这句话同经济学没有什么直接的关系。"②这段话的意思是说,从工人阶级的立场来看,工人阶级生产的绝大部分产品被资产阶级无偿占有是不公不义的,这是一种价值判断,而不是事实判断。关于唯物史观和规范性两个维度之间的关系,国内学者的意见各不相同:一种观点认为马克思和恩格斯正义理论的规范性维度就存在于其唯物主义、政治经济学和社会主义的宏观叙事中;另一种观点则认为马克思主义的正义理论的唯物史观和规范性两个维度是平行的关系,相互之间无涉。

霍布斯鲍姆是马克思主义的历史学家,但是他学术写作涉及的范围很广,撰写了大量的政治评论和政治论文。虽然霍布斯鲍姆不是一个专业的政治哲学家,也没有写关于政治哲学的专门著作,但是他的学术成果却蕴含着丰富的正义理论。从这些正义理论的特征来看,他实际上继承了马克思主义正义理论的唯物史观和规范性两个维度。从唯物史观的维度来看,霍布斯鲍姆坚持正义和平等观念来自人类社会的物质生产水平,随着生产方式的变更,正义和平等的观念会发生相应的改变,在阶

---

① 《马克思恩格斯全集》第23卷,725页,北京,人民出版社,1972。
② 《马克思恩格斯全集》第21卷,209页,北京,人民出版社,1965。

级社会里，经济利益对立的阶级对何谓正义的看法也是对立的，资本主义的平等观兼具欺骗性和虚伪性，根本上是为资产阶级服务的，也绝对不会在现实社会实现真正的公平和正义，社会主义的平等观是为人民群众服务的，是最终实现公平正义的唯一和根本的政治力量，社会主义的正义、平等和自由的实现必须消灭阶级。从规范性维度来看，霍布斯鲍姆认为马克思的"劳动是一切价值的来源"这一论断是价值判断，而不是事实判断，资产阶级以隐蔽的方式无偿占有了工人阶级的劳动成果是不道德、不正义、不平等的，社会主义的所有制是生产资料的公有制，人民群众的劳动成果归人民群众所有，人民才会实现事实上的自由、全面的发展。社会正义的两个政治价值是平等和自由，平等是正义的首要原则，从正义的政治方面来说，多数学者都对人生而平等和自由表示认同，意见一致，但是从正义的经济方面来说，学者们对分配正义的观点分歧巨大，甚至是互相对立的。在分配正义理论领域，学者们的理论分为平等主义和不平等主义，平等主义居于主流地位，马克思、恩格斯、霍布斯鲍姆都主张平等的分配是正义的。霍布斯鲍姆在马克思主义平等观的基础上提出了自己的社会主义的平等观。中国特色社会主义建设已经进入了新时代，社会发展和社会进步的价值观已经由阶级斗争转向民主、自由、平等、公正。因此研究霍布斯鲍姆的社会主义的平等观在现在看来是很有价值的，可以为我国提供理论上的借鉴。

作为一个不悔改的马克思主义者，霍布斯鲍姆从工业革命入手，以社会形态的变迁来阐释平等观的嬗变，并在此基础上提出了社会主义的平等观：社会平等必须建立在财产的公有制之上，并对所有生产劳动实行中央管制。资本主义的平等观建立在生产资料私有制的基础之上，体现了自由主义的价值观，但无法适应经济全球化的生产方式，因此社会主义就成为实现人类平等的唯一和根本的政治力量。

当前中国面临贫富差距过大的现实问题，在平等和效率之间进行艰难选择，但是不论这选择有多么艰难，平等始终是社会主义的应有之义，正如习近平同志所说："我们一定要适应改革开放和发展社会主义市场经济的新形势，从政治、经济、社会、文化、法律、行政等各方面采取有力措施，促进社会公平正义，实现好、维护好、发展好最广大人民根本利益。"[1]正义的首要原则是平等，而学者关于平等的观念存在着巨大的分歧。霍布斯鲍姆从社会形态变革的动力因素来阐释平等观念的发展变化，进而提出社会主义的平等必定建立在公有制的基础之上，自由主义造成的不平等需要超国家的方式来解决。

平等是一种规范的概念，是价值判断，而不是事实判断，平等主义者研究的不是某个特定社会的实际分配状况，不是财产是怎样分配的，而是应该怎样分配财产，怎样分配财产才是平等的。平等主义者主张平等是分配正义的原则，但是在分配什么，如何分配上相互争论。在这个问题上，现代西方政治哲学存在着自由主义的平等观、社会主义的平等观等不同的流派。作为一个马克思主义者，霍布斯鲍姆在唯物史观的坚实基础之上，提出了独具特色的社会主义平等观：第一，社会平等必定建立在财产的公有制之上，并且对所有生产劳动实行中央管制；第二，经济的平等，或者说财富的平等分配是政治和社会平等的前提条件；第三，社会主义的平等是无产阶级的平等，是对资产阶级平等的超越；第

---

[1]《习近平关于社会主义社会建设论述摘编》，34页，北京，人民出版社，2017。

四，拒斥自由主义的平等观；第五，社会主义是实现平等的唯一和根本的政治力量，是 21 世纪解决全球性不平等问题的社会公共组织。

卢梭提出了私有财产是一切社会不平等的根源，但是他认为美好社会不是必须把财产社会化，而是必须保证平等的分配，诉诸卢梭的平等主义，巴贝夫的《平等者的密谋》把平等作为共产主义的核心口号，通过正义者同盟，也就是共产主义者同盟的前身与马克思和恩格斯的平等观连接了起来。马克思和恩格斯平等观的基本线索是生产力决定生产关系，他们认为，人类要想建立平等的社会关系，必须建立在现实的生产力发展的基础之上，通过生产资料的公有制，解决人们经济方面的平等问题：

> 对现存社会制度的不合理性和不公平、对"理性化为无稽，幸福变成苦痛"的日益觉醒的认识，只是一种征兆，表示在生产方法和交换形式中已经不知不觉地发生了变化，适合于早先的经济条件的社会制度已经不再同这些变化相适应了。①

霍布斯鲍姆认为，马克思和恩格斯对原始公社制度的关注表明私有财产出现之前的社会（原始共产主义）是更为正义、平等的人类状态，为未来的共产主义社会提供了模式。空想社会主义虽然认为实现社会主义的平等必须废除私有财产，但是却存在着一个致命的理论缺陷，那就是

---

① 《马克思恩格斯选集》第 3 卷，741 页，北京，人民出版社，1995。

"没有把私有财产作为资本主义和剥削的基础进行系统的分析"[1],而马克思受到恩格斯早期的《政治经济学批判大纲》一文的启发,得出结论:"这样一种分析必须是共产主义理论的核心。"[2]他在《资本论》中正是做了这样的工作。霍布斯鲍姆在他的年代四部曲中从政治哲学的维度做了相同的工作,他综合运用马克思的唯物史观、辩证的方法、整体性的思维方式书写资本主义的历史,对资本主义在政治方面的剥削基础进行了系统的分析,并得出结论:社会平等必定建立在财产的公有制之上,并且对所有生产劳动必须实行中央管制。霍布斯鲍姆在这里所说的生产资料不但包括财产,而且包括生产劳动,这与政治哲学家科恩的观点相似。科恩也认为社会主义的平等建立在生产资料的公有制之上,生产资料包括经济财产和生产劳动。因此在这个意义上,霍布斯鲍姆实际上是把劳动,把实践作为人的本质,社会主义的平等就是要体现人之为人的本性,劳动不再是人们谋生的手段,而是一种需要,在劳动的过程中感受到做人的价值和尊严,现实地获得人类解放。

虽然平等主义者都追求平等的理想,但是平等的含义和要求却各不相同,甚至是大相径庭。阿玛蒂亚·森提出了所有平等主义者都需要回答的问题:什么是平等?该问包含了三层意思:首先是"平等物",也就是柯恩所说的"通货";其次是平等的标准;最后是如何实现平等。霍布斯鲍姆所说的"平等物"既包括财富、实物、权力等福利的平等,也包括身份、地位、职业、社会公益服务等资格的平等,而财富是平等分配的

---

[1] [英]埃里克·霍布斯鲍姆:《如何改变世界——马克思和马克思主义的传奇》,吕增奎译,30—31页,北京,中央编译出版社,2014。

[2] 同上书,31页。

首要资源。

21世纪的世界所面临的最大问题不是如何增加生产,而是如何分配财富。世界变得越来越富裕,平等却变得越来越少。霍布斯鲍姆认为:"平等在今天意味着社会公益服务以及政府对财富进行重新分配。自由市场不能保证这一点。"[1]财富的增长给人民带来了幸福,但是这种幸福的代价是失去了准则、价值体系、规矩、期望与生活方式。[2] 从13世纪到20世纪,财富的重新分配对富人进行了限定,因此很少有人能够在财富方面与政府竞争,如卡内基、洛克菲勒、摩根等人的财富要比今天的比尔·盖茨、乔治·索罗斯、特德·特纳少得多。然而"今天,个人可以支配的财富数额是完全难以置信的。从全球的角度说,世界上1％的人口掌握了巨额财富,这种状况会如何影响政治,还不清楚。我们已经从美国的情形看到,现在私人可以设法操纵总统竞选活动,或者通过他们的私人财政手段对竞选活动产生相当大的影响。今天富人可以办到过去大型集体组织才能办到的事情。我们是否完全理解了这种现象的深刻含义,我不能肯定"[3]。

财富的平等分配是实现社会平等的首要任务,因此霍布斯鲍姆对资本主义实现了财富增长是持肯定态度的,但同时言辞犀利地批判了资本主义的逐利本性,谴责资本主义造成财富分配的巨大不平等,在资本主义的框架内讨论如何实现平等只是掩耳盗铃,暂时缓解阶级矛盾,不能

---

[1] [英]艾瑞克·霍布斯鲍姆、[意]安东尼奥·波立陶:《霍布斯鲍姆:新千年访谈录》,殷雄、田培义译,147页,北京,新华出版社,2001。
[2] 同上书,165页。
[3] 同上书,131页。

从根本上实现分配平等，只有把社会主义作为 21 世纪唯一和根本的政治力量，才能对财富实现真正的平等分配。

社会主义的平等观最先观照的是无产阶级，是人民群众，是普通人民，是对资产阶级平等观的超越。恩格斯指出：

> 一切人，作为人来说，都有某些共同点，在这些共同点所及的范围内，他们是平等的，这样的观念自然是非常古老的。但是现代的平等要求与此完全不同；这种平等要求更应当是从人的这种共同特性中，从人就他们是人而言的这种平等中引申出这样的要求：一切人，或至少是一个国家的一切公民，或一个社会的一切成员，都应当有平等的政治地位和社会地位。①

霍布斯鲍姆认为，社会主义是文明社会根本和唯一的政治力量，它的基本原则是正义、平等和自由，因此，它应该承担起为普通人民谋求利益的使命。② 人民不仅要求一个能从失去控制的生产体制中挽救人类的社会，而且要求一个在其中能过合乎人的身份的生活的社会，"这就是为什么在马克思和恩格斯的《共产党宣言》发表 150 周年之后，社会主义仍是一项议程的原因"③。社会主义的平等并没有在苏联模式中得到

---

① 《马克思恩格斯选集》第 3 卷，444 页，北京，人民出版社，1995。
② [英]埃里克·霍布斯鲍姆：《史学家——历史神话的终结者》，马俊亚、郭英剑译，341 页，上海，上海人民出版社，2002。
③ [英]艾瑞克·霍布斯鲍姆：《摆脱困境——社会主义仍然富有生命力》，载《现代外国哲学社会科学文摘》，1992(1)。

实现，霍布斯鲍姆这样说，社会主义不是苏联模式，它是广泛的事业，①是毫无特色、平淡无奇的每一个人都能实现自己愿望和志向的社会。霍布斯鲍姆认为，社会主义最终是为了关心所有的人，特别是那些普普通通、不太重要的"小人物"，甚至可以说是无显著特征、无用的人，或者说是"只是用来充数"的人。

霍布斯鲍姆在写作中成功运用了自下而上的方法来叙述历史，把普通人民作为社会历史发展的主角撰写了专门的著作，如《非凡的小人物》《匪徒》《劳工》等。在这些著作中，他并不像安德森仅仅试图把普通人民从历史的尘埃中拯救出来，而是客观分析了小人物在社会结构变迁中所起到的实际作用，在现实的社会场景中还原人民群众创造历史的事实，社会历史是人民群众、普通人民创造的，社会财富也必然由他们来进行分配。社会主义的平等观基于社会形态变迁的客观现实，提出首先观照的是无产阶级，这超越了资产阶级建立在自由主义基础上的平等观，是人类思想史的重大进步，是对马克思主义平等观的继承和发展。

科技化的经济创造了全球财富，但是牺牲了人类劳动这个生产要素。霍布斯鲍姆认为，经济自由主义和政治自由主义，无论是单独还是结合起来，都不可能为21世纪的各种问题提供解决的方案，现在是应该认真对待马克思的时候了。

平等作为正义的首要政治价值，关注的是社会政治生活的道德层面，马克思的"劳动是一切价值的来源"这句话本身就是对资本主义的一

---

① ［英］艾瑞克·霍布斯鲍姆、［意］安东尼奥·波立陶：《霍布斯鲍姆：新千年访谈录》，殷雄、田培义译，249页，北京，新华出版社，2001。

种道德谴责，一种价值批判，霍布斯鲍姆在评论恩格斯的《英国工人阶级状况》这本书时，指出它是对资本主义非人道的谴责和批判，认为资本主义自动地把剥削者集体变成一种极度堕落、自私自利到不可救药、腐朽的阶级。"资产阶级把工人阶级当作是物，而不当作是人，当作是劳动力或人手，而不当作是人类。"①工人阶级只有在反对资产阶级的斗争中，才找到真正的人性和尊严。因此在实现社会主义平等观的政治实践中，《英国工人阶级状况》是一部不可缺少的著作，是一个路标。而自由主义的平等观，无论是罗尔斯基于善的平等，还是德沃金的资源平等，从本质上说是为资本主义服务的，是资产阶级的平等观，是自由主义的平等观，体现的是个人主义的价值观，它"是基于一种假设，即自由市场可以使世界经济的增长与财富最大化，使这种增量的配置最优化。有鉴于此，控制与调节市场的所有努力，肯定会带来消极后果，这是因为这些努力降低了资本收益的积累，进而妨碍了增长率的最大化"②。但依霍布斯鲍姆看来，"通过最大限度地发展资本主义以使资源达到最佳配置的论点是站不住脚的"③。"当前蔚为时尚的自由市场全球化，在国内和国际之间造成非常严重的经济和社会不平等。"④这种不平等现象，已经成为 21 世纪社会和政治紧张的主要根源。霍布斯鲍姆认

---

① ［英］埃里克·霍布斯鲍姆：《如何改变世界——马克思和马克思主义的传奇》，吕增奎译，89 页，北京，中央编译出版社，2014。
② ［英］艾瑞克·霍布斯鲍姆、［意］安东尼奥·波立陶：《霍布斯鲍姆：新千年访谈录》，殷雄、田培义译，100 页，北京，新华出版社，2001。
③ 同上书，102 页。
④ ［英］艾瑞克·霍布斯鲍姆：《霍布斯鲍姆看 21 世纪》，吴莉君译，序言 3 页，北京，中信出版社，2010。

同《共产党宣言》中对市场体系的评论："市场体系是一种剥削和永不停止积累的体系，建立在人和人之间除了赤裸裸的'现金交易'，就再也没有任何别的联系了。"①

霍布斯鲍姆在《霍布斯鲍姆：新千年访谈录》中说道：

> 虽然团结友爱的概念被私人利益所击败，不再是左翼的统一价值观了，但它必定会被人们重新记起，公平仍然是一种可行的目标，"今天，这一目标意味着经济发展所产生的巨大财富被国家与公共权力机构重新分配，而市场是不能履行这种职责的"。②

霍布斯鲍姆认为以个人主义价值观为基础的自由主义从本质上来说是反对集体政治的。能够动员人民进行政治实践的可以是民族主义、爱国主义或者其他集体主义，却不会是个人主义。个人主义的价值观与自由主义的市场完全适应，但是并不符合国际政治的需要。

自罗尔斯的《正义论》出版以来，我国政治哲学界对马克思有没有正义思想，道德层面的正义思想和社会发展的客观必然性之间是什么关系两个问题存在着巨大的分歧和激烈的争论。如段忠桥认为，马克思主义的唯物史观和正义的规范性是无涉的；李义天在马克思的政治经济学理论中挖掘他的正义思想；冯颜利在唯物史观的整体性分析视野下，认为

---

① ［英］埃里克·霍布斯鲍姆：《如何改变世界——马克思和马克思主义的传奇》，吕增奎译，111页，北京，中央编译出版社，2014。
② ［英］艾瑞克·霍布斯鲍姆、［意］安东尼奥·波立陶：《霍布斯鲍姆：新千年访谈录》，殷雄、田培义译，序言4页，北京，新华出版社，2001。

马克思正义思想突出的优势和特点在于实现了生产正义与分配正义的统一，即统一于一定社会历史的生产方式，以资本主义剩余价值生产为基础的经济结构和未来社会对资本主义社会的超越。霍布斯鲍姆肯定了马克思的政治经济学理论本身就是一种道德批判，是一种价值判断，他运用唯物史观客观描述资本主义发展的历史，同时表达对劳动人民的深切同情和对资本主义的道德批判。霍布斯鲍姆指出，自由主义的平等观体现的是个人主义的价值观，社会主义的平等观体现的是集体主义的价值观，由于经济全球化问题从根本上来说是政治问题，因此个人主义的价值观无法解决这个现实的问题，也不符合人类最终的价值追求，无论从社会历史发展的必然性来看，还是从人类对平等的价值追求来看，建立在集体主义价值观基础上的社会主义平等观才是21世纪的济世良方。

在霍布斯鲍姆看来，21世纪全球性不平等问题的解决方案有两种，一种是单一的民族国家，另一种是作为公共社会组织的社会主义。"世界不同地区之间和不同阶级之间的经济不平等的明显加剧必然导致马克思所说的'对剥夺者的剥夺'"[1]，社会主义不仅指的是社会主义革命，而且意味着让资产阶级的经济和政治权力失去绝对权。因此社会主义平等的实现就取决于社会实践、政治行动、集体行动。

首先单一的民族国家无法解决这个问题，这是因为"国家行动的逻辑和方法并非普遍公义的逻辑和方法"[2]。"任何国家的预设立场，都是

---

[1] [英]埃里克·霍布斯鲍姆：《如何改变世界——马克思和马克思主义的传奇》，吕增奎译，13页，北京，中央编译出版社，2014。

[2] [英]艾瑞克·霍布斯鲍姆：《霍布斯鲍姆看21世纪》，吴莉君译，106页，北京，中信出版社，2010。

追求自身的利益。"①当前世界的复杂化和多元化使得美国等单一的政权不可能建立持久性的管理,也无法弥补广泛权力组织的空缺。

"这世界似乎越来越需要以超国家的解决方案来解决超国家或跨民族的难题,但却找不到任何全球性的权威组织来做出政策决定,遑论将这些政策付诸实践。"②

"帝国的时代已经结束了。我们必须寻找另一种方式,来组织21世纪的世界。"③霍布斯鲍姆认为,社会主义是唯一和根本的政治力量,但世界不会自动变得更美好,因此需要政治实践来推动社会主义平等的真正实现。那么中国能不能担当起这个重任呢?在谈到中国时,霍布斯鲍姆说道:

> 如果我们把中国与一些共产党当权的国家进行比较的话,我们就会明显地看到,这些国家的政体随着苏联的解体而崩溃了,而中国不仅没有崩溃,反而在通向市场经济的道路上通过经济改革,继续实行社会主义制度。尽管中国存在着一些问题,但在这方面取得了成功,这主要是由于党和政府没有放弃自己的职责。中国看到了苏联所发生的一切,因而竭力避免这种情况的重演。此外,中国非常清楚,应该有组织地进行经济体制的转型。④

---

① [英]艾瑞克·霍布斯鲍姆:《霍布斯鲍姆看21世纪》,吴莉君译,序言8页,北京,中信出版社,2010。
② 同上书,40页。
③ 同上书,70页。
④ [英]艾瑞克·霍布斯鲍姆、[意]安东尼奥·波立陶:《霍布斯鲍姆:新千年访谈录》,殷雄、田培义译,111页,北京,新华出版社,2001。引文有改动。

从这段话来看，霍布斯鲍姆显然高度评价了中国共产党在改革开放和经济改革方面的成就，并赞扬了中国坚持社会主义道路的决心和成功，可以推断出他对中国承担起实现社会主义平等的政治实践的重担是满怀期望的。

霍布斯鲍姆坚守唯物史观的立场，以工业革命为起点，把社会形态的变迁作为平等观的现实基础，从政治哲学的维度对资本主义的私有制进行了系统的分析，进而得出结论：社会主义的平等才是人类的最终价值追求，而实现社会主义平等的基础是生产资料的公有制，生产资料包括物质财产，也包括生产劳动。他秉承马克思"人民群众是历史的创造者"的基本观点，创造性地从人民群众在社会结构、历史和文化中所起的实际作用来说明为什么社会主义的平等观首先观照的是普通人民，是"非凡的小人物"，他不但为无产阶级的平等观提供了坚实的事实证明，还体现了他对人民群众深切的人道主义关怀。霍布斯鲍姆试图寻找实现社会主义平等的现实路径，即把社会主义视为唯一和根本的政治力量，在政治实践上社会主义成为全球性的公共组织，承担起为人民谋求幸福生活的历史责任，首先解决全球性的贫富差距问题，平等地分配社会财富，进而实现政治和社会的平等。霍布斯鲍姆认为，单一民族国家无法解决 21 世纪的全球性难题，社会主义作为唯一和根本的政治力量，应该承担起全球公共权力组织的社会责任，这与马克思在《共产党宣言》中世界历史的观点是一致的，与习近平同志的全球治理体系的思想也是不谋而合的。霍布斯鲍姆在社会主义的平等观上旗帜鲜明地表达了集体主义的价值取向和道德追求，拒斥以个人利益至上的自由主义的平等观，并揭示出自由主义的平等观在解决现实世界问题中的致命缺陷。霍布斯鲍姆承认中国虽然面临复杂艰难的境遇，但是成功地坚持了社会主义道路，取得了经济改革的成果。他认为社会主义的平等观是以生产资料的公有制为物质基础的，生产资料不仅包括物质财产，还包括生产劳动，这就为人民群众从资本主义的异化劳动中解放出来，进行自由自觉劳动的共产主义理想提供了理论支撑。

由于霍布斯鲍姆社会主义平等观的理论背景和社会背景是英国这个古老的西方国家，所以其理论不可避免地存在着历史局限性。他沿袭了早期西方马克思主义者葛兰西的意识形态领导权的理论传统，诉诸政治实践的路径来实现社会主义的平等，这与马克思"剥夺'剥夺者'"的方式相异，因此带有浓厚的乌托邦色彩。霍布斯鲍姆以历史学家的深邃、哲学家的思辨、政治学家的敏锐对资本主义的平等观进行了不吝笔墨的、系统全面的分析和批判，深刻揭示了观念背后的客观历史背景，但是对社会主义的平等观却缺乏正面的、专门的论述，该理论只是散落在他的各种学术成果中，对于如何实现社会主义平等观，如何推动社会主义成为全球公共权力组织也没有详尽的实施计划，缺乏细节上的可操作性，这是他理论上的硬伤。身为历史学家的霍布斯鲍姆撰写了大量的政治评论，阐述理论的角度也是政治哲学，但是他毕竟不是专业的政治哲学家，没有构建全面系统的政治理论，尤其是缺乏规范性的政治哲学表述，这使得他的社会主义平等观长期没有得到应有的重视。

小 结

霍布斯鲍姆在阐明了民族国家的内涵和构成之后,在继承马克思主义关于国家消亡、民族与世界历史、社会主义和整体性思想的基础之上,阐明了民族国家的历史使命,从而形成了完整的民族国家思想。批判只是手段,不是目的,霍布斯鲍姆对民族国家的分析和批判的最终目的在于:在扬弃民族国家的基础上,探索社会主义的理论和实践,提出具有现实可行性的社会主义计划,从而缩短民族国家向社会主义转变的历程,进而表达了人类解放的价值诉求,通过政治解放来达到人类解放的最终目标。

21世纪,经济全球化迅猛发展,民族国家的经济空前繁荣,却遭受到民族分离、生态破坏、贫富差距过大、社会失序等问题的困扰,而社会主义国家也遭遇了挫折,现实的两种主要社会制度,无一例外地面临变革、重构的问题。霍布斯鲍姆正是基于当前紧迫的客观形势,致力于解决民族国家、社会主义和经济全球化的关系问题。

霍布斯鲍姆认为,民族国家与经济全球化之间形成相互依存、相互背离的关系,这是一个长期的过程,在这个过程中,帝国主义一方面推动了民族国家的经济和科技的发展,使民族国家与经济全球化达成一致,相互依存;另一方面推动了民族国家的政治民主化,使上层建筑获得独立发展,导致民族国家和经济全球化在政治上相互排斥、相互分离。这种矛盾的关系使帝国主义成为民族国家由兴盛转向衰退的转折点和临界点。为了解决这种矛盾关系,新帝国主义试图成为21世纪的政治模式,但是新帝国主义与帝国主义一样都是暂时的现象,今日的经济全球化不是由单一的民族国家所能主导的，帝国主义和新帝国主义已经终结。作为民族国家的对立面，社会主义越来越成为根本和唯一的政治力量，是替代民族国家的现实性模式和方案。

霍布斯鲍姆的民族国家思想不仅仅在于解释民族国家，还要改变民族国家。社会主义是民族国家发展的方向，霍布斯鲍姆的民族国家思想内在地蕴含着他对社会主义的观点。社会主义坚持正义、平等、自由和集体主义，致力于人民主权，是适合生产力发展的社会制度，是唯一和根本的政治力量，能通过政治解放实现人类解放的最终目标。

第六章　　民族国家思想的方法论启示

马克思主义的哲学立场和方法论有着不可分割的联系,其哲学立场具有确定性、公开性和不可违背性,其方法论具有不确定性、开放性和变动性。马克思主义就是哲学立场和方法论的统一,两者皆不可偏离。正如美国著名的马克思主义理论家和批评家弗雷德里克·詹姆逊所说:"马克思主义根本不是一种哲学,它的'自我定位'是'理论与实践的统一'。"[1]也就是说,马克思主义不仅仅是哲学体系,也是认识事物和指导实践的科学方法。作为一名坚定的马克思主义者,霍布斯鲍姆对马克思的科学方法给予了高度评

---

[1] [美]弗雷德里克·詹姆逊:《论现实存在的马克思主义》,见俞可平主编:《全球化时代的"马克思主义"——九十年代国外马克思主义新论选编》,69页,北京,中央编译出版社,1998。

价，认为马克思主义的"方法是必不可少的"①，他与英国马克思主义者莫里斯·多布、罗德尼·希尔顿、克里斯托弗·希尔和 E.P. 汤普森共同创立了新社会史学派，与研究日常生活、风俗民情的社会史不同，该派强调采用多学科和跨学科的研究方法，多视角研究和分析各种社会现象。因此霍布斯鲍姆的民族国家思想既坚持马克思主义的哲学立场，也注重马克思主义的方法论，既继承了经典马克思主义的科学方法，也吸收了其他社会理论的先进成果，从而创造了自己研究民族国家的新思路和新方法，为马克思主义的国家理论提供了诸多方法论的启示，同时在西方社会背景和思潮的影响下，其理论也不可避免地存在着一些不足之处。

霍布斯鲍姆民族国家思想的哲学立场在体现唯物主义历史观的理论基石上，综合运用了多种新颖而独到的方法：侧重于从政治哲学而不是从经济基础的维度来解构民族国家，主张"自下而上"地研究民族国家的历史，把人民群众而不是统治阶级当作民族国家的主体，以整体主义的思维方式来组织民族国家发展的客观历史材料等。唯物主义历史观作为霍布斯鲍姆民族国家思想的哲学立场，在方法论中起着决定作用，与方法论高度统一，形成了其独特的方法论特征。

一、唯物主义历史观的理论基石

霍布斯鲍姆把马克思的唯物主义历史观作为自己研究民族国家的基

---

① ［英］埃里克·霍布斯鲍姆：《史学家——历史神话的终结者》，马俊亚、郭英剑译，序言6页，上海，上海人民出版社，2002。

本哲学立场，坚守"经济基础—上层建筑"的认识框架，认为马克思的唯物主义历史观是迄今为止认识民族国家历史的最好指南。

在马克思主义关于生产力和生产关系、经济基础和上层建筑的结构中认识国家的地位和作用常被人们视为老生常谈，但正是在这老生常谈的地方，蕴含着霍布斯鲍姆对建立民族国家的基础问题的卓越见解。马克思与恩格斯合著的《德意志意识形态》深刻地启示我们，生产方式的内部矛盾决定着国家的发展：

> 那些决不依个人"意志"为转移的个人的物质生活，即他们的相互制约的生产方式和交往方式，是国家的现实基础，而且在一切还必需有分工和私有制的阶段上，都是完全不依个人的意志为转移的。这些现实的关系决不是国家政权创造出来的，相反地，它们本身就是创造国家政权的力量。①

这段表述说明，国家的产生、发展和消亡的基础是物质生活的生产方式，正是生产力和生产关系、经济基础和上层建筑的矛盾从根本上决定着国家的命运和前途。

霍布斯鲍姆没有把这种物质生产方式的原理简单地套用在民族国家思想的建构上，而是以大量和丰富的历史经验和现实来展现民族国家产生、发展、顶峰和消亡的历程，描述之详尽细腻，文笔之优美流畅，让人在阅读的快感中不知不觉地感受到"国家经济所以存在乃是由于民族

---

① 《马克思恩格斯全集》第 3 卷，377—378 页，北京，人民出版社，1960。

国家的存在"①。霍布斯鲍姆在接受《史学理论研究》期刊记者刘为的采访时说：

> 依然坚信经济基础—上层建筑模式是理解历史的一个线索，至少对于我所涉及的时代来说是如此。如果你想理解两次世界大战之后的历史，那么只有一个起点，就是从理解技术和经济的转变入手。即使是研究两次世界大战之后的文化，你也必须首先把着眼点放在物质生产的基本转变上。如果你从任何别的方面入手，那么迟早会碰到不可解决的难题。如果我是一个研究非洲部落文化的人类学者，那么我可能不会这么考虑问题，但只要是在19世纪史、20世纪史的范围内，经济基础—上层建筑模式就是唯一的出发点。②

霍布斯鲍姆说，就连自由主义学者莫利纳里也承认："正是经济力的运作，使得人类自动划分为诸多民族。"③

霍布斯鲍姆在论述民族国家的内涵时，把工业革命以来的技术创新作为民族国家产生和发展的内在动力，统一了工业化和民族国家发展的历史，吉登斯也做过类似表述："资本主义和工业主义对于民族-国家的

---

① ［英］艾瑞克·霍布斯鲍姆：《帝国的年代：1875—1914》，贾士蘅译，39页，南京，江苏人民出版社，1999。
② 刘为：《历史学家是有用的——访英国著名史学家E.J.霍布斯鲍姆》，载《史学理论研究》，1992(4)。
③ 转引自［英］埃里克·霍布斯鲍姆：《民族与民族主义》，李金梅译，26页，上海，上海人民出版社，2006。

兴起都具有决定性意义。"①他推崇"技术即工业的本质"②，把技术及其工业看作民族国家的生产力水平的标志和衡量尺度。技术是一种生产力，是社会发展尤其是资本主义发展的基本动力，而技术创新则构成工业化和民族国家发展的基础。霍布斯鲍姆认为，民族国家作为资本主义社会结构的核心，与工业化具有一致的发展历程。霍布斯鲍姆拒绝把抽象的理论作为出发点来研究英国的工业革命以及之后的工业化、经济、技术和民族国家发展的问题，主张具体问题具体分析。同时，他也特别坚持民族国家发展的历史要在工业化、经济和技术的历史中得到说明的思想，并且以工业化作为民族国家思想的经验认识基础。因此，民族国家是特定地域及时空环境的历史产物，须纳入经济状况、科技发展、历史情境与社会背景下进行讨论，它的建立是艰难漫长的历史过程。

霍布斯鲍姆之所以把英国作为民族国家的标准和把其经济发展作为典型的经济模式，是由于英国的工业革命决定了民族国家的产生。霍布斯鲍姆认为，18世纪80年代开始的工业革命是自农业和城市发明以来世界历史上最重要的事件，意味着"人类社会的生产力摆脱了束缚它的桎梏，在人类历史上这还是第一次"③。自此，生产力从起飞进入了自我成长阶段，社会突破了前工业化时期物质生产的最高限制。英国的原发性工业革命使蒸汽机、纺织机等技术涌入欧洲和美国，使欧洲和美国

---

① ［英］安东尼·吉登斯：《民族-国家与暴力》，胡宗泽等译，5页，北京，生活·读书·新知三联书店，1998。
② 乔瑞金：《马克思技术哲学纲要》，61页，北京，人民出版社，2002。
③ ［英］艾瑞克·霍布斯鲍姆：《革命的年代：1789—1848》，王章辉等译，34页，南京，江苏人民出版社，1999。

进入工业化时代，使其经济和技术获得迅速发展，同时这种工业化促使欧洲和美国相继建立了民族国家。

霍布斯鲍姆以技术作为研究工业化的切入点，继而把技术作为核心来梳理经济、政治、科学、艺术等错综复杂的社会现象，认为经济和技术对于民族国家发展的历史具有决定性意义。他认为在工业化进入迅速发展的阶段，经济和技术进一步发展，决定了国际政治的主题是创建民族国家，在互相联系的民族、经济、自由和民主等因素中，民族居于中心地位。欧洲的法国、意大利、德国、巴尔干、希腊等都建立起主权独立的民族国家，欧洲之外的美国和日本等也开始进行创建民族国家的活动，"白哲特将这种现象称为'制造民族'，看来无法否认，'制造民族'已在全球展开，这是这个时代占主导地位的特征"[①]，民族国家的创建成为社会发展的主旋律和历史发展的核心。民族国家的发展决定于经济与技术的向前推进，这使经济与政治因素结合在一起，1918—1950年民族主义达到最高峰，民族认同等于国家认同的观念在欧洲日渐得势。有史以来第一次，欧洲这块拼图几乎全都由民族国家拼凑而成，而且这些民族国家全都拥有某种资产阶级式的国会。霍布斯鲍姆认为工业化使民族国家快速发展，同时也为社会主义准备了充足的条件，其短期后果是民族国家特别是英国实现了广泛的统治，新生的民族国家大获全胜，长远结果是诞生于工业革命中的社会主义和共产主义注定成为民族国家的替代方案。

---

① ［英］艾瑞克·霍布斯鲍姆：《资本的年代：1848—1875》，张晓华等译，106页，南京，江苏人民出版社，1999。

20世纪末的民族国家呈衰微之势，霍布斯鲍姆认为根本的原因在于民族国家已经失去旧有的一项重要功能，即以领土为范围的国家经济，由于经济全球化的发展，经济的基本单位由跨国企业或多国企业取代，使得民族和民族主义的意识形态完全失效，正如马克思所说："随着资产阶级的发展，随着贸易自由和世界市场的确立，随着工业生产以及与之相适应的生活条件的一致化，各国人民之间的民族孤立性和对立性日益消逝下去。"[①]民族脱离了国家这个实体，"就会像软体动物被从其硬壳中扯出来一样，立刻变得歪歪斜斜、软软绵绵"[②]。霍布斯鲍姆认为，民族分离并不意味着民族国家即刻实现向社会主义的转变，而是说明民族国家还有发展的余地，但是未来的世界历史不属于民族国家，民族国家会逐渐消失。

霍布斯鲍姆肯定了苏联和中国的社会主义国家在发展生产力上的积极作用，但是他对苏联的认识不够全面，没有看到苏联模式本身存在着致命的缺陷，它不仅缺乏现代创新的机制，而且全面抑制社会的创新活动。

二、政治哲学的维度

霍布斯鲍姆民族国家思想的最重要和最具有独创性的构建方法，就

[①] 《马克思恩格斯全集》第4卷，487—488页，北京，人民出版社，1958。

[②] [英]埃里克·霍布斯鲍姆：《民族与民族主义》，李金梅译，182页，上海，上海人民出版社，2006。

是从政治哲学的维度对民族国家进行研究和阐释，即把民族国家作为政治单位来考察，这是霍布斯鲍姆在借鉴马克思政治哲学的基础上形成的独特方法，他对马克思主义的国家理论的重构也着重体现在这里。政治哲学的中心问题是国家问题，从某种意义上说，政治哲学就是国家理论，国家理论就是政治哲学。因此马克思政治哲学的核心思想就是其国家理论，霍布斯鲍姆的民族国家思想就是对马克思主义的国家理论进行重新建构，从这个宏观的意义上来说，民族国家思想本身就是一种政治哲学的维度。霍布斯鲍姆在系统梳理了马克思政治哲学的基本内容之后，发现马克思对民族国家这样重要的政治问题论述得很少，几乎没有涉及，于是开始着手构建民族国家思想。

霍布斯鲍姆在考察民族国家的内涵时，认为民族最重要的内涵是它在政治上所彰显的意义。他采用了盖尔纳关于民族的定义，也就是政治单位与民族单位是等同的，并进行进一步的创造和演绎，他在近代民族意义上，也就是民族与国家相结合意义上来理解民族的定义。

霍布斯鲍姆认为，民族国家的发展不仅建立在经济和技术的基础之上，也建立在政治和思想的基础之上。霍布斯鲍姆把1789年的法国大革命和同时期发生的英国工业革命称为双元革命，这使1789—1848年的世界发生了根本转变。英国工业革命决定了19世纪民族国家的经济模式，法国大革命则决定了其政治模式和意识形态，提供了民族主义和自由民主理论，以及法典、科技组织模式和公有制度量衡，民族国家的政治和思想观念颠覆了古老文明。霍布斯鲍姆认为法国大革命不仅是民族国家的思想启蒙阶段，也是无产阶级意识和社会主义真理的源泉所在，社会主义从一开始就作为民族国家的反对力量而存在。

民族国家作为霍布斯鲍姆民族国家思想的核心理念,不仅表现在它的内涵上,也表现在它的构成上,也就是"民族国家是如何组织起来的"问题。霍布斯鲍姆认为构成民族国家的各个政治问题之间是互相联系、互为因果的有机整体,民族国家的政体是自由民主,而自由主义与民主主义之间的内在矛盾又导致了革命、战争和公共失序等政治问题,因此民族国家是自由民主、革命、战争和公共失序的政治主体,也是理解自由民主、革命、战争和公共失序等政治问题的钥匙。另外,意识形态是政治哲学领域的重要内容,霍布斯鲍姆认为现代主义的意识形态在民族国家中处于主导地位,对其他意识形态起着支配作用,对现代主义的批判也就是对民族国家的批判。

霍布斯鲍姆在思考民族国家的前景时,认为帝国主义和新帝国主义作为民族国家向社会主义转变的转折点,不仅是经济现象,更是政治现象,他着重从政治哲学的维度来诠释帝国主义和新帝国主义,民族国家是通往经济全球化的最大障碍,正是在这个意义上,社会主义作为民族国家在未来的现实替代方案,不仅仅是一种理想和理论,更是唯一和根本的政治力量,马克思主义者要致力于从现实中加强这种政治力量,让社会主义成为民族国家在政治力量上的现实对立面。汉娜·阿伦特把19世纪末的帝国主义视为"资产阶级取得政治统治权的第一个阶段,而非资本主义的最终阶段",[①] 霍布森认为资产阶级采用帝国主义的自由模式,即进步的意识形态,是由经济和政治两个因素促成的,并且需要

---

① H. Arendt, *Imperialism*, New York, Harcourt Brace Jovanovich, 1968, p. 22.

实施社会民主政策来解决。大卫·哈维以"时间-空间修复"作为帝国主义的驱动力时，把国家和帝国当作领土和政治实体式的存在，注重考察资本主义国家的政治因素，如阶级斗争和阶级联盟。在这一点上，霍布斯鲍姆与他们达成了一致，认为经济因素对于帝国主义具有重要意义，但是经济因素并不能解释帝国主义的所有方面，与帝国主义紧密相关的还有政治、情感、意识形态、爱国情操及种族诉求等。帝国主义带给工人阶级的好处也并不是经济利益，而是鼓励工人阶级认同帝国主义及其政府、社会、政治制度的合理性与合法性，换句话说，帝国主义就是将资产阶级和无产阶级团结在一起的政治和意识形态黏合剂。

在霍布斯鲍姆看来，新帝国主义试图成为21世纪的政治模式，其社会背景是经济全球化和民族国家存在的各种问题，而这些超国家和超民族的问题需要超国家的解决方案，民族国家是通往经济全球化的最大障碍。以美国霸权为主要代表的新帝国主义与所有帝国一样都是短暂的历史现象，美国的经济在世界上已经不具有主导权，只具有高科技武器上的军事优势，政治优势只剩下文化的世界主导权和英语的强势地位，因此霍布斯鲍姆认为今日的经济全球化不是由单一国家主导的，新帝国主义不能解决民族国家面临的诸多难题。到目前为止，世界从根本上说并不是作为统一的政治单元存在的，只存在所谓民族国家，虽然一些民族国家能够强大到足以制定有影响力的全球性政策，或为了某些特殊目的而建立起一些全球性机构，如联合国，但它除了其成员所赋予的权力外，没有任何权力。能够发挥全球影响力的国家体系并不包括所有拥有政治主权的国家，而只包括少数拥有强大经济或军事实力的民族国家，

"这类国家的存在正是通往更深远的全球化道路上的主要障碍"①。

霍布斯鲍姆从政治哲学的维度研究民族国家,把社会主义作为克服民族国家难题的现实政治力量,对马克思主义的国家理论发展的重要影响和作用是毋庸置疑的,但是弱化了社会主义作为经济力量在社会转型中的根本和决定性作用,这是西方马克思主义者进行理论研究的通病,因为他们生活和研究的社会背景是经济发达的资本主义国家,这决定了他们不会从经济力量来寻求实现社会主义的途径,而是从其他方面探索社会主义道路,如英国新马克思主义非常注重微观政治实践在社会变革中的作用。霍布斯鲍姆忽视经济力量的变革作用,使社会主义的实现缺乏稳固的经济根基,影响了其从民族国家向社会主义转变的理论说服力,这是我们在进行新时代中国特色社会主义的理论和实践中应该着力避免的。

霍布斯鲍姆从政治哲学的维度来构建民族国家思想,完善和充实了马克思主义的国家理论,但是他对马克思主义的国家理论的理解存在着偏差。他在发表自己的政治观点和政治评论中,认为马克思主义的政治哲学思想存在着一个争议较大的领域,这个领域就是国家理论中的民族国家研究。实际上,马克思从巴黎公社之后,就非常关注国家问题,后来的马克思主义者从马克思的原始文本中提炼出其中蕴含的国家思想,并形成理论化的体系,得到了国际范围的认可。因此马克思主义的国家理论是成熟和完整的,并不是如霍布斯鲍姆所认为的存在着争议较大的领域。

---

① [英]艾瑞克·霍布斯鲍姆:《国家与全球化》,载《国外社会科学文摘》,1999(8)。

三、自下而上的阶级分析方法

葛兰西关于自下而上的观察方法和注重人民群众文化的观点深刻地影响了英国新马克思主义的研究模式,他说:"下层集团一方所表现出的每一点独立进取心都对于整体历史学家具有不可估量的价值。"① 日本学者松村高夫认为:"葛兰西的领导权观点强调英国工人的文化和民众的文化,是导致英国出现'文化的马克思主义'的重要原因。"② 希尔顿对英国马克思主义自下而上的阶级分析方法进行了概括:

> 英国马克思主义史学家得到了非马克思主义史学家承认的主要成果的特征在于我们写作了"从下层着眼"的历史,也就是说,我们把历史研究的侧重点从封建的和资本主义的统治阶级及其制度转向劳动大众,无论农民、工匠还是无产阶级。③

作为英国马克思主义的重要代表,霍布斯鲍姆在 20 世纪 60 年代早期就敏锐地注意到,葛兰西是人民群众文化领域的开创者和指导者,格外关注葛兰西对人民群众的研究,认为葛兰西对前工业社会中人民群众的意识和文化领域的影响持续了很长时间,并且吸收了这种自下而上的

---

① [意]安东尼奥·葛兰西:《狱中札记》,曹雷雨等译,37页,北京,中国社会科学出版社,2000。
② [日]松村高夫:《英国社会史研究与马克思主义史学》,载《国外社会科学》,1985(1)。
③ 庞卓桓:《让马克思主义史学宏扬于国际史坛——访英国著名马克思主义史学家希尔顿》,载《史学理论》,1987(3)。

阶级分析方法，将之创造性地运用到民族国家的研究中，是民族国家思想对马克思主义方法论的一个重要启示。与资产阶级等统治阶级相比，霍布斯鲍姆更关注人民群众，他把人民群众作为创造民族国家的真正主体，以人民群众的生产、生活和思想状况来分析民族国家的经济、政治和意识形态等领域发生重大变化的内在动因。

剑桥的非马克思主义者彼得·柏克认为，自己的研究回到了葛兰西的开创性著作《现代欧洲早期的平民文化》(伦敦，1978)，E. P. 汤普森和雷蒙德·威廉斯也是如此。他们如葛兰西一样关注人民群众的未来，关注工人阶级的未来，关注民族和文明的未来。以汤普森为代表的历史主义的马克思主义学派和安德森为代表的结构主义的马克思主义学派就这一问题展开了激烈的争论，以汤普森为代表的历史主义的马克思主义学派不满意传统史学注重上层社会的方法，认为："如果从下往上看，而不是从上往下看社会，我们就可能获得对整个社会和国家的较为确切的图景。"①以安德森为代表的结构主义的马克思主义学派则把关注的目光投向社会的上层，认为从上往下看是社会研究的不可缺少的视角："一部'自上而下'的历史即关于阶级统治的历史一点也不比'自下而上'的历史逊色：没有它，后者最终只是单面的历史。"②只是把政治和国家等上层建筑的实体放在社会的整体结构中作为主要的研究对象来进行考察。学术界通常把霍布斯鲍姆归为以汤普森为代表的马克思主义学派，擅长运用自下而上的阶级分析方法，然而在凯伊看来，霍布斯鲍姆在运

---

① 转引自师文兵：《英国新马克思主义的两种文化批判意识——E. P. 汤普森与 P. 安德森的争论与对话》，12 页，山西大学，硕士学位论文，2005。

② Perry Anderson, *The Lineagesor Absolutiststate*, London, NLB, 1974, p. ll.

用自下而上的阶级分析方法的同时，并没有忽略对资产阶级的关注，反对过分渲染人民群众在历史上的重要性，凯伊认为，《资本的年代》是既着眼于底层阶级历史的研究，又不忽视对上层历史进行考察的典范。①如霍布斯鲍姆在《资本的年代》的导言中说："本书作者无意掩饰自己对本书所述年代的某些厌恶，甚至某种鄙夷，但由于敬佩这个时代所取得的巨大物质成就，由于竭力想去理解自己所不喜欢的事物，因而稍有缓和。"在这里，霍布斯鲍姆以公正的态度对待民族国家的伟大胜利，甚至赞同民族国家的阶段性胜利。

霍布斯鲍姆对人民群众的关怀体现在《劳工》《劳工的世界》《劳工的转折》《原始的叛乱》《匪徒》《非凡的小人物》《民族与民族主义》等著作中，深入地阐述了这些默默无闻的人民群众是如何以自己的热情和活动来融入民族国家的发展历程中去的。过去的历史大多数是为统治阶级歌功颂德，人民群众成为重大政治事件的经常性因素时才会被传统史学撰写，霍布斯鲍姆认为在民族国家诞生的双元革命时期，由于法国大革命把难以计数的人民群众卷入其中，官方文件就对他们记载并加以分类存档，在人民群众历史研究过程中涌现出米什莱、乔治·勒菲弗、马克·布洛赫等从事人民群众历史研究的学者，然而"真正的进展到了20世纪50年代中期才开始，那时马克思主义才有可能对此做出巨大的贡献"②。20世纪50年代中期欧洲人民群众历史研究虽然有了很大进展，但是不

---

① Harvey J. Kaye, The British Marxist Historian: An Introductory Analysis, New York, ST. Martin's Press, 2007, p.228.
② [英]埃里克·霍布斯鲍姆：《史学家——历史神话的终结者》，马俊亚、郭英剑译，235页，上海，上海人民出版社，2002。

是研究工人本身。霍布斯鲍姆认为，在民族国家中占绝大多数的人民群众才是民族国家历史的创造者和主体，并提出了自己研究人民群众的历史的技术：第一，人民群众的历史像古代的犁迹一样，随着犁地的人走远杳无踪迹了，这是因为缺乏大量现成的资料，然而通过一定的角度还能够捕捉到它的影子，如人民群众的简单年鉴，如出生、婚姻、死亡、录音机的口述历史、电话号码簿的名字等；第二，以知识、经验、想象及有条理的连续的思想体系适当地合并资料。

霍布斯鲍姆认为，从1948年开始，由韦伯和G. D. H. 科尔创始了非直接以年代为序的和记叙性的劳工运动历史。但是，他们对于民族国家的工业化或者经济和技术对劳工运动的作用涉及得很少。在1963年前后，这个领域开始引起更多的关注，但关注量仍然相当少，霍布斯鲍姆在《劳工》这本论文集中涉及了劳工与民族国家工业化的相互联系与影响。凯伊认为，"运用阶级斗争的分析方法和自下而上的历史观点的研究方法的一个极好的典范，就是霍布斯鲍姆发于1952年的研究卢德运动的论文《捣毁机器者》"[①]。当时的很多史学家认为，早期的劳工运动是盲目的和不自觉的，是对悲惨处境的本能反应，因而机器化的胜利是不可避免的。霍布斯鲍姆则从劳工本身的处境出发，对劳工运动和民族国家工业化的关系进行了全新剖析：一是劳工本身对机器没有太多敌意，他们这样做只是在特殊情况下对雇佣工厂主施加压力的一种惯用的低级方式；二是劳工对民族国家在工业化时期出现的新机器（特别是节

---

① Harvey J. Kaye, *The British Marxist Historian: An Introductory Analysis*, New York, ST. Martin's Press, 2007, p. 139.

省劳动力的机器)表露出敌意,对此应该做具体分析。1952年的情况是:捣毁机器不具有通常的普遍性;捣毁机器的劳工对机器也不是盲目地进行排斥,在采用机器意味着增加失业并威胁到劳工的生活水平的时候,劳工才会敌视它。[1] 霍布斯鲍姆认为,从这个意义上说,劳工强烈反对的并不是机器本身,而是它被使用后给自己带来的威胁,是劳工对资产阶级依赖机器进行剥削与压迫的事实进行有意识的反抗,因此劳工捣毁机器并不是阻止民族国家的工业化发展,而是对民族国家的统治阶级进行有意识的反抗。

在《劳工》这本论文集中,《1790—1850年英国生活水平》和《历史和"黑色邪恶工厂"》两篇论文中,霍布斯鲍姆驳斥了英国(民族国家)的工业革命是劳工生活水平实质提高的原因这样的观点,认为在英国的工业革命时期,也就是18世纪80年代和19世纪40年代之间,大部分英国劳工的生活水平不可能获得实质性的提高,当时所有关于失业的资料都支持了霍布斯鲍姆的这一看法。古典经济学设想的理想化情况是劳工工资率由市场单独决定,不受非经济因素的干预。19世纪私人企业经济的基本原则是在最廉价的市场买进劳动力和原材料,然后以高价卖出产品。对于资产阶级来说,在最廉价的市场购买到劳动力意味着单位产品的最低投入,即以最高的效率购买最便宜的劳动力,相反,对于劳工来说,在最高价的市场出卖劳动力意味着单位产品的最高价格。对于资产阶级来说,最低投入意味着永远具有大批所需的各个等级技能的劳工,

---

[1] 梁民愫:《英国马克思主义史学及在中国的反响研究——以埃里克·霍布斯鲍姆史学研究为中心》,69页,华东师范大学,博士后研究工作报告,2006。

对于工人来说，最高价格永远是被需求的，或被过度需求的。这两种情况都意味着双方都被市场所驱使：资产阶级寻找最可能高的利润，劳工寻找最可能高的工资。很多经济学家和资产阶级都追求和相信这种市场经济的自我调整的简单理论模式。但是霍布斯鲍姆认为这些观点过于简单，劳工在民族国家工业化时期的主体作用不但体现在经济和技术方面，而且体现在非理性因素中，资产阶级和劳工并不是完全被市场规则所决定的，与经济利益相比，影响劳动生产率的因素是社会安全、工作的舒适和休闲及劳工和资产阶级的态度。①

霍布斯鲍姆在《匪徒》这本书中以自下而上的阶级分析方法研究了处于国家边缘地带的匪徒，探讨了农业社会向工业社会、前资本主义社会向民族国家过渡的两个世纪以来匪徒与民族国家之间的关系。由于匪徒的社会地位处于底层，在统治阶级文化盛行的社会中很难见到系统的和专门的研究，这就给霍布斯鲍姆研究匪徒与民族国家之间的关系带来了很大的难度。霍布斯鲍姆另辟蹊径，从人民群众的口头传说、民谣、传说故事、剿匪文件等途径来搜集关于匪徒的资料，并以自下而上的阶级分析方法研究和分析匪徒对民族国家的经济、政治和社会结构所发挥的影响和作用。霍布斯鲍姆认为，研究匪徒的关键在于把它纳进民族国家的政治结构中，因此着重从匪徒在政治、权力、革命中所占据的地位和发挥的作用来阐释其与民族国家的相互关系。

从经济结构的角度来看，前资本主义的传统农业结构是匪徒存在的基本条件。在经济危机和社会贫困时期，匪徒就会普遍存在，他们与统

---

① Eric Hobsbawm, *Labouring Men*, New York, Basic Books, 1964, p. 344.

治阶级的等级制度相对抗，又在经济上与统治阶级相联系。但是民族国家的工业化逐步摧毁了传统农业结构，使匪徒从普遍存在转向个别存在，以至于完全消失。

从政治结构来看，前资本主义的农村政治结构是匪徒存在的有利条件。中央政权统治薄弱，政治力量衰弱，地方权力中心不稳定，使匪徒得以普遍存在。资本主义民族国家拥有的中央集权和武力独占权使匪徒从16世纪—18世纪的普遍存在逐渐转向个别存在，以至于绝迹。匪徒是拥有武器的政治势力，通常混杂在阶级斗争中，并且能够进入权力系统中，如曾在1855—1858年统治埃塞俄比亚的提奥多尔二世。匪徒的普遍存在不仅意味着经济贫困，也反映出旧政治结构的瓦解，以及新政治结构和新的统治阶级的兴起。这时候的匪徒就成为重大政治运动的先兆或催化剂。霍布斯鲍姆认为，只要革命者和匪徒在意识上达成一致，匪徒就会以独立农民的身份加入革命运动，从而成为革命力量的一部分。但他们自身带有农民阶级的狭隘性和局限性，没有太多的革命精神，不能满足长时间作战的需要，不具有民主主义和社会主义的意识，也无法建立科学的社会组织模式，因此匪徒活动转化为革命运动，进而领导革命运动的情况十分罕见。匪徒加入革命的意识表明人民群众的事业是正义的，革命者的无私、自我牺牲和献身精神使其具有可信性，因此军队和监狱成为革命者和匪徒在平等和相互信任的基础上汇合的地方，也是最容易发生政治皈依的地方。

从社会结构来看，匪徒激励弱者去挑战强者，激励追求正义的人去挑战非正义的统治者，因此，从部落组织直到现代的民族国家的任何社会形态都有匪徒这种社会现象。

霍布斯鲍姆以自下而上的阶级斗争方法来研究民族国家，符合马克思关于阶级斗争学说的基本精神，是对马克思主义的国家理论的丰富和发展；但是他对自上而下地研究民族国家持否定态度，并带有不应有的抵触和厌恶情绪，这使得他对民族国家的积极作用论述得不够，缺乏应有的肯定态度，如民族国家在人权发展中起着积极作用；福利国家重视以高权利、高义务为特征的公民社会权利，各个社会团体可以通过公共领域与国家形成合作式的伙伴关系，因而形成了以公平为理念的制度。

四、整体性的思维方式

按照安德森的说法，英国文化是缺乏整体性的社会理论，而整体性社会理论(包括经典社会学和马克思主义)都力图把各门学科纳入一个整体，在概念体系中来理解社会现象。他认为英国资产阶级"一开始就放弃了与生俱来的理智权利，拒绝承认社会整体存在问题，对于整体性范畴的一种深层的本能的厌恶表明了其全部轨迹，它从未在具体的历史实践中把社会重塑为一个整体，也从未在抽象的理论思考中把社会重思为一个整体"[1]。英国资产阶级没有在理论上形成有关英国社会的整体性思想，更没有在反对封建贵族的实践中发展出具体的整体性英国社会。因此在英国新马克思主义致力于创造特征鲜明、充满活力，堪与德法比肩的新型理论思维方式中，马克思主义的整体性叙事风格具有重要地位。

---

[1] Perry Anderson, "Compoent of the National," *New Left Review*, 1968(50), p. 13.

作为英国新马克思主义重要代表的霍布斯鲍姆是实践整体性思维方式最为典型的学者。霍布斯鲍姆是在继承马克思整体性思想的基础上,创造性地把整体性思维方式应用于民族国家思想的构建中,他认为马克思"保持了对历史进行任何充分研究的根基,因为迄今为止只有他一人尝试系统地阐述一种从总体上贴近历史的方法","他从总体上驾驭和构建戏剧性事件的能力是无与伦比的"。[①] 1971年,霍布斯鲍姆的研究范围从单纯的民族国家史,变成了整体史,其内容包括民族国家的内涵、构成和前景等。霍布斯鲍姆强调,并不是只研究民族国家整体,而是在研究每一个民族国家的问题时,都能够从民族国家整体去考察。霍布斯鲍姆构建民族国家思想的整体性思维方式既继承马克思主义整体性思想的基本精神,又有其独一无二的个性特征和理论魅力。除了受到马克思整体性思想的影响外,霍布斯鲍姆构建民族国家思想的整体性思维方式还受到法国年鉴派的影响,法国年鉴派主张的整体社会史要求写出包罗万象的社会历史,这样的追求有趋向烦琐和细节的危险。然而对于霍布斯鲍姆来说,他的民族国家思想是成功运用整体性思维方式的经典范例,重点体现在他研究民族国家时,不同于系统科学家把对象首先看成是系统的或整体的存在,而是主要关注民族国家的某种特殊性质。他的研究结果或他的民族国家思想,体现了某种特殊的整体观念。具体来说,就是在继承马克思主义的唯物主义历史观、辩证法和世界历史思想的基础上,以客观而具体的民族国家历史作为论据,以时间的连续性作

---

① [英]艾瑞克·霍布斯鲍姆、[意]安东尼奥·波立陶:《霍布斯鲍姆:新千年访谈录》,殷雄、田培义译,265页,北京,新华出版社,2001。

为认识民族国家的起点，以欧洲作为民族国家的发展核心和理论重点，将生产方式的逻辑维度、以过去为核心的时间维度与欧洲中心主义的空间维度有机结合，系统地建构起独特的民族国家思想，"展现出思维方式内在发展的清晰的逻辑特征、历史脉络和学术气息，体现出新的认识论和方法论意义"①。

(一)逻辑维度

马克思把社会看成由诸种相异要素构成的庞大的、复杂的有机整体，具体包括客观存在的自然界、国家、生产、交换、分配、消费、民族、语言、阶级、政治制度、法律、艺术、宗教、意识形态等，其中各要素之间不是简单机械相加，而是有机结合并从属于社会。马克思说道："我们得到的结论并不是说，生产、分配、交换、消费是同一的东西，而是说，它们构成一个总体的各个环节，一个统一体内部的差别。……不同要素之间存在着相互作用。每一个有机整体都是这样。"②这种整体性思维方式具体体现在霍布斯鲍姆的民族国家思想中，就是把民族国家解释为囊括全部社会生活领域的跨层次性的、整体性的范畴，以丰富多彩、栩栩如生的社会生活史来展现民族国家的发展历程，其社会生活史的领域涵盖了工业、农业、服务业、战争、国家、革命、传统、民族、帝国、民主、语言、艺术、文化、意识形态、道德、女权、生态、经济全球化、后现代等诸种相异元素；创建民族国家的主体也同

---

① 乔瑞金:《我们为什么需要研究英国的新马克思主义?》，载《马克思主义与现实》，2011(6)。

② 《马克思恩格斯全集》第30卷，40—41页，北京，人民出版社，1995。

样生活在不同的社会层次,具有不同的社会地位,对民族国家的发展起着不可替代的作用,这些主体不但包括资产阶级、工人阶级,还包括农民、鞋匠、爵士乐手、歌手、匪徒(包括女匪徒)等。在这一点上,安德森也表达了同样的观点,他认为整体性的社会是由经济、政治、文化等构成的有机整体,而不是各层面、各要素的简单机械的叠加。安德森关注的社会是整体性的社会,无论是古代的日耳曼的社会,还是封建主义的、绝对主义的社会,每种社会都"融合了经济、政治和文化等复杂要素,所有这些要素在结构上形成了一种特定的社会秩序"①。

马克思认为:"大体说来,亚细亚的、古代的、封建的和现代资产阶级的生产方式可以看作是社会经济形态演进的几个时代。"②这段话说明社会历史有其自身的发展规律。霍布斯鲍姆关于这种规律性说道:

> 我被马克思的思想所折服了,即历史是可以从总体上加以观察与分析的,并且它具有某种特征,我不能说它就是法律,因为那样会很容易引起人们对老派实证主义的回忆,而是说它具有结构与模式,是人类社会在长期演化过程中所形成的。③

霍布斯鲍姆在谈到社会结构时说,马克思的主要贡献在于

---

① 李瑞艳:《安德森"类型学"唯物史观思想研究》,145页,山西大学,博士学位论文,2013。
② 《马克思恩格斯全集》第13卷,19页,北京,人民出版社,1962。
③ [英]艾瑞克·霍布斯鲍姆、[意]安东尼奥·波立陶:《霍布斯访谈录:新千年访谈录》,殷雄、田培义译,7页,北京,新华出版社,2001。

试图把社会科学的研究成果吸收到自然科学研究中，或把人文学科的研究成果吸收到非人文学科的方法进行批判。这就意味着把社会看作是一种人与人之间的关系体系，这个以生产和再生产的目的为主的关系体系对马克思来说至关重要。它还意味着对这些体系的结构和功能性分析，这些体系在保持自我、在与外部环境——非人文及人文的因素——和内部关系等的关系中，是作为整体而存在的。[1]

马克思的这种整体性思维方式具体体现在霍布斯鲍姆的民族国家思想中，就是以生产方式为基点，以经济因素来解释民族国家的政治、文化和意识形态问题，正如乔瑞金所说的："整体智慧是指关于对象的综合的系统的认识，是集各种智慧要素于一体而大成的关于事物的本质反映，其中尤其指在现代科学、技术和社会发展基础上所产生的对系统整体的合乎对象自身的科学认识。"[2]霍布斯鲍姆不仅研究民族国家中某一或某些现象，而且捕捉潜在于这些现象背后的更深层次的经济原因，并在理论上揭示其所遵循的规律，提供改造、控制和利用民族国家的方法，从而服务于社会主义和人类解放的宗旨。他对民族国家的经济基础研究旨在理解整个社会发展的普遍趋势，对人民群众经济生活的描述旨在探索整个阶级结构包括资产阶级的动态发展规律。

霍布斯鲍姆以生产方式为基点，透过民族国家的经济现象来揭示整

---

[1] ［英］埃里克·霍布斯鲍姆：《史学家——历史神话的终结者》，马俊亚、郭英剑译，170页，上海，上海人民出版社，2002。

[2] 乔瑞金：《现代整体论》，5页，北京，中国经济出版社，1996。

个社会发展的普遍趋势，最典型的范例就是他不仅把1848年工业革命看成是新生民族国家取得胜利的历史，也看成是工业生产从扩张转变为收缩的历史，以及民族国家从兴起转变为衰落的历史。与霍布斯鲍姆在这一点上有异曲同工之妙的是伊格尔顿，他在分析文化生产的整体性特点时，把文化生产看作由物质生产方式所决定的表征精神和价值的文化："如何说明艺术中'基础'与'上层建筑'的关系，即作为生产的艺术与作为艺术形态的关系，是马克思主义批评当前的最重要的问题之一。"①

霍布斯鲍姆对民族国家中工人阶级经济生活的描述旨在探索整个阶级的动态发展规律，实际上，每一个看起来很小的经济主题，都可以运用整体性思维方式，以小见大，取得各方面的透视效果。霍布斯鲍姆在1960年早期就重视考察民族国家中工人阶级的整体历史和发展规律，尽管这样的研究本身没有涉及工人阶级在民族国家的所有生活方面，但他的劳工史著作对于扩大这一领域的研究发挥了重要作用。如霍布斯鲍姆在《劳工的世界》和《劳工》这两本著作中研究的主题是19世纪晚期至20世纪中期工人阶级的形成和演进的整体历史，包括他们的社会地位、生活方式和意识，他关注的不是工人组织（尽管他认为工人组织是工人阶级的关键维度），而是工人阶级的经济状况。霍布斯鲍姆认为，如果脱离了民族国家提供给工人阶级的现实经济状况，就不可能理解工人阶级的经济、政治、意识、思想的整体历史和发展规律。与霍布斯鲍姆相

---

① ［英］特里·伊格尔顿：《马克思主义与文学批评》，文宝译，81页，北京，人民文学出版社，1980。

一致,德赛从经济解释学的角度阐释了以阶级关系为基点的整体性思维方式,他认为古典经济学和新古典经济学只是提供了可以观察到的数量和价格的结构,放弃了对人和人之间关系的更深层次的挖掘,因此这两种经济学不能真正解释经济活动。而马克思对阶级关系的考察,无疑超越了个人主义的视角,对人和人之间的关系做出了合理的解释。实际上这种考察为经济理论提供了全新的思维方式,使整体地认识经济关系成为可能,也成了德赛整体主义的经济解释学最重要的原则。

(二)时间维度

霍布斯鲍姆倡导,民族国家的发展具有时间整体性,我们在"过去—现在—未来"的辩证法中已经详细地论述了霍布斯鲍姆的以过去为基点的时间上的整体性思维方式,因为"整体思维不仅着眼于现在,而且着眼于过去和未来,它把历史和人类文化作为一个有机整体来理性地处理,并通过这种处理提供人们历史进步的辩证法,以此规范人的现实实践活动"[①]。最典型的表现就是他在研究民族国家时,把民族国家诞生的双元革命的背景作为理解民族国家现在的困境,以及未来发展趋势的参照对象。霍布斯鲍姆在《劳工的世界》这本书中,对英国(民族国家)工人阶级的文化发展的分析集中体现了时间上的整体性思维方式。在霍布斯鲍姆看来,作为典型民族国家的英国经历了"前工业—工业化—工业"三个时期,与此同时,工人阶级在政治运动、阶级意识、宗教、娱乐形式、身体状况、妇女解放等方面的发展是一个有机整体,辩证地向

---

① 乔瑞金:《现代整体论》,24页,北京,中国经济出版社,1996。

前发展。

第一，前工业时期。霍布斯鲍姆认为，英国工人阶级的早期文化是一种独特现象：以阶级意识为纽带的行业联盟和工人阶级反映的不是民族国家工业化的社会，而是前工业社会。

1799—1815年，"工人阶级"这个词首次出现在英国的政治语言中。工人最初的政治运动被称为劳工运动，通过阶级意识组织起来，如行业联盟。自此以后，阶级意识的作用变得重要和突出起来，例如，通过阶级意识的纽带联结起来的宪章运动，有效调动了大部分工人。从这个意义上说，汤普森在《英国工人阶级的形成》这本书中的眼光是非常敏锐的，然而霍布斯鲍姆却认为，直到19世纪40年代，英国人口的主体仍然是农民，工厂建立的范围仅限于纺织工业，如棉花工业，1851年，工人才成为英国人口的主体，英国的"工厂法案"，直到1967年才越过纺织工业的范围，涉及其他工业，因此，虽然行业联盟不是直接建立在手工业行会的基础之上，但其阶级意识反映的仍然是前工业社会。

霍布斯鲍姆认为，前工业社会的实践经验使新生的工人阶级产生了共同的阶级意识，如英国的工人阶级只有15％来自纺织工业，其余则来自手工业和建筑行业，但是工人运动的激进分子产生于前工业社会的纺织工业，前工业社会工人阶级的阶级意识的形成非常重要。

第二，工业化时期。霍布斯鲍姆认为，英国的工业化促使工人阶级不仅具有标准化的生活和文化模式，而且具有整体性的特征和普遍性的阶级意识，用莫里斯·多布的话来说就是，英国的工人阶级具有底层阶级的共同特征，但是工人阶级中的女性仍然被排除在工作的可能性之外。工人阶级中的已婚妇女是工人文化的固定牺牲者。

第三，工业时期。前两个时期是英国工人阶级处于危机前的文化。20世纪五六十年代，英国工人阶级的文化发生了非常深远变化。早期工人阶级文化的强势占有领域有煤、纺织、造船、铁路，此时除了金属和电子工业外，手工工人在英国其他行业领域的数量不足一半；而超过一半的已婚妇女在工作；年轻的工人阶级激进分子都曾受过良好的教育，是职业化的激进分子；议院的工人阶级代表不是矿工，也不是铁路工人，而是大学的演讲者。自20世纪50年代以来，大部分英国工人都能过上不错的生活，物质方面的生活是很富足的，然而在霍布斯鲍姆看来，在非物质方面，工人阶级的阶级意识正在弱化，工人阶级的文化正处于失去方向的危险中。

(三)空间维度

霍布斯鲍姆早期的民族国家思想带有强烈的欧洲中心主义情结，后期则提倡跳出欧洲，跳出西方，将视线投射到所有地区和所有年代，尝试采用更加广阔的全球视野来考察民族国家。从本质上说，这种在空间上的整体性思维方式是以欧洲作为观测的中心点进而扩及亚洲、非洲和拉丁美洲的。霍布斯鲍姆认为民族国家发展的地域是以欧洲为中心的，吉登斯在这点上与霍布斯鲍姆一致，甚至直接以西方民族国家或者欧洲民族国家的名称来进行理论研究。英国新马克思主义的其余学者如汤普森、安德森、奈恩、威廉斯则把英国作为标本寻求解决民族国家问题的方式与方法。如安德森在对英国民族历史的全面系统的分析中，采用了整体性的思维方式，他认为：

在一种卓越的、想象的历史与一种空白的政治分析中的巨大鸿沟是我们试图去克服的。我们试图把历史与当前相关联，并重建两者之间的连续性。这就意味着一种不可避免的"整体化"的尝试，这是学术历史编纂学所加以割裂的。相反，它意味着一种对当前的结构分析。我们试图构建一种有关英国社会的过去与现在的整体理论。[1]

这种整体性的思维方式有助于安德森以英国的民族性历史为基点来观察全球范围内的社会主义实践，这一全球视野表现在《新左派评论》的著作和文章中，涉及的范围广至布拉格之春、古巴革命等。他们把欧洲作为民族国家理论研究的蓝本，虽有欧洲中心主义的嫌疑，但对于厘清资本主义民族国家的内涵、特征与职责来说，也是可取的。霍布斯鲍姆后期的民族国家思想开始关注第三世界国家的民族现象，因为霍布斯鲍姆始终恪守的行为准则是："史学家尽管关注的是微观方面的事情，但是他们必须放眼全世界，因为它是理解人类历史、包括任何人类特殊部分历史的必要前提。因为所有人类的集体现在是，也一直都是更广大、更复杂的世界总体的一部分。"[2]霍布斯鲍姆后期著作着力于超越单一民族国家的狭隘界限，建立真正广泛视域的世界历史体系，他阐述、研究和总结资本主义民族国家的历史经验的过程，体现了马克思主义的资本

---

[1] Perry Anderson, "Origins of the Present Crisis," *New Left Review*, 1964(23), p. 39.

[2] Eric Hobsbawm, *Identity History is Not Enough in On History*, New York, The New Press, 1997, p. 277.

主义自我批判的本质。

《革命的年代》展现了资本主义民族国家在发生双元革命的英国和法国诞生的历史过程,霍布斯鲍姆在这本书的序言中说道:"本书之所以把视角放在欧洲,更确切地说是放在法、英,那是因为在这个时期,经济的基础转变发生在欧洲,确切地说,是发生在法、英。"①他认为,法国的政治革命和英国的工业革命使民族国家成为国家经济得以有效运作的经济和政治单位,以民族国家为单位把双元革命的影响传播到整个欧洲,并以扩张的形式波及第三世界。

《资本的年代》主要描述了民族国家在1848—1875年发展的历史。霍布斯鲍姆在《资本的年代》的序言中清楚地表达了自己研究民族国家的整体性思维方式:"我的目的并不是将已知的事实做番总结,亦非叙述何时发生何事,而是将事实归纳起来,进行整体的历史综合,从而'了解'19世纪第三个25年,并在一定限度内把我们今日的'根'追溯到那个时期。"②

《帝国的年代》发表了霍布斯鲍姆对1875—1914年帝国主义的观点,他认为《帝国的年代》在时间跨度上虽然较少,但是对于民族国家的前途具有至关重要的作用。表面上看来民族国家已经大获全胜,并具有充分的发展余地,但是实际上,《帝国的年代》的各种迹象表明,民族国家在这时已经进入由盛而衰的转折期。

---

① [英]艾里克·霍布斯鲍姆:《革命的年代:1789—1848》,王章辉等译,南京,江苏人民出版社,1999。引文有改动。

② [英]艾瑞克·霍布斯鲍姆:《资本的年代:1848—1875》,张晓华等译,序言3页,南京,江苏人民出版社,1999。

第六章 民族国家思想的方法论启示

霍布斯鲍姆在新千年访谈录中回答了为何把欧洲置于他的19世纪史和20世纪史著作的观测领域时说:"这是由我所阐述问题的本质决定的。如果你正在研究现代资本主义和世界经济史,那么直到19世纪末以及美国作为一个世界性角色的出现,你只能如此。"①

霍布斯鲍姆的英文著作《工业与帝国》是关于英国历史的,把英国作为全球经济的一个重要部分来研究,并在研究的过程中涉及了印度、阿根廷和澳大利亚。但是霍布斯鲍姆在这本书中对其他地区的参考是边缘化的。

霍布斯鲍姆以全球视野构建民族国家思想的整体性思维方式最初体现在《匪徒》这部作品中,《极端的年代》则是他以全球视野对民族国家未来的持续关怀。霍布斯鲍姆以全球视野观察匪徒和民族国家的关系,涉及的地域之广遍及巴尔干半岛、地中海地区等。霍布斯鲍姆认为,20世纪,在经济上,全球已经成为基本的运作单位,而旧有以民族国家界定的国家经济趋向衰落。1994年,霍布斯鲍姆在《第欧根尼》杂志上发表《探索于普遍性和同一性之间的历史学家》,表露了探讨全球历史的理论愿望,他说:"历史学家不论属于哪一个微观世界,这不仅是出于对我们之中的许多人向往的某种理想的忠诚,而且也因为这是理解人类历史的必要条件。"②

霍布斯鲍姆用马克思的整体性思想来指导他的学术研究,形成了构建民族国家思想的新观念和新方法,发展了马克思主义的国家理论的基

---

① [英]艾瑞克·霍布斯鲍姆、[意]安东尼奥·波立陶:《霍布斯鲍姆:新千年访谈录》,殷雄、田培义译,267页,北京,新华出版社,2001。
② Eric Hobsbawm, *On History*, New York, The New Press, 1994, p.277.

本研究方法，为创新英国新马克思主义的思维范式做出了不可磨灭的贡献，同时也透露出一些民族国家思想自身的局限性。霍布斯鲍姆把民族国家等同于资本主义国家，地区限制在欧洲、美国和日本，欧洲在民族国家中占据主导地位。这与他所坚持的整体性思维方式发生了较大的矛盾，造成其民族国家思想内在的不一致和不协调，这是我们在正确运用整体性思维方式来认识和理解民族国家和社会主义时要特别注意和避免的。

小　结

霍布斯鲍姆的民族国家思想在继承和借鉴马克思主义的国家理论和方法论的基础上，吸收其他相关的社会科学研究的方法，再加以创造性地应用，形成自己独特的方法论特征，进一步丰富、充实和完善了马克思主义的国家理论和方法论，并提供了诸多方法论上的启示，但是西方发达资本主义国家的社会背景和社会思潮又使得霍布斯鲍姆的民族国家思想不可避免地存在着不足之处，这就要求我们在理解和认识民族国家和社会主义时应该注意避免。

马克思主义的唯物主义历史观是霍布斯鲍姆民族国家思想的根本哲学立场和理论基石，决定了其政治立场和方法论特征，也决定了霍布斯鲍姆对民族国家的批判态度，以及对社会主义的价值诉求。唯物主义的历史观使霍布斯鲍姆的民族国家思想具有科学性、确定性、阶级性和完整性，具体表现在霍布斯鲍姆以生产力和生产关系、经济基础和上层建筑的关系来解释民族国家的产生、发展和消亡的历程，把工业史、技术史与民族国家史统一起来，成为唯物主义历史观的可靠论据。霍布斯鲍姆在唯物主义历史观的基础上，综合运用了政治哲学的维度、自下而上的阶级分析方法和整体性的思维方式。民族国家思想本身就是一种政治哲学的维度，同时霍布斯鲍姆在考察民族国家的内涵、构成和前景时也是一种政治哲学的维度，与经典马克思主义注重经济基础不同，霍布斯鲍姆最为关注的是上层建筑，但是这种方法忽视了经济力量在民族国家向社会主义转变过程中的根基作用，经济方面的解释力显得相对薄弱，他对马克思国家理论的认识存在偏差，马克思国家理论是成熟的和完整的，并不是如他所认为的存在着争议较大的领域。自下而上的阶级分析方法使霍布斯鲍姆把民族国家的主体确立为人民群众，具体来说就是不但包括工人阶级，还包括农民、鞋匠、匪徒、歌手、女性等，这种方法为展现民族国家的现实图景提供了更为全面的视角。霍布斯鲍姆力图在人民群众的现实生活经验中研究他们对民族国家的经济、政治、文化、意识形态等方面的影响和作用，探求他们在民族国家发展过程中所占据的社会地位和所扮演的角色，但是他对自上而下地研究民族国家持否定的态度，并带有不应有的抵触和厌恶情绪，这使得他对民族国家的积极作用论述得不够，缺乏应有的肯定态度。在霍布斯鲍姆的民族国家思想中，整体性的思维方式具体表现在从逻辑、时间和空间三个维度来诠释民族国家的内涵、构成和前景，以物质生产方式作为先在的逻辑，透过民族国家的经济基础，民族国家的遥远过去、民族国家的发展来获得对民族国家的整体认识，但是这种方法以欧洲作为民族国家的发展中心，与整体性的思维方式存在着内在的不一致。

结　语

霍布斯鲍姆的民族国家思想是对马克思主义哲学的发展和补充，致力于为人类的发展和实践做出应有的贡献。

霍布斯鲍姆对经典马克思主义、西方马克思主义、英国的学术传统和西方传统国家理论进行综合运用，兼收并蓄，创新发展，形成了自己独具特色的民族国家思想。霍布斯鲍姆坚持经典马克思主义哲学的基本立场，把唯物主义历史观和"过去—现在—未来"的辩证法作为研究民族国家的指南，使民族国家思想屹立在生产力与生产关系、经济基础与上层建筑的理论磐石之上；批判吸收了西方马克思主义的优秀成果，对民族国家进行系统、全面的批判，也批判吸收了早期西方马克思主义者葛兰西的文化领导权理论，着重从上层建筑而不是经济基础来阐释民族国家；融合了英国的学术传统，尤其是英国的经验主义传统，其优势在于既能在具体问题具体分析中坚持马克思主义的基本理论，又能最大限度地保持客观事实的具体性和完整性；反思西方传统国家理论的得失，以其存在的三个缺陷作为批判民族国家的锐利武器：民族国家的政体是自由主义和民主主义的结合，实际上基本立场是自由主义，本质上是个人主义。

霍布斯鲍姆以工业和技术的经验作为民族国家建立的基础，把自由民主看作民族国家（资本主义性质）的政体，将社会主义视为民族国家发展的方向，形成了特征鲜明的民族国家思想。霍布斯鲍姆的民族国家思想存在着相互联系、相互统一、相互渗透的三个逻辑维度，即历史观维度、方法论维度、价值论维度，这三个逻辑维度分别决定了霍布斯鲍姆民族国家思想的哲学立场、方法特征和价值诉求，是其思想的独特性和创新性所在。

以工业的和技术的经验作为民族国家的基础，是以生产力和生产关系、经济基础和上层建筑的理论框架来认识民族国家，这体现了霍布斯鲍姆民族国家思想的历史观维度，决定了其马克思主义哲学的基本立场。工业革命是生产力在人类历史上的第一次飞跃，推动了资本主义生产关系的发展，决定了民族国家的产生，民族国家的内涵开始具有自由主义的政治意义。工业化的发展把民族国家的发展推向高潮，民族国家的内涵开始从自由主义转向自由主义与民主主义的结合。工业化的完成使民族国家失去作为国家经济的基本功能，面临民族分离的困境，民族与国家的内涵逐渐分离。

把自由民主看作民族国家的政体，这是从政治哲学维度来研究民族国家，体现了霍布斯鲍姆民族国家思想的历史观维度，决定了其方法上的特征。法国大革命在1789年和1793年的两个原则成为建立民族国家的基本民族原则，表面上表述的是遵照人民（民族）的意愿，属于民主政体，本质上实行的是自由主义的立宪政体。在帝国主义时代，民族自决成为建立民族国家的基本民族原则，实行的是自由主义与民主主义相结合的政体，普遍采用代议民主制，其基本立场是自由主义。经济全球化时期，民族国家政体的功能、特征和困境体现出来，民族国家的上层建筑相对于经济基础来说获得独立发展，成为经济全球化的最大障碍，其历史使命是向社会主义转变。

将社会主义视为民族国家发展的方向，原因是社会主义是以集体主义来组织社会活动的，这体现了霍布斯鲍姆民族国家思想的价值观维度，决定了其人类解放的价值诉求。自由主义的价值基础是个人主义，社会主义的价值基础是与个人主义相对立的集体主义。社会主义代替民族国家成为唯一和根本的政治力量，属于政治解放，政治解放不是人类解放，但是社会主义的本身蕴含着超越政治解放，实现人类解放的价值诉求。

霍布斯鲍姆的民族国家思想为我们理解和研究民族国家提供了可贵的借鉴，但是其思想也不可避免地存在着一些不足之处。霍布斯鲍姆的民族国家思想重视民族国家的阐释，忽视社会主义的具体运行制度，放弃对物质武器、现实道路的探寻。他把民族国家等同于西方的资本主义国家，缺乏全球性视野，影响了其思想的整体性的结构。

参考文献

(一)霍布斯鲍姆的著作及论文(英文)

1. *Politics for a Rational Left*，New York，Verso，1989.

2. *Labour's Turning Point: 1880-1900*，London，Lawrence & Wishart，1948.

3. *Identity History is Not Enough in On History*，New York，The New Press，1994.

4. *Labouring Men*，New York，Basic Books，1964.

5. *Captain Swing*，London，Lawrence & Wishart，1969.

6. *The History of Marxism*，Brighton，The Harvester Press，1982.

7. *Karl Marx: Pre-Capitalist Economic Formations*，London，Lawrence & Wishart，1964.

8. *Revolutionaries*，London，Weidenfeld and Nicolson，1973.

9. *Worlds of Labour: Further Studies in the Historty of Labour*，London，Weidenfeld & Nicolson，1984.

10. *The Jazz Scene*，London，Werdenfeld & Nicolson，1859.

11. *Echoes of the Marseillaise: Two Centuries Look Back on the French Revolution*, New York, Verso, 1990.

12. *On Empire: America, War, and Global Supremacy*, New York, Pantheon, 2008.

13. *Industry and Empire*, London, Pelican, 1968.

14. "Gorbachev, My Hero," *London Review of Book*, 2005, 27(8).

15. "Revolution in the Family," *London Review of Book*, 2005, 33(3).

16. "J. D. Bernal," *London Review of Book*, 2006, 28(5).

17. "Budapest 1956," *London Review of Book*, 2006, 28(22).

18. "Communism in Britain," *London Review of Book*, 2007, 29(8).

19. "Memories of Weimar," *London Review of Book*, 2008, 30(2).

20. "Mandarin Science," *London Review of Book*, 2009, 31(4).

21. "The 1930s," *London Review of Book*, 2009, 33(15).

22. "My Days as a Jazz Critic," *London Review of Book*, 2010, 32(10).

23. "Palmiro Togliatti," *London Review of Book*, 2010, 32(7).

24. "The Jews of San Nicandro," *London Review of Book*, 2011, 33(3).

(二) 霍布斯鲍姆的著作及论文(中文)

1. 艾瑞克·霍布斯鲍姆. 革命的年代：1789—1848. 王章辉等译. 南京，江苏人民出版社，1999.

2. E. J. 艾瑞克·霍布斯鲍姆. 匪徒：秩序化生活的异类. 李立玮, 谷晓静译. 北京，中国友谊出版公司，2001.

3. 艾瑞克·霍布斯鲍姆. 资本的年代：1848—1875. 张晓华等译. 南京，江苏人民出版社，1999.

4. 霍布斯鲍姆，兰格. 传统的发明. 顾杭，庞冠群译. 南京，译林出版社，2004.

5. 艾瑞克·霍布斯鲍姆. 帝国的年代：1875—1914. 贾士蘅译. 南京，江苏人民出版社，1999.

6. 埃里克·霍布斯鲍姆. 民族与民族主义. 李金梅译. 上海，上海人民出版社，2006.

7. 艾瑞克·霍布斯鲍姆. 极端的年代：1914—1991. 郑明萱译. 南京，江苏人民出版社，1998.

8. 埃里克·霍布斯鲍姆. 史学家：历史神话的终结者. 马俊亚，郭英剑译. 上海，上海人民出版社，2002.

9. 艾瑞克·霍布斯鲍姆. 非凡的小人物：反抗、造反及爵士乐. 王翔译. 北京，新华出版社，2001.

10. 艾瑞克·霍布斯鲍姆，安东尼奥·波立陶. 霍布斯鲍姆：新千年访谈录. 殷雄，田培义译. 北京，新华出版社，2000.

11. 艾瑞克·霍布斯鲍姆. 趣味横生的时光：我的20世纪人生. 周全译. 北京，中信出版社，2010.

12. 艾瑞克·霍布斯鲍姆. 霍布斯鲍姆看21世纪. 吴莉君译. 北京，中信出版社，2010.

13. 艾瑞克·霍布斯鲍姆. 国家与全球化. 国外社会科学文摘，1999(8).

14. 艾瑞克·霍布斯鲍姆. 摆脱困境：社会主义仍然富有生命力. 现代外国哲学社会科学文摘，1992(2).

15. 艾瑞克·霍布斯鲍姆. 今日意识形态危机(上). 国外社会科学文摘，1992(10).

16. 艾瑞克·霍布斯鲍姆. 今日意识形态危机(下). 国外哲学社会科学文摘, 1992(11).

17. 艾瑞克·霍布斯鲍姆. 21世纪世界发展病状分析: 艾瑞克·霍布斯鲍姆访谈录. 江西社会科学, 2010(11).

18. 艾瑞克·霍布斯鲍姆. 民主扩张这种极端危险的想法. 21世纪经济报道, 2004(11).

19. 埃里克·霍布斯鲍姆. 工业与帝国: 英国的现代化历程. 梅俊杰译. 北京, 中央编译出版社, 2016.

(三)其他相关著作与论文(英文)

1. Harvey J., Kaye. E. P., *Thompson: Critical Perspectives*, Cambridge, Polity Press, 1990.

2. Harvey J. Kaye, *The British Marxist Historians: An Introductory Analysis*, Cambridge, Polity Press, 1984.

3. Perry Anderson, *Arguments within English Marxism*, London, Verso, 1980.

4. E. P. Thompson, "Thompson: Recovering the Libertarian Tradition," *Leveller*, 1979(22).

5. E. P. Thompson, "Eighteenth-century English Society: Class Struggle Without Class?," *Social History*, 1978(3).

6. E. P. Thompson, "Folklore, Anthropology, and Social History," *Indian Historical Review*, 1997(3).

7. Edward Thompson, *The Poverty of Theory*, New York, Monthly Review Press, 1978.

8. G. Williams, "The Concept of 'Hegemonia' in the Thought of Antonio Gramsic: Some Notes on Interpretation," *Journal of the History of Ideals*, 1960(21).

9. Gavin Kitching, *Karl Marx and the Philosophy of Praxis*, London and New York, Routledge, 1988.

10. Raymond Williams, *Marxism and Literature*, Oxford, Oxford University Press, 1977.

11. Raymond Williams, *Politics and Letters: Interview with New Left Review*, London, New Left Books, 1979.

12. Raymond Williams, *The Long Revolution*, London, Chatto & Windus, 1961.

13. Tom Nairn, "Introduction," *New Left Review*, 1968(52).

14. Tom Nairn, "The Anatomy of the Labour Party," *New Left Review*, 1964(28).

15. Tom Nairn, "The English Working Class," *New Left Review*, 1964(24).

16. Victor Kiernan, "Culture and Society," *New Reasoner*, 1959(9).

17. Raymond Williams, *Marxism and Literature*, Oxford, Oxford University Press, 1977.

18. Raymond Williams, "Towards a Socialist History: In Defence of History," *History Workshop Journal*, 1979(7).

19. Raymond Williams, "May Day Manifesto 1968," *Penguin Books*, 1968.

20. Raymond Williams, *Politics and Letters: Interviews with New*

Left Review, London, Verso, 1981.

21. Tom Nairn, "The British Political Elite," *New Left Review*, 1964(7).

22. Tom Nairn, "The English Working Class," *New Left Review*, 1964(11).

23. Terry Eagleton, "Criticism and Politics: The Work of Raymond Williams," *New Left Review*, 1976.

24. Terry Eagleton, "Capitalism, Modernism and Postmodernism," *New Left Review*, 1985(10).

25. Robin Blackburn, "Marxism: Theory of Proletarian Revolution," *New Left Review*, 1976(97).

26. Robin Blackburn, "Raymond Williams and the Politics of a New Left," *New Left Review*, 1988(168).

27. Wade Matthews, "The Poverty of Strategy: E. P. Thompson, Perry Anderson and the Transition to Socialism," *Labour/Le Travail*, 2002(50).

28. Mark A. Pollack, [untitled], *The Journal of Politics*, 1998(4).

29. Tim Walsh, [untitled], *International Affairs*, 1998(1).

30. Maurice Meilleur, "Spectrum: From Right to Left in the World of Ideas," *The Antioch Review*, 2006(3).

31. Anthony Ashbolt, [untitled], *Labour History*, 2006(88).

32. Martin Jay, [untitled], *Theory and Society*, 1977(2).

33. Richard Ashcraft, [untitled], *Political Theory*, 1978(1).

34. David Macgregor, "The End of Western Marxism," *Contemporary*

Sociology, 1978(2).

35. Gary S. Orgel, [untitled], *Studies in Soviet Thought*, 1979(3).

36. Marian Sawer & Marian Sawyer, [untitled], *Labour History*, 1977(33).

37. Raymond Morrow, [untitled], *The Canadian Journal of Sociology*, 1986(4).

38. Paul Blackledge, *Perry Anderson, Marxism and the New Left*, London, The Merlin Press Ltd., 2004.

39. Elliott Gregory, *Perry Anderson: The Merciless Laboratory of History*, Minneapolis, University of Minnesota Press, 1998.

40. Lin Chun, *The British New Left*, Edinburgh, Edinburgh University Press, 1993.

41. Dennis Dworkin, *Cultural Marxism in Postwar Britain: History, the New Left, and the Origins of Cultural Studies*, London, Duke University Press, 1997.

42. Antony Easthope, *British Post-structuralism since 1968*, London and New York, Routledge, 1988.

43. E. P. Thompson, *The Making of the English Class*, London, Victor Gollancz, 1963.

44. E. P. Thompson, *William Morris: Romantic to Revolution*, New York, Pantheon, 1977.

45. E. P. Thompson, *The Poverty of the Theory and Other Essays*, London, Monthly Review Press, 1978.

46. E. P. Thompson, "Socialist Humanism," The *New Reasoner*, 1, 1957(7).

47. Terry Eagleton, *Literary Theory: An Introduction*, Oxford, Blackwell, 1983.

48. Terry Eagleton, *The Function of Criticism*, London, Verso, 1984.

49. Terry Eagleton, *Against the Grain: Essays (1975-1985)*, London and New York, Verso, 1986.

50. Terry Eagleton, *William Shakespeare (Rereading Literature)*, Oxford, Blackwell, 1986.

51. Terry Eagleton, *Saints and Scholars*, London, Verso, 1987.

52. Terry Eagleton, *Raymond Williams: A Critical Reader*, Chicago, Northeastern University Press, 1989.

53. Terry Eagleton, *The Ideology of the Aesthetic*, Oxford, Blackwell, 1990.

(四)其他相关著作(中文)

1. 马克思恩格斯选集：1—4卷. 北京，人民出版社，1995.

2. 马克思恩格斯全集：第1卷. 北京，人民出版社，1956.

3. 马克思恩格斯全集：第4卷. 北京，人民出版社，1958.

4. 马克思恩格斯全集：第42卷. 北京，人民出版社，1979.

5. 马克思恩格斯全集：第46卷. 北京，人民出版社，1979.

6. 埃里·杜凯里. 民族主义. 张明明译. 北京，中央编译出版社，2002.

7. 爱德华·莫迪默，罗伯特·法恩. 人民·民族·国家：族性与民族主义的含义. 刘泓, 黄海慧译. 北京, 中央民族大学出版社, 2009.

8. 安东尼·吉登斯. 历史唯物主义的当代批判：权力、财产与国家. 郭忠华译. 上海, 上海译文出版社, 2010.

9. 安东尼·吉登斯. 全球时代的民族国家：吉登斯讲演录. 郭忠华编. 南京, 江苏人民出版社, 2010.

10. 鲍桑葵. 关于国家的哲学理论. 汪淑钧译. 北京, 商务印书馆, 1995.

11. 本尼迪克特·安德森. 想象的共同体：民族主义的起源与散布. 吴叡人译. 上海, 上海人民出版社, 2005.

12. 陈建樾, 周竞红. 族际政治在多民族国家的理论与实践. 北京, 社会科学文献出版社, 2010.

13. 戴维·麦克莱伦. 马克思以后的马克思主义. 李智译. 北京, 中国人民大学出版社, 2016.

14. 董小川. 现代欧美国家民族的同化与排斥. 上海, 上海三联书店, 2008.

15. 段忠桥. 马克思的分配正义观念. 北京, 中国人民大学出版社, 2018.

16. 段忠桥. 何为政治哲学. 北京, 中国社会科学出版社, 2018.

17. 厄内斯特·盖尔纳. 民族与民族主义. 韩红译. 北京, 中央编译出版社, 2002.

18. 费孝通. 中华民族多元一体格局. 北京, 中央民族大学出版社, 1999.

19. G. A. 柯亨. 卡尔·马克思的历史理论：一个辩护. 岳长龄译. 重

庆，重庆出版社，1989.

20. 关凯. 族群政治. 北京，中央民族大学出版社，2007.

21. 葛公尚. 二十世纪世界民族问题报告：典型篇1. 北京，民族出版社，2005。

22. 郭忠华，刘训练. 公民身份与社会阶级. 南京，江苏人民出版社，2007.

23. 韩冬雪. 马克思主义政治哲学诸范畴初探：政治学院. 长春，吉林出版集团有限责任公司，2007.

24. 汉娜·阿伦特. 马克思与西方政治思想传统. 孙传钊译. 南京，江苏人民出版社，2007.

25. 汉娜·阿伦特. 极权主义的起源. 林骧华译. 北京，生活·读书·新知三联书店，2008.

26. 侯才等. 政治哲学经典：马克思主义卷. 北京，人民出版社，2008.

27. 胡安·诺格. 民族主义与领土. 徐鹤林，朱伦译. 北京，中央民族大学出版社，2009.

28. 黑格尔. 历史哲学. 王造时译. 上海，上海书店出版社，2006.

29. 韩震. 西方历史哲学导论. 济南，山东人民出版社，1992.

30. 何包钢. 民主理论：困境和出路. 北京，法律出版社，2008.

31. 江红义. 国家自主性理论的逻辑：关于马克思、波朗查斯与密里本德的比较分析. 北京，知识产权出版社，2011.

32. 姜士林等. 世界宪法全书. 青岛，青岛出版社，1997.

33. 列宁选集. 北京，人民出版社，1995.

34. 李惠斌，李义天. 马克思与正义理论. 北京，中国人民大学出版社，2010.

35. 吕增奎. 马克思与诺齐克之间：G. A. 柯亨文选. 南京，江苏人民出版社，2007.

36. 里亚·格林菲尔德. 民族主义：向现代的五条道路. 王春华等译. 上海，上海三联书店，2010.

37. 刘军. 国家起源新论：马克思国家起源理论及当代发展. 北京，中央编译出版社，2008.

38. 刘保国. 马克思恩格斯阶级理论与现代社会研究. 北京，知识产权出版社，2005.

39. 梁民愫. 马克思主义理论与实践：霍布斯鲍姆的史学研究. 北京，社会科学文献出版社，2009.

40. 迈克尔·欧克肖特. 信念论政治与怀疑论政治. 张铭、姚仁权译. 上海，上海译文出版社，2009.

41. 宁骚. 民族与国家：民族关系与民族政策的国际比较. 北京，北京大学出版社，1995.

42. 欧阳英. 走进西方政治哲学：历史、模式与解构. 北京，中央编译出版社，2006.

43. 佩里·安德森. 西方马克思主义探讨. 高铦等译. 北京，人民出版社，1981.

44. 佩里·安德森. 当代西方马克思主义. 余文烈译. 北京，东方出版社，1989.

45. 佩里·安德森，帕里克·卡米勒. 西方左派图绘. 张亮，吴勇立译. 南京，江苏人民出版社，2002.

46. 乔瑞金. 马克思思想研究的新话语：技术与文化批判的英国新马克思主义. 上海，书海出版社，2005.

47. 乔瑞金. 现代整体论. 北京，中国经济出版社，1996.

48. 乔瑞金. 英国的新马克思主义. 北京，人民出版社，2013.

49. 乔治·萨拜因. 政治学说史. 邓正来译. 上海，上海人民出版社，2010.

50. 钱乘旦. 工业革命与英国工人阶级. 南京，南京出版社，1992.

51. 钱乘旦等. 日落斜阳：20世纪英国. 上海，华东师范大学出版社，1999.

52. 斯大林选集. 北京，人民出版社，1979.

53. 苏国勋. 全球化：文化冲突与共生. 北京，社会科学文献出版社，2006.

54. 唐士其. 西方政治思想史. 北京，北京大学出版社，2008.

55. 唐纳德·坦嫩鲍姆，戴维·舒尔茨. 观念的发明者：西方政治哲学导论. 叶颖译. 北京，北京大学出版社，2008.

56. 王广. 正义之后. 南京，江苏人民出版社，2010.

57. 威廉·邓宁. 政治学说史：中卷. 谢义伟译. 长春，吉林出版集团有限责任公司，2009.

58. 王南湜. 社会哲学：现代实践哲学视野中的社会生活. 昆明，云南人民出版社，2001.

59. 王建娥，等. 族际政治与现代民族国家. 北京，社会科学文献出版社，2004.

60. 王广. 正义之后：马克思恩格斯正义观研究. 南京，江苏人民出版社，2010.

61. 休·希顿-沃森. 民族与国家：对民族起源与民族主义政治的探讨. 吴洪英，黄群译. 北京，中央民族大学出版社，2009.

62. 约翰·罗尔斯. 正义论. 何怀宏等译，北京，中国社会科学出版社，2009.

63. 以赛亚·伯林. 自由论：修订版. 胡传胜译. 南京，译林出版社，2011.

64. 余源培，吴晓明. 马克思主义哲学经典文本导读. 北京，高等教育出版社，2005.

65. 姚大志. 何谓正义：当代西方政治哲学研究. 北京，人民出版社，2007.

66. 约翰·麦克里兰. 西方政治思想史. 彭淮栋译. 海口，海南出版社，2003.

67. 郁建兴. 马克思国家理论与现时代. 上海，东方出版中心，2007.

68. 姚大志. 正义与善：社群主义研究. 北京，人民出版社，2014.

69. 姚大志等. 平等主义. 北京，中国社会科学出版社，2018.

70. 赵剑英，陈晏清. 马克思主义政治哲学：阐释与创新. 北京，社会科学文献出版社，2007.

71. 臧峰宇. 马克思政治哲学引论：以人学为视角的当代解读. 北京，中央编译出版社，2009.

72. 张文喜. 历史唯物主义的政治哲学向度. 南京，江苏人民出版社，2008.

73. 张亮. 英国新左派思想家. 南京，江苏人民出版社，2010.

(五)其他相关论文(中文)

1. 曹伟伟. 试论霍布斯鲍姆历史主义的整体性思维方式. 山西大学学报(哲学社会科学版)，2013(3).

2. 常士间. 国家的统一：多民族国家所坚持的基本原则. 理论与现代化，2006(2).

3. 陈建樾. 全球化、民族国家与马克思主义. 世界民族，2002(2).

4. 陈建樾. 多元一体：多民族国家内部的族际整合与合法性. 中央民族大学学报，2003(5).

5. 常士间. 民族政治与多民族国家的政治整合：当代西方族群政治论局限与中国和谐民族观的意义. 中共福建省委党校学报，2006(3).

6. 戴维·麦克莱伦. 英国马克思主义. 现代外国哲学社会科学文摘，1981(1).

7. 姜芃. 试析英国马克思主义史学的现状和历史命运. 史学理论研究，1998(3).

8. 焦帅. 中国大陆学者著作中的英国马克思主义史学研究(1980—2009). 扬州大学，硕士学位论文，2010.

9. 姜芃. 霍布斯鲍姆的马克思主义史学研究. 山东社会科学，1991(1).

10. 姜芃. 霍布斯鲍姆笔下的后现代思潮：读《极端的年代》. 学术研究，2001(8).

11. 姜芃. 中国社会史的发展与英国新社会史：若干比较与思考. 史学理论研究，1994(1).

12. 姜芃. 霍布斯鲍姆和佩里·安德森对唯物史观的理解. 史学理论研究，2006(3).

13. 康慨. 霍布斯鲍姆出版马克思主义史论集. 中华读书报，2011-01-26.

14. 梁民愫. 霍布斯鲍姆史学思想的现实关怀和意识形态立场分析. 史学理论研究，2004(2).

15. 梁民愫. 历史学、社会科学与历史证据：霍布斯鲍姆史学方法论思想述论. 江西师范大学学报，2003(3).

16. 梁民愫. 坚持唯物史观与霍布斯鲍姆史学思想的理论反思. 社会科学战线，2009(2).

17. 梁民愫. 史观取向与理论属性：霍布斯鲍姆整体社会史思想探论. 史学理论研究，2005(4).

18. 梁民愫. 霍布斯鲍姆与马克思主义史学理论创新. 史学理论研究，2007(2).

19. 梁民愫. 英国马克思主义史学及在中国的反响研究：以埃里克·霍布斯鲍姆史学研究为中心. 华东师范大学，博士后出站报告，2006.

20. 刘为. 历史学家是有用的：访英国著名史学家霍布斯鲍姆. 史学理论研究，1992(4).

21. 刘淑春. 俄国"文化领域的马克思主义"圆桌会议综述(下). 国外理论动态，2005(5).

22. 罗圣荣. 现代民族国家视野下的多民族国家整合. 青海民族研究，2008(3).

23. 马俊亚. 史学与史学家的社会功能：霍布斯鲍姆的《史学家——历史神话的终结者》读后. 马克思主义与现实，2004(1).

24. 马德普，柴宝勇. 多民族国家与民主之间的张力. 政治学研究，2005(3).

25. 宁凡. 20世纪英法史学界对"17世纪的危机"的认识. 天中学刊，2010(6).

26. 庞金友. 族群身份与国家认同：多元文化主义与自由主义的当代论争. 浙江社会科学，2007(4).

27. 钱乘旦. 1815年战后英国的工人运动及激进主义问题. 南京师大学报(社会科学版)，1981(4).

28. 秦国杰. 走出历史神话的时代：论霍布斯鲍姆的历史神话理论. 山东大学，硕士学位论文，2008.

29. 乔瑞金，曹伟伟. 霍布斯鲍姆的哲学遗产. 理论视野，2012(12).

30. 乔瑞金，曹伟伟. 霍布斯鲍姆的技术批判思想探析. 科学技术哲学研究，2013(2).

31. 乔瑞金，曹伟伟. 霍布斯鲍姆的民族国家思想. 哲学研究，2013(5).

32. 师文兵，乔瑞金. 英国新马克思主义历史学派的政治意识. 哲学研究，2007(3).

33. 舒小昀. 霍布斯鲍姆人生经历与马克思主义史学观研究. 学海，2009(4).

34. 舒小昀. 当代人写当代史的困境：以霍布斯鲍姆为中心进行的考察. 学术月刊，2008(7).

35. 佘江涛. 难忘的 19 世纪：评霍布斯鲍姆"19 世纪三部曲". 博览群书，1999(3).

36. 孙卫国. "过去感"之现代性：从霍布斯鲍姆的《论历史》谈起. 学习与探索，2011(1).

37. 孙寿涛，闫月梅. 霍布斯鲍姆谈马克思的《大纲》诞生 150 年及其现实意义. 国外理论动态，2001(1).

38. 石培玲. 民族意识与多民族国家的社会和谐. 贵州民族研究，2008(1).

39. 唐书明，刘锋. 不同视野中的历史与民族主义关系：霍布斯鲍姆与安东尼·史密斯民族主义理论的差异. 贵州社会科学，2008(1).

40. 王桂青. 霍布斯鲍姆的社会批判思想及其启迪. 山西大学，硕士学位论文，2008.

41. 王桂青. 英国工业革命的思想对我国社会发展的有益启迪：对霍布斯鲍姆思想的重新认识. 中共山西省委党校学报，2007(5).

42. 吴汉全. 论霍布斯鲍姆的史学思想. 史学史研究，2006(3).

43. 王立端. 从《资本的年代》看霍布斯鲍姆的总体史思想. 塔里木农垦大学学报，2001(3).

44. 王建娥. 多民族国家包容差异协调分歧的机制设计初探. 民族研究，2011(1).

45. 许知远. 历史的热忱. 商务周刊，2002(19).

46. 殷叙彝. 没有权利的权力：霍布斯鲍姆谈美国的"人权帝国主义"和欧美关系. 国外理论动态，2003(11).

47. 殷叙彝. 美国想要世界霸权：埃·霍布斯鲍姆访谈. 国外理论动

态，2002.

48. 易克信. 霍布斯鲍姆论唯物史观. 国外社会科学，1994(7).

49. 于海青. 霍布斯鲍姆论全球化时代的自由民主政体. 国外理论动态，2003(6).

50. 张亮. 英国马克思主义理论传统的兴起. 国外理论动态，2006(7).

51. 张亮. 英国新左派运动及对它的当代审理：迈克尔·肯尼教授访谈录. 求是学刊，2007(5).

52. 朱孝远. 阅读霍布斯鲍姆：一个世纪的透视. 中华读书报，2010-12-22.

53. 张慧君. 霍布斯鲍姆的《极端的年代》一书法文版险遭封杀. 国外理论动态，2000(12).

54. 张献军. 霍布斯鲍姆：英国马克思主义史学派旗手. 世界文化，2010(3).

55. 朱军，高永久. "分"与"合"：多民族国家民族整合的逻辑. 广西民族研究，2009(3).

56. 朱联璧. "多元文化主义"与"民族—国家"的建构：兼评威尔·金里卡的《少数的权利》. 世界民族，2008(1).

57. 赵伟. 多民族国家构建和谐社会的要素. 甘肃理论学刊，2005(3).

后 记

记得 2008 年，在乔瑞金老师的推荐之下，我开始接触霍布斯鲍姆的著作，并且决心努力深入研究，撰写出高水平的学术论文。怀揣壮志豪情，我在国家图书馆搜集到霍布斯鲍姆的全部资料，复印并装订成册，带回学校，准备刻苦研读，撰写论文。然而现实与理想总是相距甚远，在我阅读霍布斯鲍姆的著作时，感到十分吃力，因为霍布斯鲍姆是历史学家，擅长经验性的事例描述，他学术研究的兴趣十分广泛：世界近现代史、政治评论、社会观察、民族问题、劳工史、爵士乐、匪徒史等。想要从中提炼出他的马克思主义的政治哲学思想，感觉难度堪比登天。于是我将霍布斯鲍姆的资料束之高阁，不想再翻看了。乔瑞金老师察觉到我的畏难情绪，鼓励我阅读关于世界历史的书籍，试着从霍布斯鲍姆的成名作《革命的年代：1789—1848》《资本的年代：1848—1875》《帝国的年代：1875—1914》三本著作中探求他建构历史框架的马克思主义方法。我重新整理思绪，开始静下心来仔细阅读这三本著作，终于有了些收获。虽然霍布斯鲍姆的历史著作看起来是鸿篇巨制，但是其逻辑结构并不复杂，他运用了唯物史观和辩证法来组织历史材料，以整体性的思维方式将历史材料融贯在一起，侧重以政治哲学的维度描述社会历史，对底层人民的历史既有客观分析，也有现实关怀。然而即便如此，我还是觉得着手撰写他的论文十分棘手。当时专门研究霍布斯鲍姆的国内学者只有梁民愫，而梁民愫的博士论文和博士后出站报告都是从历史学的角度研究的，也就是说，根本就没有从马克思主义政治哲学方面研究的资料可以借鉴，从政治哲学的角度来研究霍布斯鲍姆的学术理论完全就是重建门户。我也曾尝试着写作了一篇关于霍布斯鲍姆政治哲学的论文，但是被专业学者否定了。于是我完全放弃了学术写作，我想我并不适合搞学术研究，还是不要从事这项工作为好。但是乔瑞金老师始终没有放弃，他让我变换思维，试着对霍布斯鲍姆的民族国家思想进行研究。于是百般不情愿之下，我还是硬着头皮捡起书本。在阅读的过程中，我发现霍布斯鲍姆对民族国家的研究不但篇幅很大，而且还具有独特的学术研究理念和研究风格，于是开始着手撰写关于民族国家思想的论文。

我已经开始霍布斯鲍姆民族国家思想的学术研究工作，其间并不顺利，不过乔瑞金老师以深厚的学术功底、高超的写作技巧帮助我跨越了一道又一道难关，他以强大的内心、高尚的品格包容了我在写作上的惰性和在学术上的菜鸟。在磕磕绊绊中，我终于将这本书稿完成，但是真的是战战兢兢，如履薄冰，感觉书稿中仍旧有太多不尽如人意之处。恳请读者能够包容，并虚心接受读者的各种意见和建议。

图书在版编目（CIP）数据

霍布斯鲍姆民族国家思想研究/曹伟伟著. —北京：北京师范大学出版社，2023.5
（英国新马克思主义哲学研究丛书）
ISBN 978-7-303-27784-1

Ⅰ.①霍… Ⅱ.①曹… Ⅲ.①霍布斯鲍姆，E.（1917～2012）-民族国家-理论研究 Ⅳ.①D03

中国版本图书馆 CIP 数据核字（2022）第 015994 号

营 销 中 心 电 话 010-58805385
北京师范大学出版社
主题出版与重大项目策划部

HUOBUSIBAOMU MINZU GUOJIA SIXIANG YANJIU

出版发行：	北京师范大学出版社　www.bnupg.com
	北京市西城区新街口外大街 12-3 号
	邮政编码：100088
印　　刷：	北京盛通印刷股份有限公司
经　　销：	全国新华书店
开　　本：	787 mm×1092 mm　1/16
印　　张：	19.25
字　　数：	253 千字
版　　次：	2023 年 5 月第 1 版
印　　次：	2023 年 5 月第 1 次印刷
定　　价：	86.00 元

策划编辑：祁传华　郭　珍	责任编辑：张　爽
美术编辑：王齐云	装帧设计：王齐云
责任校对：陈　民	责任印制：赵　龙

版权所有　侵权必究

反盗版、侵权举报电话：010-58800697
北京读者服务部电话：010-58808104
外埠邮购电话：010-58808083
本书如有印装质量问题，请与印制管理部联系调换。
印制管理部电话：010-58808284